NORDISCH STRICKEN FÜR KIDS

Jorid Linvik

Nordisch STRICKEN für Kids

Tolle Mützen, Schals & Handschuhe

CV

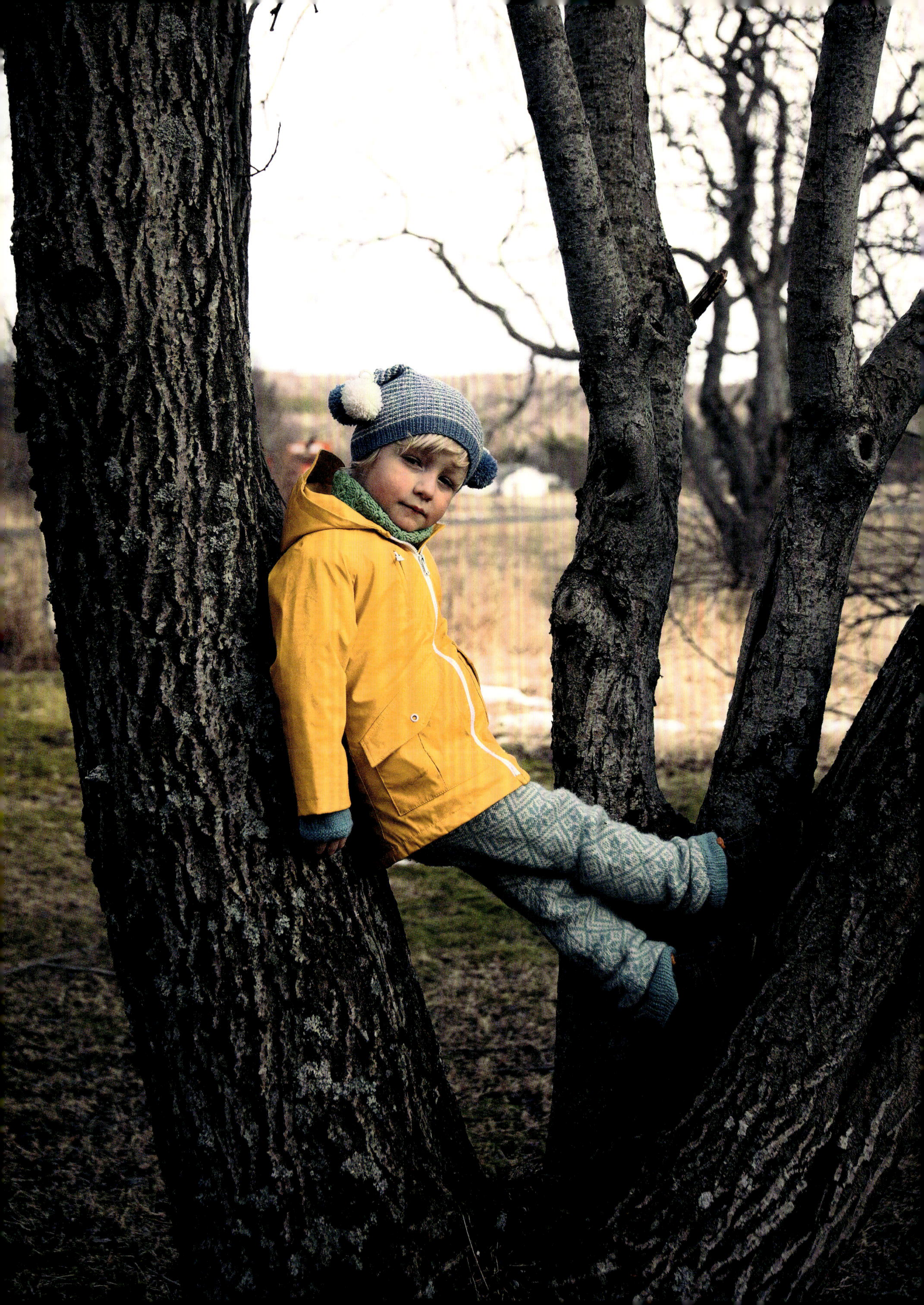

INHALT

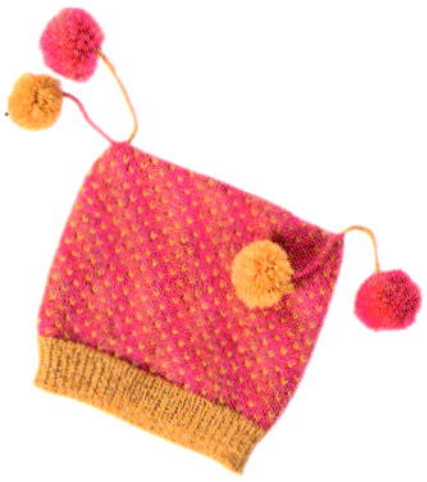

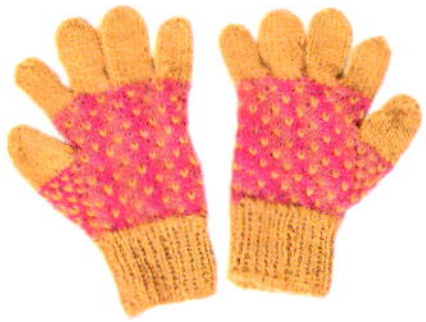

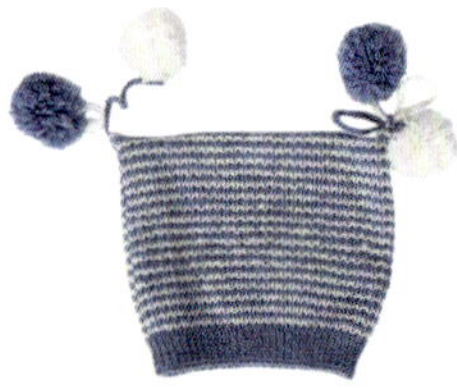

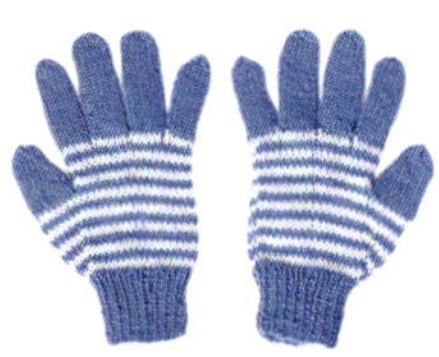

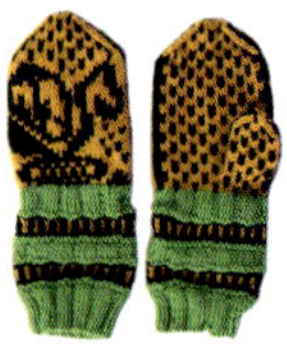

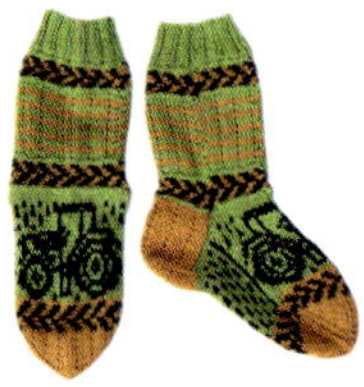

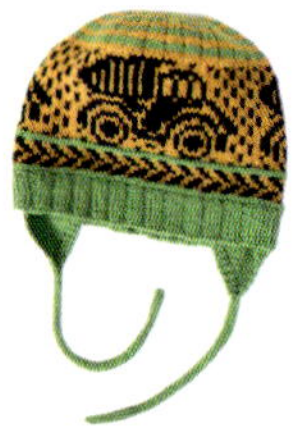

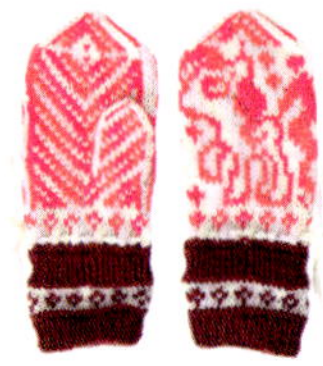

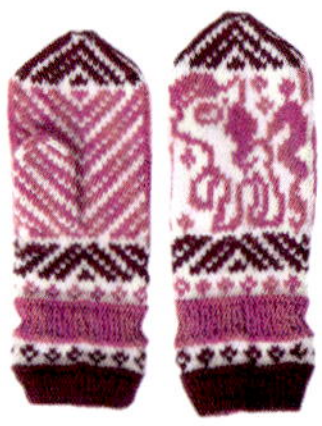

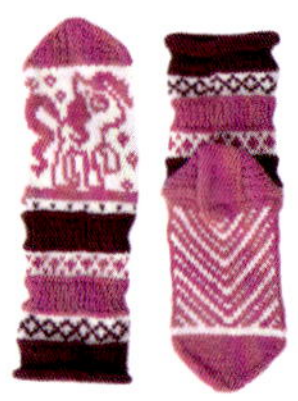

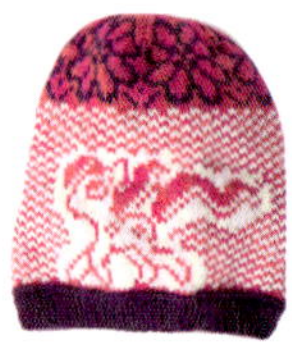

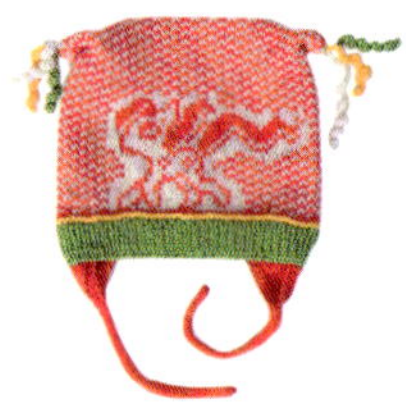

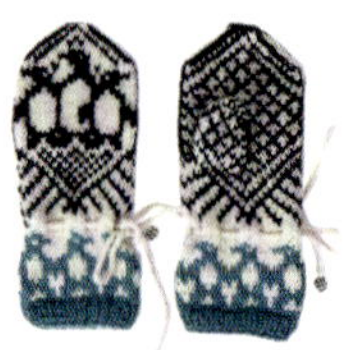

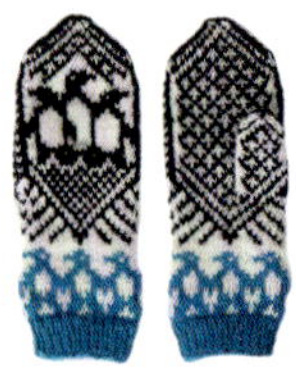

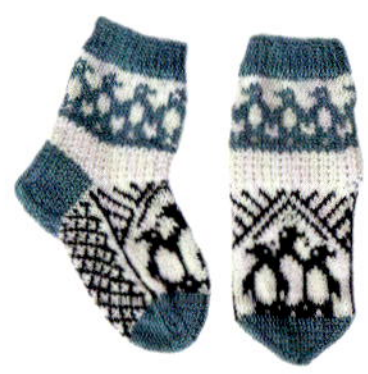

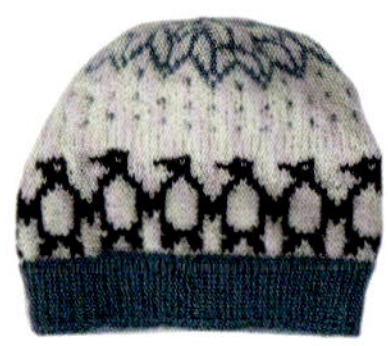

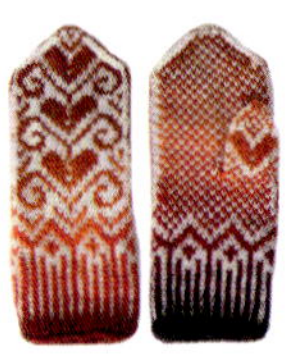

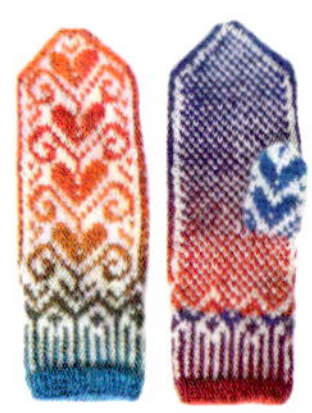

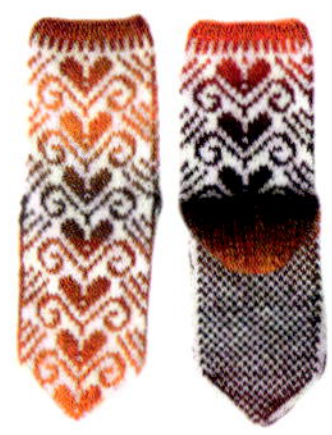

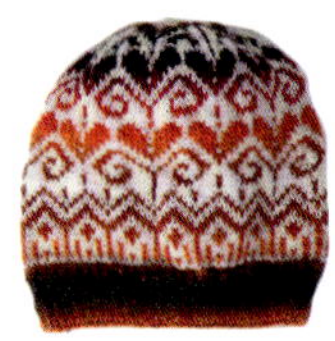

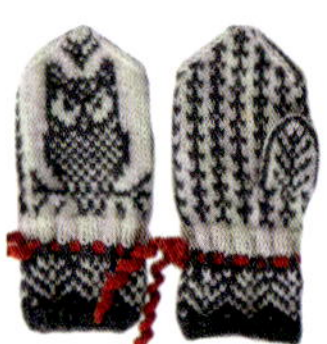

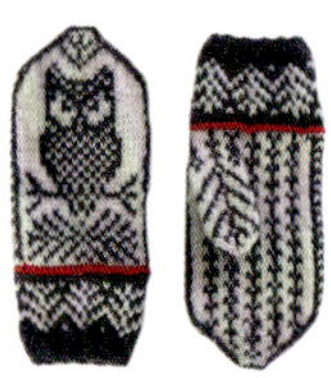

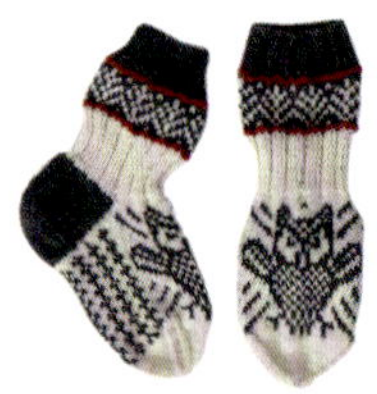

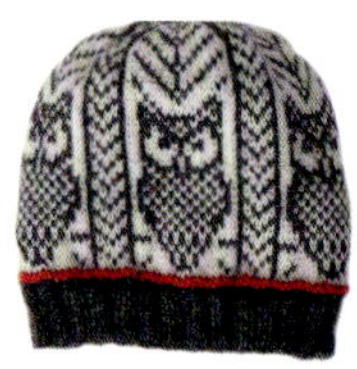

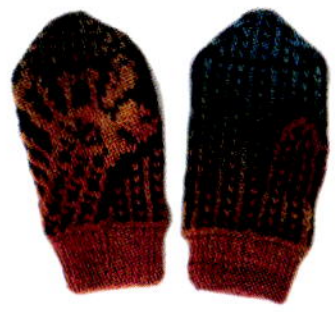

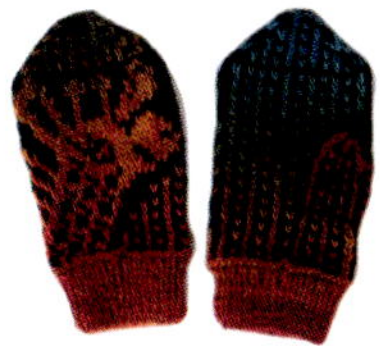

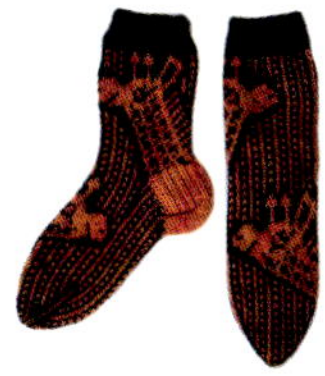

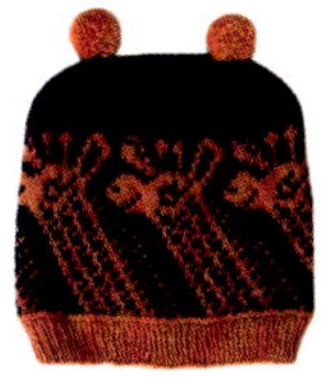

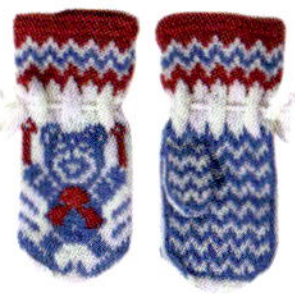

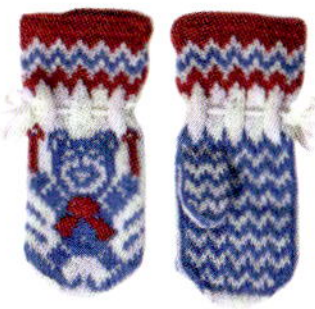

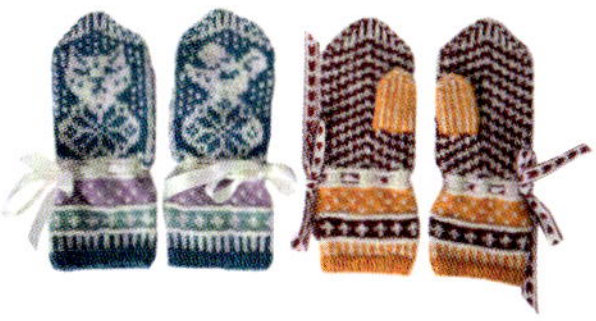

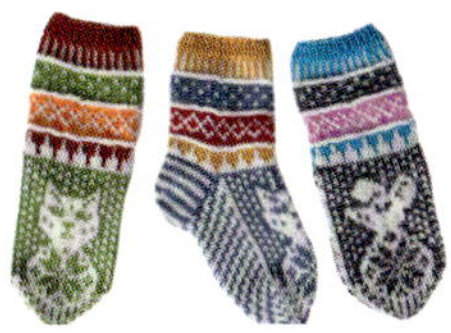

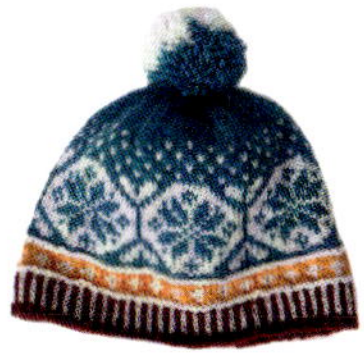

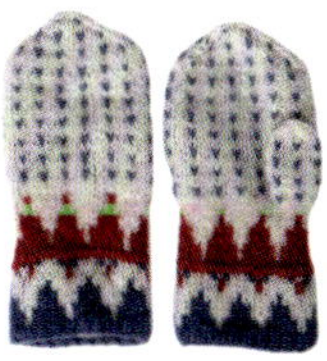

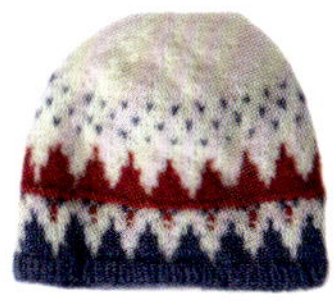

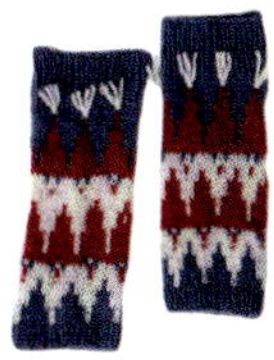

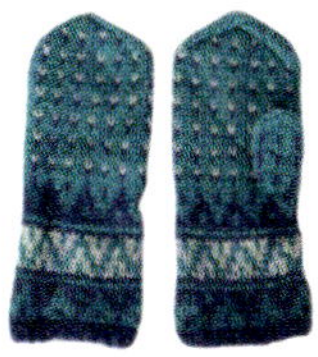

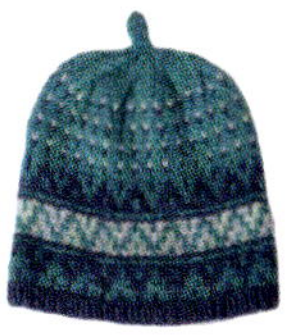

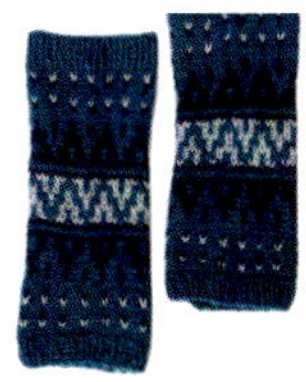

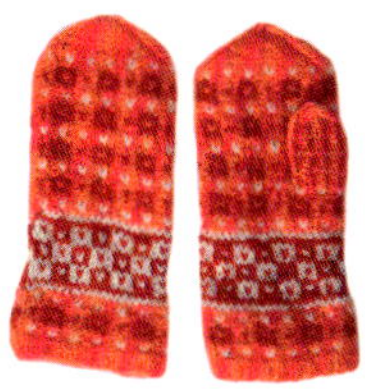

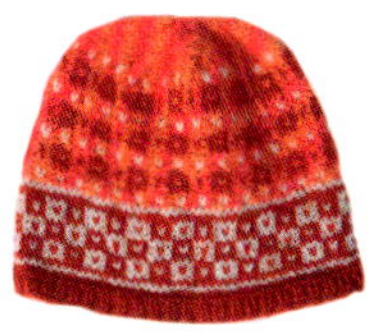

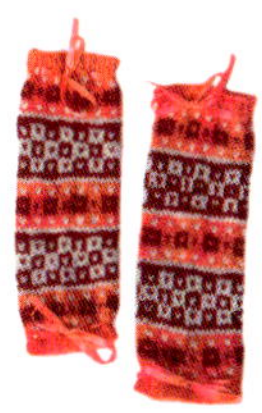

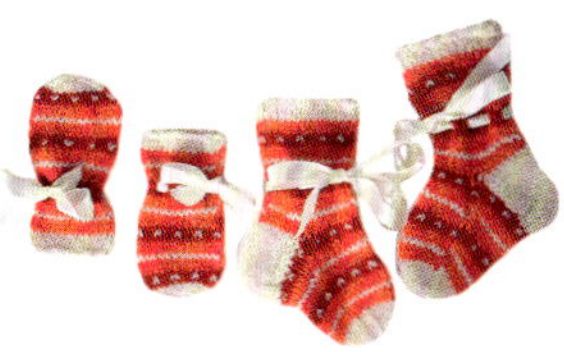

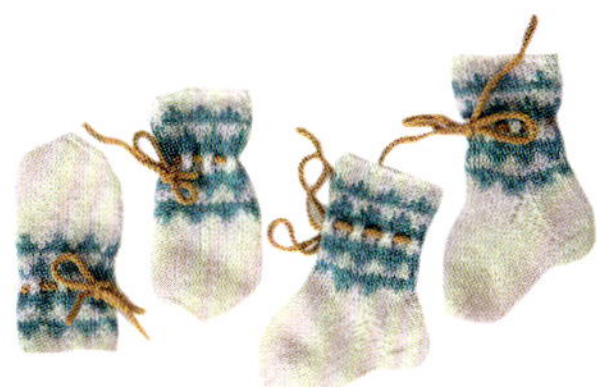

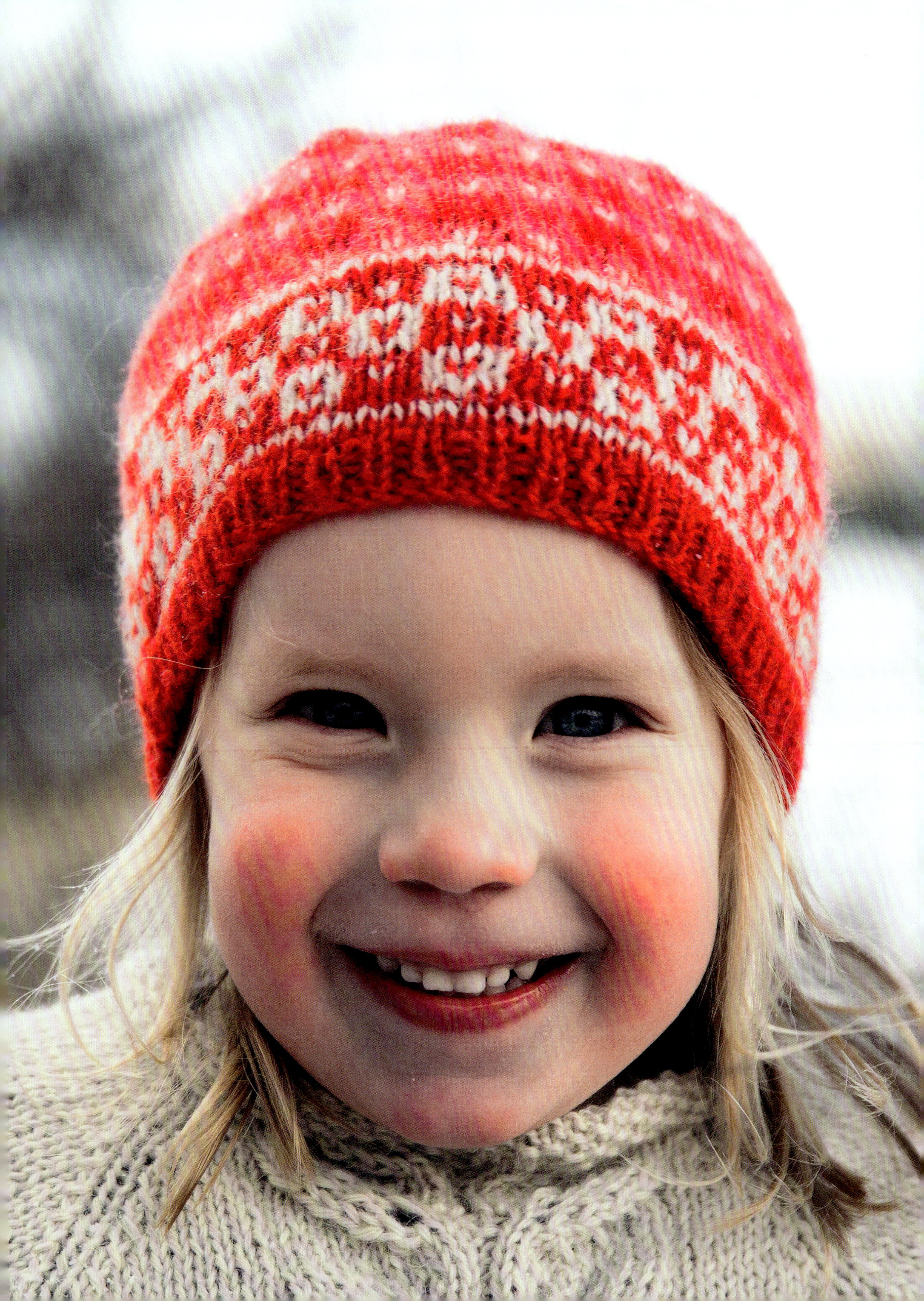

VORWORT

Kinder lieben es, sich mit Kleidungsstücken schön zu machen, die sich aus der Menge abheben. Dafür ist Selbstgestricktes in frischen Farben und mit lustigen Mustern wie gemacht.

Außerdem haben manche Kinder gerne das gleiche Motiv auf Kleidungsstücken wie auf Spielsachen, weil es ihnen so am Herzen liegt. Deshalb habe ich die Stricknadeln wieder einmal herausgeholt und dieses Buch zusammengestellt, in dem es passende Fäustlinge, Socken und Mützen gibt, die den Kleinen hoffentlich gefallen. Kennst du vielleicht kleine Jungen oder Mädchen, die große Fahrzeuge lieben oder süße Katzen, oder die nie genug von Ponys bekommen können? Dann werden sich die glücklichen Beschenkten so richtig über die Sachen mit ihren Lieblingsmotiven freuen.

Wenn genau das Motiv, das dein Kind am liebsten mag, hier nicht dabei ist, hast du jetzt die Gelegenheit, ein Motiv selbst zu entwerfen. Hinten im Buch gibt es dafür mehrere Diagramme, in die du dein eigenes spezielles Design einzeichnen kannst – und dann ganz einzigartige Stücke stricken kannst, die andere garantiert nicht haben. Nur die Fantasie setzt hier Grenzen!

Tausend Dank an die Fotografin Marthe Mølstre und einen riesigen Dank an die großartige Truppe der kleinen Fotomodelle – ohne deren Beitrag wäre dieses Buch nicht so schön geworden, auf keinen Fall!

Wenn du wenig Erfahrung mit dem Musterstricken hast, hoffe ich, dass diese Mützen, Fäustlinge und Socken sich als machbare Übungsstücke erweisen. Kleine Strickarbeiten sind außerdem gut mitzunehmen, zum Beispiel auf Reisen. Nach nur ein paar Stunden Warten auf Flugzeuge oder Züge ist dann ein lustiges und persönliches Kleidungsstück entstanden.

Viel Erfolg beim Stricken!

August 2017
Jorid Linvik

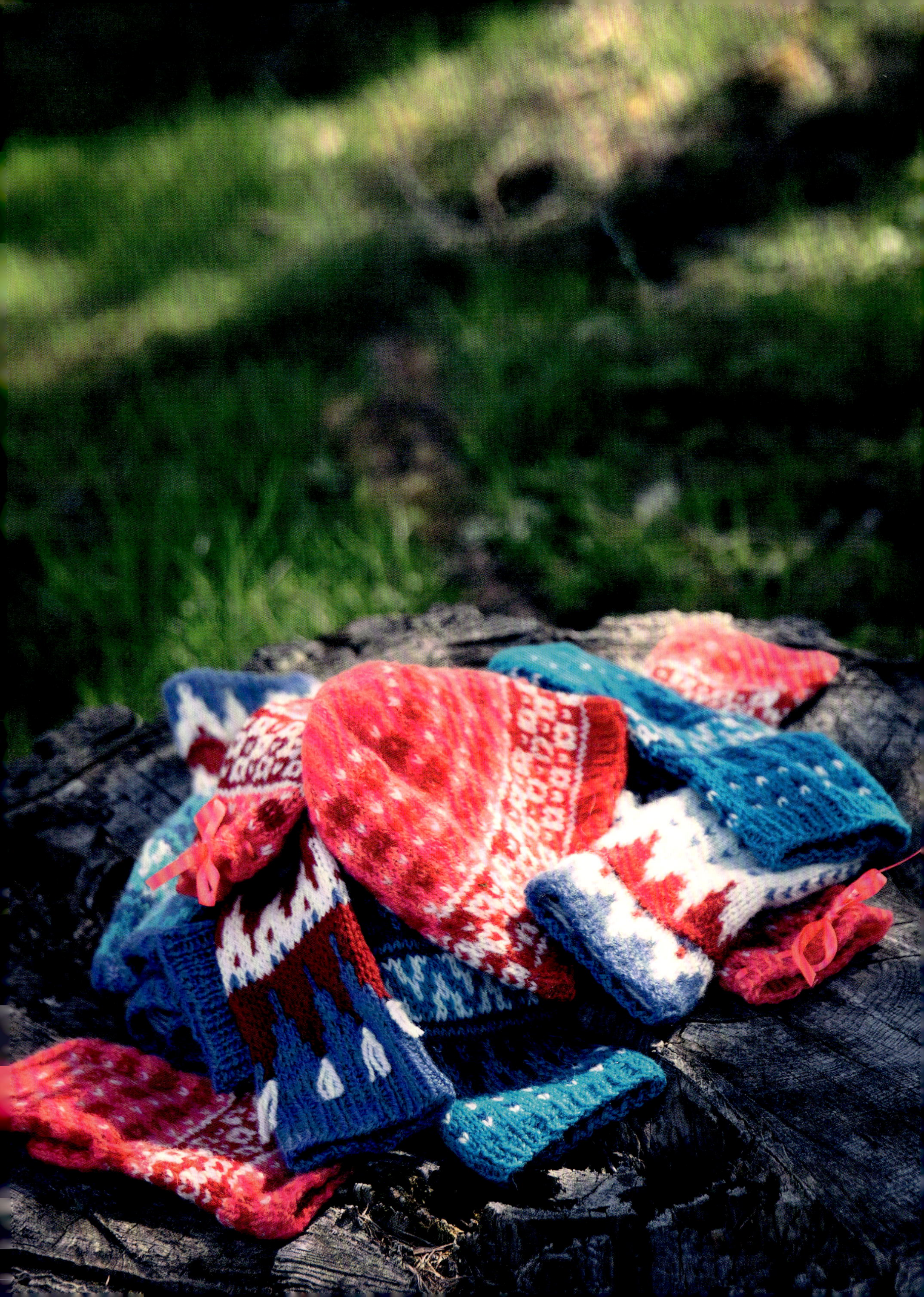

GARN

GARN FÜR KLEIDUNGSSTÜCKE IN DIESEM BUCH

Die Kleidungsstücke sind so berechnet, dass sie in drei verschiedenen Garnstärken gestrickt werden können, abhängig davon, welche Größe du benötigst.

Babygarn: Garn mit einer Maschenprobe 27–32 Maschen = 10 cm. Nadeln Nummer 2½.

Dünnes Garn: Garn mit einer Maschenprobe 25-27 Maschen = 10 cm. Nadeln Nummer 2 ½–3.

Dickes Garn: Garn mit einer Maschenprobe 22–24 Maschen = 10 cm. Nadeln Nummer 3–3½.

MASCHENPROBE

Bei so kleinen Teilen wie Babyfäustlingen ist es fast unmöglich, eine exakte Maschenprobe auszumessen. Strickkleidung ist elastisch und eine genaue Größe ist schwer zu messen.

Garnknäuel haben auf der Banderole immer einen Hinweis auf die Maschenprobe. Wenn die Angaben des Garnes mit denen für die gewünschte Größe in der Anleitung übereinstimmen, kann es verwendet werden. Manchmal kann es aber sein, dass zwei Garntypen mit den gleichen Angaben sich ganz unterschiedlich stricken lassen. Dann gilt diese Regel: wenn das Gestrickte zu groß wird, dünnere Nadeln verwenden. Wird es zu klein, dickere Nadeln verwenden.

GARNVERBRAUCH

Da alle Anleitungen für kleine Kleidungsstücke sind, reicht ein Knäuel von jeder Farbe für eine Mütze, ein Paar Fäustlinge oder ein Paar Socken. In den meisten Fällen reicht es sogar für zwei Paar Socken oder Fäustlinge.

Für die Modelle in diesem Buch wurden bekannte Garntypen ausgewählt, die in den meisten Garngeschäften vorrätig sind. Aber es gibt so viel anderes herrliches, farbenfrohes und gutes Strickgarn, das genauso gut verwendet werden kann. Du kannst einfach das Garn verwenden, das dir gefällt, wenn es folgende Kriterien erfüllt:

QUALITÄT

Garn wird aus zahlreichen unterschiedlichen Fasern und in verschiedenen Qualitäten hergestellt. Hier sind die gebräuchlichsten:

100 Prozent Wolle: Schafswolle ist wahrscheinlich das allerbeste Strickgarn. Sie eignet sich gut zum Musterstricken, weil sie so elastisch ist. Wenn du Anfänger*in bist, ist Wollgarn eine gute Wahl. Reine Wolle kann verfilzen und sollte deshalb von Hand gewaschen werden. Sie wärmt ausgezeichnet und hält die Wärme auch, wenn das Kleidungsstück nass wird. Aber sie ist schnell abgenutzt, weshalb man für Socken besser ein verstärktes Wollgarn verwendet, damit es nicht sofort ein Loch gibt.

Alpaka: Alpakagarn hat große Wärmeeigenschaften, aber nur eine geringe Stärke und hält auch nicht so gut warm,

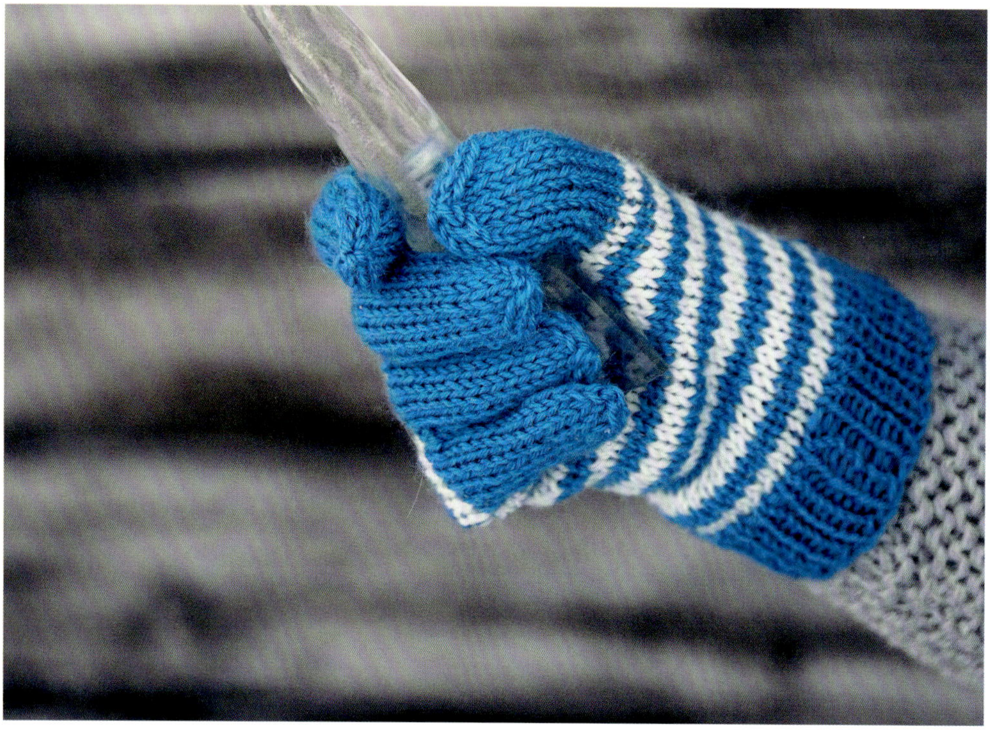

wenn es nass wird. Das Garn ist weich, hat aber wenig Elastizität. Es kratzt selten. Es verträgt keine Maschinenwäsche und kann verfilzt werden.

Verstärktes Garn: Woll- und/oder Alpakagarn, das mit Kunstfasern verstärkt ist, hat eine bessere Haltbarkeit. Es hält etwas weniger warm als ein reines Wollgarn. Verstärktes Garn ist speziell für Socken geeignet, kann aber wunderbar auch für Fäustlinge und Mützen verwendet werden. Aus verstärktem Garn gestrickte Kleidungsstücke behalten ihre Form im Gebrauch, sie verfilzen nicht und lassen sich in der Maschine waschen.

Andere Fasern: Wenn ein Kind auf Wolle allergisch ist oder du keine tierischen Produkte verwenden möchtest, gibt es zahlreiche gute Kunstfasergarne oder Garne aus Pflanzenfasern.

Bei den Anleitungen stehen neben den hier verarbeiteten Garnen immer noch die Zusammensetzungen und die Lauflängen. Frage in deinem Handarbeitsgeschäft, was sie als Alternativen empfehlen können.

FARBEN

Beim Stricken von Mustern ist es wichtig, dass die Farben optisch zusammenpassen und trotzdem einen starken Kontrast zueinander ergeben. Egal welche Farben du wählst, sollte eine Farbe im Muster deutlich dunkler sein als die anderen, damit man das Motiv gut erkennen kann. Wenn du die benötigten Farben nicht von einer Garnmarke findest, kannst du auch eine Farbe eines anderen Herstellers verwenden, solange die Maschenprobe und die Qualität übereinstimmen.

Wenn du für eine Anleitung mehrfarbiges Garn verwendest, sollte es einen großen Abstand zwischen den Farbwechseln haben. Kleingemustertes Garn ist zum Musterstricken nicht geeignet.

SO STRICKST DU

BÜNDCHEN

Die meisten Kleidungsstücke beginnen mit einem Bündchen aus rechten und linken Maschen. Das Bündchen soll gleichzeitig fest und elastisch gestrickt sein. Wenn du locker strickst, kannst du das Bündchen mit einer halben Nadelstärke weniger stricken, damit es nicht zu locker wird.

MUSTERSTRICKEN UND FARBWECHSEL

Fast alle Kleidungsstücke in diesem Buch werden im Muster- oder Jacquardstrick mit zwei Farben gleichzeitig gestrickt. Bei längeren Strecken zwischen dem Farbwechsel können die kleinen Finger oder Zehen leicht zwischen die Fäden auf der linken Seite, d.h. der Innenseite, geraten. Wenn ein Farbwechsel über mehr als vier bis fünf Maschen geht, sollten die zwei Fäden deshalb auf der Rückseite der Arbeit verkreuzt werden. Achte darauf, dass die Fäden beim Farbwechsel eng anliegen, überprüfe die Zwischenräume auf der linken Seite und ziehe leicht an den Fäden, damit sie auf der Rückseite nicht zu locker sind. Andererseits darf man beim Farbwechsel den Faden nicht zu straff anziehen, sonst wird das gesamte Kleidungsstück kleiner als gewünscht.

HAUPTFARBE

Die meisten zweifarbigen Muster zeigen ein deutlich definiertes Motiv vor einem Hintergrund, wie zum Beispiel das Giraffenmuster, bei dem die Giraffe das Motiv ist. Für das bestmögliche Ergebnis, bei dem das Motiv klar hervortritt, soll der Faden, mit dem das Motiv gestrickt wird, so gehalten werden, dass er auf der Rückseite der Arbeit unter dem anderen Faden liegt. Wenn du mit einer Farbe in je einer Hand strickst, soll der Faden, mit dem das Motiv gestrickt wird, in der linken Hand gehalten werden. Wenn du beide Fäden über den linken Zeigefinger führst, soll der Faden, mit dem das Motiv gestrickt wird, innen am Finger liegen.

Beide Farben sollen während des Strickens gleichmäßig nebeneinander gehalten werden. Wenn sie vertauscht werden, zeigt sich das als Unebenheit im Muster.

In der Zeichenerklärung der Diagramme erscheint die Hintergrundfarbe immer ganz links.

DIAGRAMME VERSTEHEN

Jedes Kästchen in den Diagrammen entspricht einer Masche. Wie diese Masche gestrickt werden soll, geht aus der Strickschrift bei jeder Anleitung hervor. Stricke mit den Garnfarben, die im Kästchen angegeben sind. Die Diagramme werden von rechts nach links und von unten nach oben gestrickt, genauso wie sonst auch beim Stricken.

- rechte Masche
- linke Masche
- 1 Masche zunehmen
- nach rechts abnehmen
- nach links abnehmen
- Umschlag
- Masche lose abheben

Rechte Masche: rechts mit angegebener Farbe stricken

Linke Masche: links mit angegebener Farbe stricken

Eine Masche zunehmen: Eine neue Masche in der angegebenen Farbe zunehmen, indem entweder eine neue Masche aus dem Maschenbogen der vorherigen Reihe gestrickt wird, oder indem der Faden zwischen zwei Maschen hervorgeholt und rechts gestrickt wird.

Nach rechts abnehmen: 2 Maschen in der angegebenen Farbe rechts zusammenstricken

Nach links abnehmen: 2 Maschen in der angegebenen Farbe rechts verschränkt zusammenstricken. Rechts verschränkt: Die Nadel von links nach rechts durch zwei Maschen schieben und beide Maschen zusammenstricken. Oder die erste Masche auf die rechte Nadel abheben, die zweite Masche verschränkt stricken und die abgehobene Masche über die gestrickte Masche ziehen.

Umschlag: Den Faden von vorne über die rechte Nadel legen, in der nächsten Reihe wird er wie eine Masche gestrickt.

Masche lose abheben: die Masche auf die rechte Nadel abheben, ohne sie zu stricken

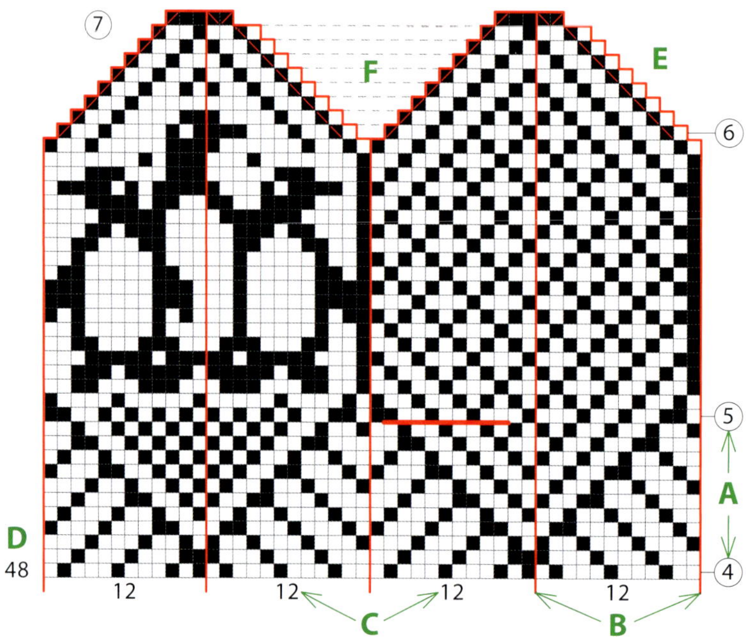

A) Die Zahl in einem Kreis verweist auf die gleiche Zahl in der Anleitung. Der Pfeil beim Kreis zeigt auf die Reihe, die erklärt wird.

B) Deutliche, vertikale Linien im Muster markieren die Trennung zwischen den Maschen auf jeder Nadel. Das macht es einfacher zu sehen, an welcher Stelle im Muster man sich befindet.

C) Die Zahl zwischen den vertikalen Linien nennt die Anzahl der Maschen auf der Nadel.

D) Die Zahl links vor dem Diagramm nennt die Gesamtzahl der Maschen der Reihe.

E) Die »Kerbe« an der Seite des Musters: Nach jeder Abnahme gibt es weniger Maschen auf der Nadel und das Muster wird kleiner.

F) Gestrichelte Linie über ehemaligen Maschen nach der Abnahme. Das sind keine Maschen mehr, die gestrickt werden. Bei einigen Mustern liegen die gestrichelten Linien über Maschen, die später wieder zugenommen werden.

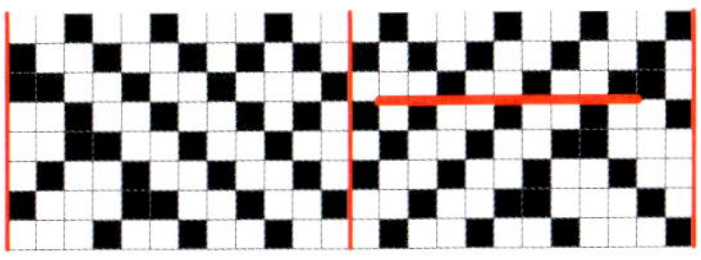

DAUMEN STRICKEN

In der Reihe über der Linie lässt man einen zusätzlichen losen Faden, den »Daumenfaden«, nur über die markierten Maschen mitlaufen. Der Daumenfaden sollte eine Kontrastfarbe haben und lang genug sein, damit man ihn gut erkennt und an den Enden locker verknoten kann.

Nach Muster bis einschließlich der letzten Masche vor der Markierung stricken. Den Faden loslassen und die nächsten Maschen (hier im Beispiel 9 Maschen) über der Markierung mit dem Daumenfaden rechts stricken. Lege beide Enden des Daumenfadens in die Innenseite. Schiebe die mit dem Daumenfaden gestrickten Maschen zurück auf die linke Nadel und stricke über dem Faden mustergemäß weiter.

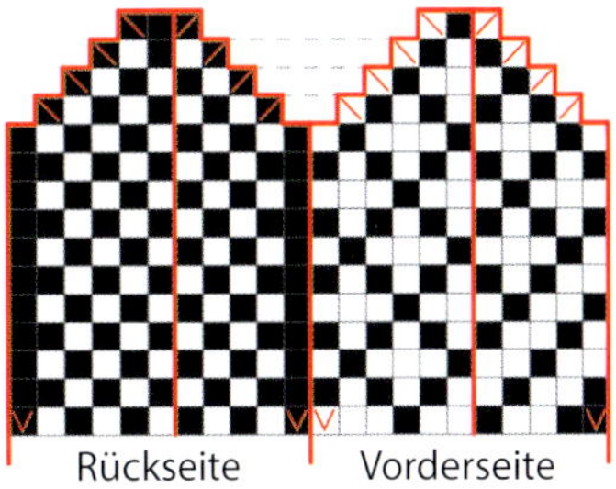

Alle Anleitungen zeigen die Vorderseite des Daumens auf der rechten Seite und die Rückseite auf der linken Seite des Diagramms. Der Daumen wird rund gestrickt, genauso wie der Fäustling selbst.

Wenn der Daumenfaden herausgezogen wird, ergibt sich eine Öffnung, an der nun der Daumen in Runden angestrickt wird.

Schiebe eine Nadel durch die Maschen unter und eine Nadel durch die Maschen über dem Daumenfaden. Ziehe den Daumenfaden heraus. So vermeidest du, dass du Maschen verlierst, denn sie liegen fest auf der Nadel.

Beginne den Daumen auf der Vorderseite. Die Zunahmen an der Seite des Daumens werden wie folgt gemacht. Erste Zunahme: eine Masche in die letzte Masche des Fäustlings stricken, diejenige vor dem Daumenfaden. Auf der gegenüberliegenden Seite wird zugenommen, indem in die erste Masche nach dem Daumenfaden gestrickt wird. Auf der Rückseite werden die Maschen gegengleich zur Vorderseite aufgenommen.

In der ersten Reihe der Daumenrückseite werden Maschen gestrickt, die eigentlich »kopfüber« liegen, deshalb die Maschen etwas drehen, damit sie gut abzustricken sind und schön ordentlich werden.

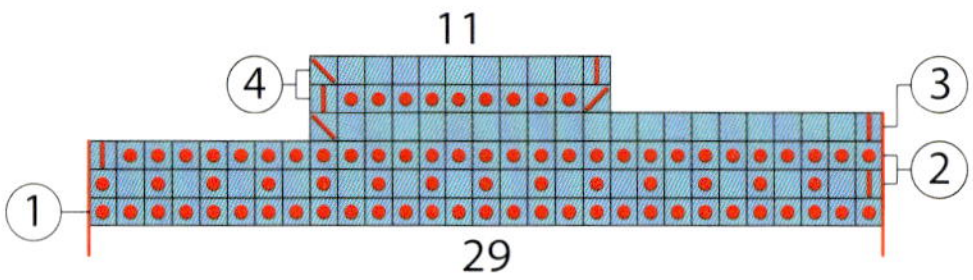

EINE FERSE STRICKEN

Die Ferse wird etwa über die Hälfte der Maschen des Sockenschaftes gestrickt, die restlichen Maschen bleiben auf den Nadeln, bis die Ferse fertig ist. Es wird in Hin- und Rückreihen gestrickt, dabei wird das Diagramm wie üblich gelesen. Die erste Masche jeder Reihe locker abheben, um eine schöne Kante zu bekommen. Später werden an dieser Kante neue Maschen für den Fuß aufgenommen. Im Beispiel oben beginnst du an der linken Kante ① und strickst linke Maschen. Die zweite Reihe (rechts stricken) wird von rechts nach links gestrickt. Linke Maschen im Diagramm werden links gestrickt, egal ob von rechts oder links gestrickt wird, das Gleiche gilt für rechte Maschen. Die meisten Fersen im Buch werden in einem Rippenmuster gestrickt, d. h. linke Maschen auf der linken Seite (Rückreihe) sowie rechte und linke Maschen auf der rechten Seite (Hinreihe).

② So viele Reihen hin und zurück stricken, wie es die Anleitung vorgibt ③. Nun wird die Arbeit geteilt in die Seiten und den Teil der Ferse, der später unter dem Fuß ist. Nach 20 Maschen strickst du zwei Maschen rechts verschränkt zusammen. Die Arbeit wenden und links zurück stricken ④. Die restlichen Maschen bleiben auf der Nadel.

Die erste Masche jeder Reihe locker abheben, auch beim Abnehmen. Nach 10 linken Maschen strickst du 2 Maschen links zusammen. Die Arbeit wenden, 10 Maschen stricken und 2 Maschen rechts verschränkt zusammen stricken. Für jede Abnahme nimmst du die erste der Maschen, die auf der Nadel verblieben sind. Wenn es keine Maschen mehr auf der Nadel gibt, ist die Ferse fertig. Den Faden abschneiden.

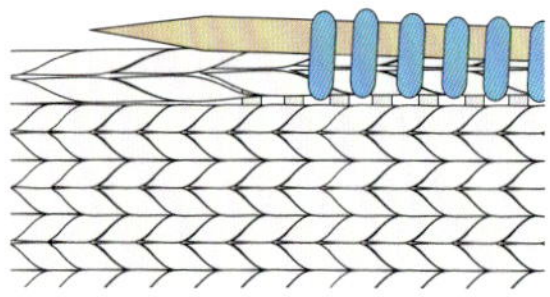

Nachdem die Ferse fertig ist, wird der Fuß gestrickt. Neue Maschen werden an der Seitenkante der Ferse aufgenommen. Dabei werden mehr Maschen aufgenommen, als es an der Kante gibt. Die Nadel durch die Kante schieben und den Faden von der linken Seite holen. Alle Maschen auf diese Weise aufnehmen. Im Diagramm sind die neu aufgenommenen Maschen mit einem V markiert.

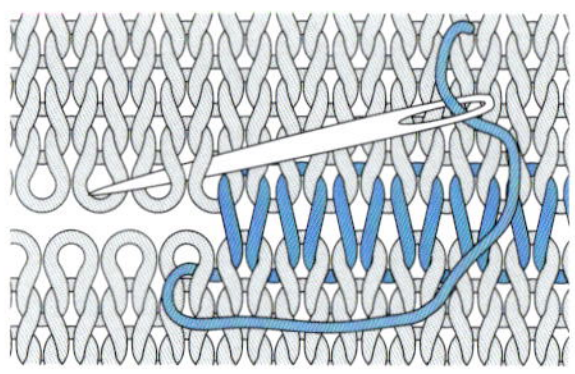

MASCHENSTICH

Die meisten Fäustlinge und Socken werden an der Spitze mit Maschenstich zusammengenäht. Das ergibt eine abgerundete Kante. Lasse die Maschen auf den zwei Nadeln und nähe sie im Zickzack zusammen wie auf der Abbildung. Wenn die Maschen zusammengenäht sind, werden sie nach und nach von der Nadel geschoben.

FÄDEN VERNÄHEN

Alle Fäden werden auf der linken Seite (Innenseite) mit einer stumpfen Sticknadel gut vernäht. Achte darauf, dass alle Fäden auf die linke Seite gezogen sind, damit es auf der rechten Seite sauber aussieht. Vernähe die Fäden vier bis fünf

Zentimeter quer durch das Gestrickte, durch die Maschenbogen hindurch und durch die Farbwechsel. Wenden und zum Ausgangspunkt zurück vernähen und darauf achten, dass der Faden selbst einige Male mit der Nadel durchstochen wird. Den Faden abschneiden, wenn er ohne zu ziehen sauber anliegt.

Es kann kleine Öffnungen im Gestrickten geben, zum Beispiel dort, wo der Daumen oder die Ferse angestrickt sind. Diese kannst du von der linken Seite gut zusammenziehen, wenn du die Fäden vernähst.

Verwende nie Knoten in Gestricktem, außer als Zwischenlösung, bevor die Fäden vernäht werden.

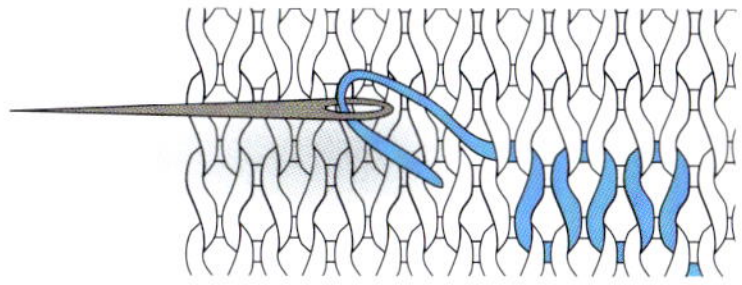

BESTICKEN

Verwende den Maschenstich, wenn du etwas mit einer anderen Farbe aufsticken willst. Vielleicht möchtest du Buchstaben als Monogramm einsticken oder kleine Fehler im Muster korrigieren.

WASCHEN

Für kleine Kinder sollte das Gestrickte vor dem ersten Tragen gewaschen werden. Wasche das Strickteil nach den Angaben auf der Garnbanderole. In Form ziehen, solange es feucht ist, und flachliegend trocknen lassen.

KLEIDUNGSSTÜCKEN EINE PERSÖNLICHE NOTE GEBEN

NAMENBORDÜRE MIT BUCHSTABEN

Wenn du möchtest, kannst du eine Bordüre mit dem Namen in die Fäustlinge oder Socken einstricken, zum Beispiel nach dem Bündchen.

Achte darauf, dass der Name in der Mitte des Kleidungsstückes liegt. Im Sockenschaft sollte der Name verkehrt herum gestrickt werden.

Die Bordüre ist 7 Reihen hoch, die Buchstaben sind 5 Reihen hoch. Die Buchstaben Ä, Ö und Ü gehen über 6 Reihen. Die siebte Reihe wird in der Hintergrundfarbe gestrickt und die Punkte werden anschließend im Maschenstich aufgestickt.

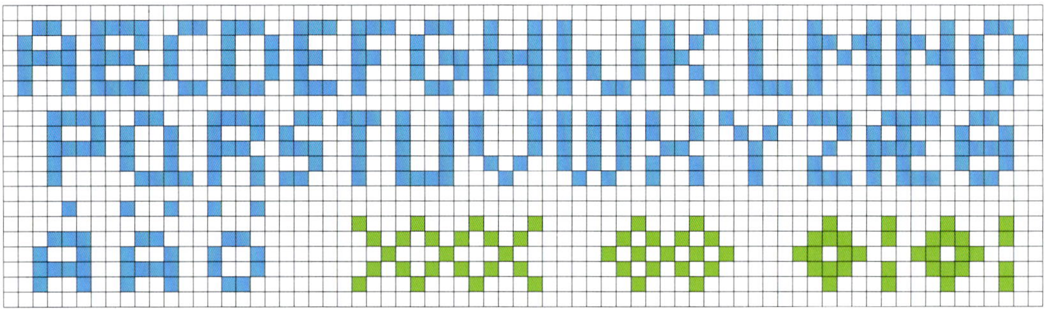

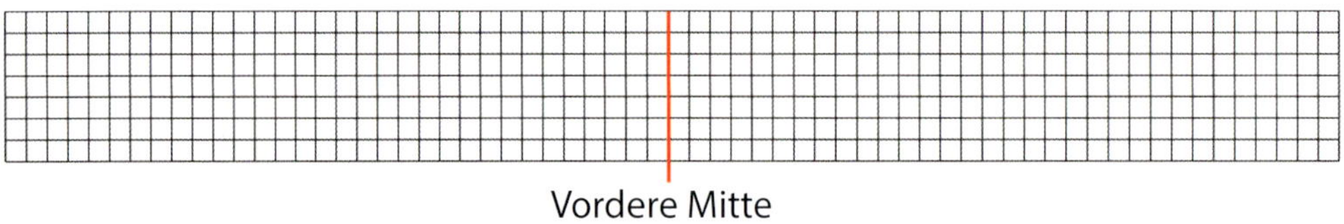

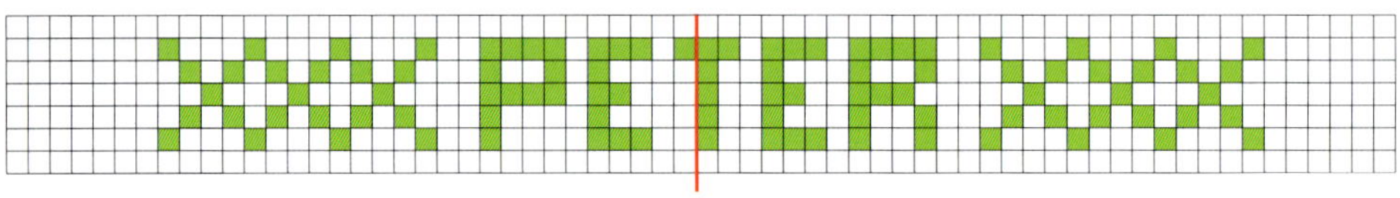

MÜTZENBOMMEL

Die Mützen werden besonders hübsch, wenn sie mit einem oder mehreren Bommeln verziert werden.

Ein Bommel kann mithilfe einer runden Scheibe mit Loch in der Mitte hergestellt werden, die man aus Plastik fertig kaufen kann.

Hier ist eine wirklich einfache Methode, mit der ein Bommel schnell selbst hergestellt ist:

Wickle das Garn um einen flachen oder runden Gegenstand mit passender Größe, zum Beispiel um ein Stück Pappe oder eine Flasche.

Wickle das Garn mindestens 100-mal so um den Gegenstand, dass ein dickes Bündel entsteht. Ziehe das Bündel vorsichtig vom Gegenstand, umwickle es in der Mitte mehrfach eng mit einem langen Faden und knote den schließlich fest zusammen. Mit einem Ende des Fadens durchstichst du die Mitte des Bündels von beiden Seiten mehrmals, bis es gut befestigt ist. Auf diese Weise verhinderst du, dass sich der Bommel später auflöst. Die Schlingen an beiden Enden mit der Schere aufschneiden, aber den Befestigungsfaden nicht abschneiden. Schneide den Bommel mit der Schere in eine schöne runde Form und nähe ihn mit dem Faden an der Mütze fest.

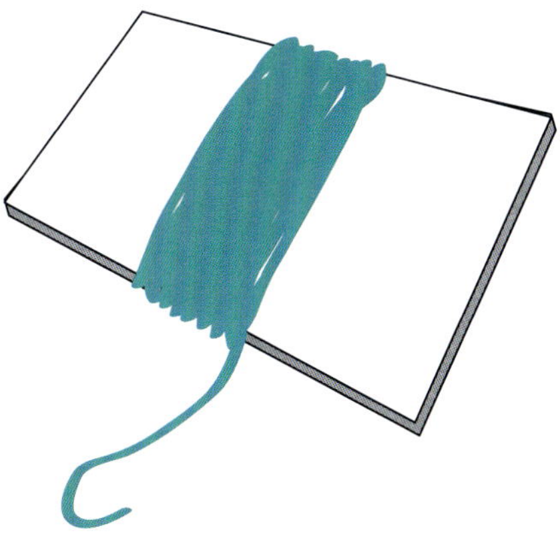

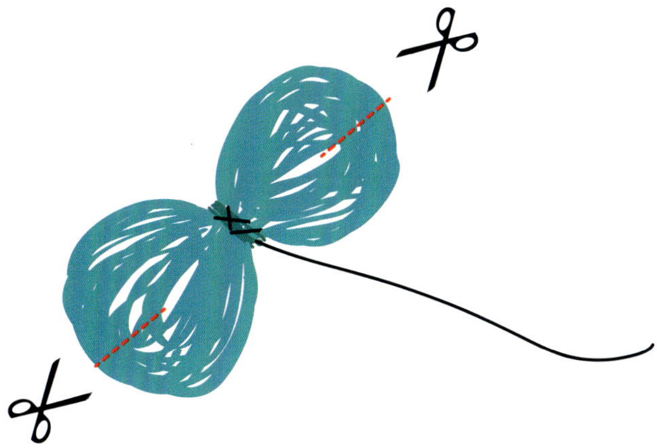

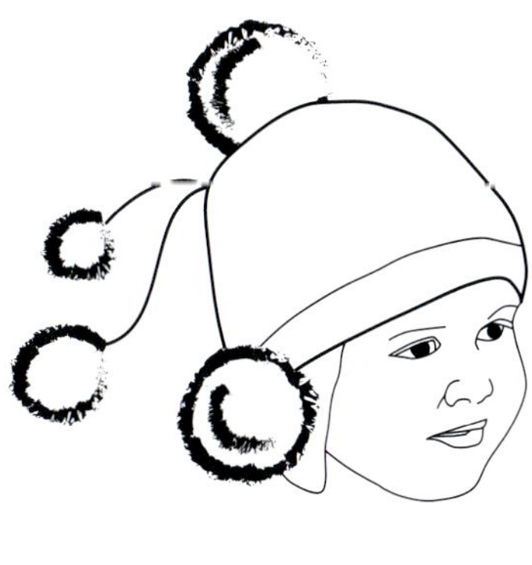

GEHÄKELTE BÄNDER

Verziere die Mütze mit gehäkelten Bändern in verschiedenen Farben. Dafür kannst du so viele Bänder häkeln, wie du möchtest, und sie an der Spitze oder an anderen Stellen aufnähen. Probiere aus, wie viele Maschen du für die gewünschte Länge benötigst:

Häkle eine Reihe Luftmaschen. Häkle dann eine feste Masche in jede Luftmasche. Das Band ringelt sich jetzt ganz von allein.

BÄNDER FÜR FÄUSTLINGE UND SOCKEN

Viele Fäustlinge, Mützen oder Socken werden mit einer Lochrunde für ein Band gestrickt. Ein solches Band kannst du als Kordel drehen, flechten oder mit den Fingern häkeln. Vielleicht hast du auch ein hübsches Seidenband in einer Schublade, das sich dafür verwenden lässt?

OHRENKLAPPEN MIT BINDEBAND

Wenn die Mütze Ohrenklappen mit Bindebändern haben soll, werden sie einzeln gestrickt, nachdem die Mütze fertig ist. So kann man die Mütze am Kopf festbinden, damit sie nicht mitten auf der Rodelbahn liegen bleibt, wenn sie beim Fahren herunterfällt.

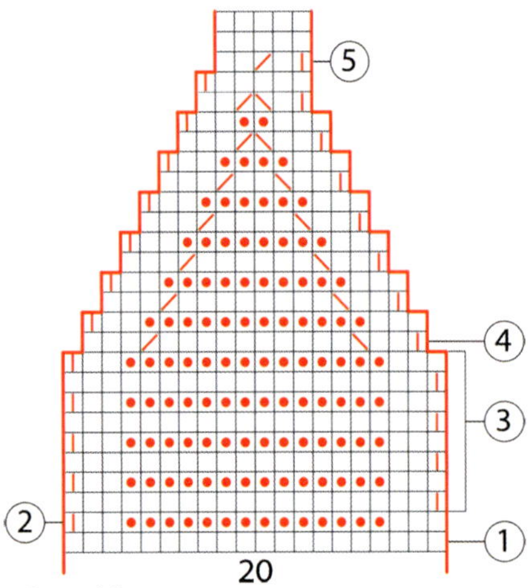

Ohrenklappen

Die Ohrenklappen werden in Hin- und Rückreihen mit dem gleichen Garn wie die Mütze gestrickt. Auf beiden Seiten strickst du 3 rechte Maschen, sowohl auf der rechten als auch auf der linken Seite, um eine Kante zu bekommen.

① Nimm 20 Maschen auf und stricke die erste Reihe rechts.
② Wende die Arbeit und stricke linke Maschen zurück, dabei die ersten 3 und die letzten 3 Maschen rechts.
③ Wiederhole dies so lange, bis die Ohrenklappe etwa so lang ist wie das Bündchen der Mütze.
④ Beginne mit dem Abnehmen. Nimm in jeder Reihe ab wie im Diagramm gezeigt.
⑤ Wenn nur noch 6 Maschen auf der Nadel sind, nimmst du 1 Masche in der Mitte ab.

Bindeband: Das Bindeband wird nur von rechts gestrickt. Die 5 restlichen Maschen auf der Nadel stricken und auf die linke Seite der Nadel schieben. Den Faden hinter die Arbeit legen und leicht anziehen. Die 5 Maschen rechts stricken, wieder nach links schieben und solange wiederholen, bis das Band die gewünschte Länge erreicht hat.

- ☐ rechte Masche
- Masche locker abheben
- linke Masche
- nach rechts abnehmen
- nach links abnehmen

ANLEITUNGEN

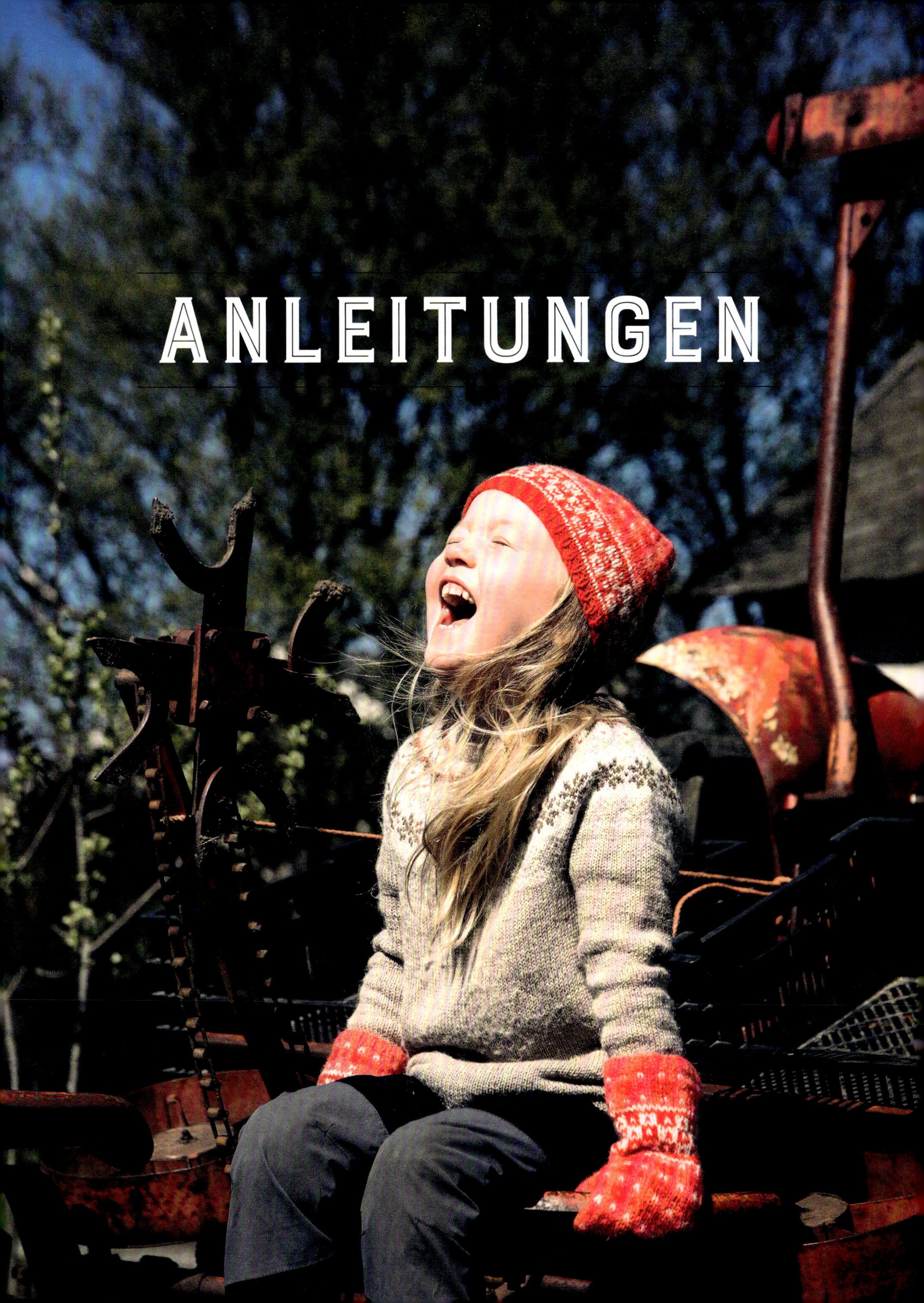

PUNKTE UND STREIFEN

Kleidungsstücke mit Punkten und Streifen sind immer aktuell. Wähle die Farben passend zur Jahreszeit oder zur Kleidung des Kindes aus. Das Punktemuster wird hier mit ockergelben Punkten auf einer kräftig rosafarbenen Grundfarbe gestrickt. Das Streifenmuster ist klassisch blau und weiß, aber man kann natürlich Streifen in allen möglichen Farbkombinationen stricken. Die gestreifte Mütze wird in einem Rippenmuster gestrickt, damit sie schön elastisch wird.

MÜTZEN

Die Mütze hat eine ganz besondere Form. Sie wird auf einer Rundstricknadel ohne Abnahmen gestrickt und an der Spitze zusammengenäht. Trotz des einfachen Schnittes ist die Mütze süß und witzig mit den zwei Bommeln, die an Schnüren von den Spitzen hängen. Zusätzlich kannst du Ohrenklappen für die Mütze stricken, siehe Seite 20.

FINGERHANDSCHUHE

Vielleicht denkst du, dass es schwierig ist, Handschuhe für so kleine Kinder zu stricken? Ehrlicherweise gibt es am Schluss viele Fäden zu vernähen, aber die Anleitung ist wirklich leicht zu verstehen. Wie wäre es mit Handschuhen mit verschiedenen Farben je Finger? Die Handschuhe gibt es in zwei Größen für unterschiedlich breite Hände. Die Länge der Hand und der Finger bestimmst du beim Stricken. Wenn das Kind die Handschuhe nicht zwischendurch anprobieren kann, brauchst du eine Zeichnung mit dem Umriss der Hand in der entsprechenden Größe.

GARN UND NADELN

Alle Kleidungsstücke auf den Bildern sind mit dem Strumpfgarn Ida von Trysil Garn (80% Wolle, 20% Polyamid, Lauflänge 150 m/50 g) gestrickt) Handschuhe: Maschenprobe 26 Maschen (im Muster oder Rippenmuster) = 10 cm, Nadelstärke 3.

Die Mützen werden auf einer 30–40 cm langen Rundstricknadel Stärke 3½ gestrickt, das Bündchen mit Nadelstärke 3.

FARBEN

Die gepunktete Mütze ist in Ockergelb und Rosa gestrickt, die gestreifte in Blau und Weiß.

GARNVERBRAUCH

Ein Knäuel Garn von jeder Farbe ist ausreichend für Mütze und Handschuhe. Für die gepunktete Mütze in der größten Größe kaufst du besser zwei Knäuel rosa.

ALTERNATIVES GARN

Die Kleidungsstücke können in jedem Garn, das die gleiche Maschenprobe ergibt, gestrickt werden. Sie entsprechen ungefähr der gleichen Größe, wenn du zum Beispiel Nordlys von Viking (75% Wolle; 25% Nylon, Lauflänge 350 m/100 g), Mini Sterk von Du Store Alpakka (40% Alpaka, 40% Wolle, 20% Nylon, Lauflänge 166 m/50 g), Sisu von Sandnes Garn (80% Wolle, 20% Nylon, Lauflänge 166 m/50 g) oder Drops Fabel von Garnstudio (75% Wolle, 25%Polyamid, Lauflänge 175 m/50 g) verwendest.

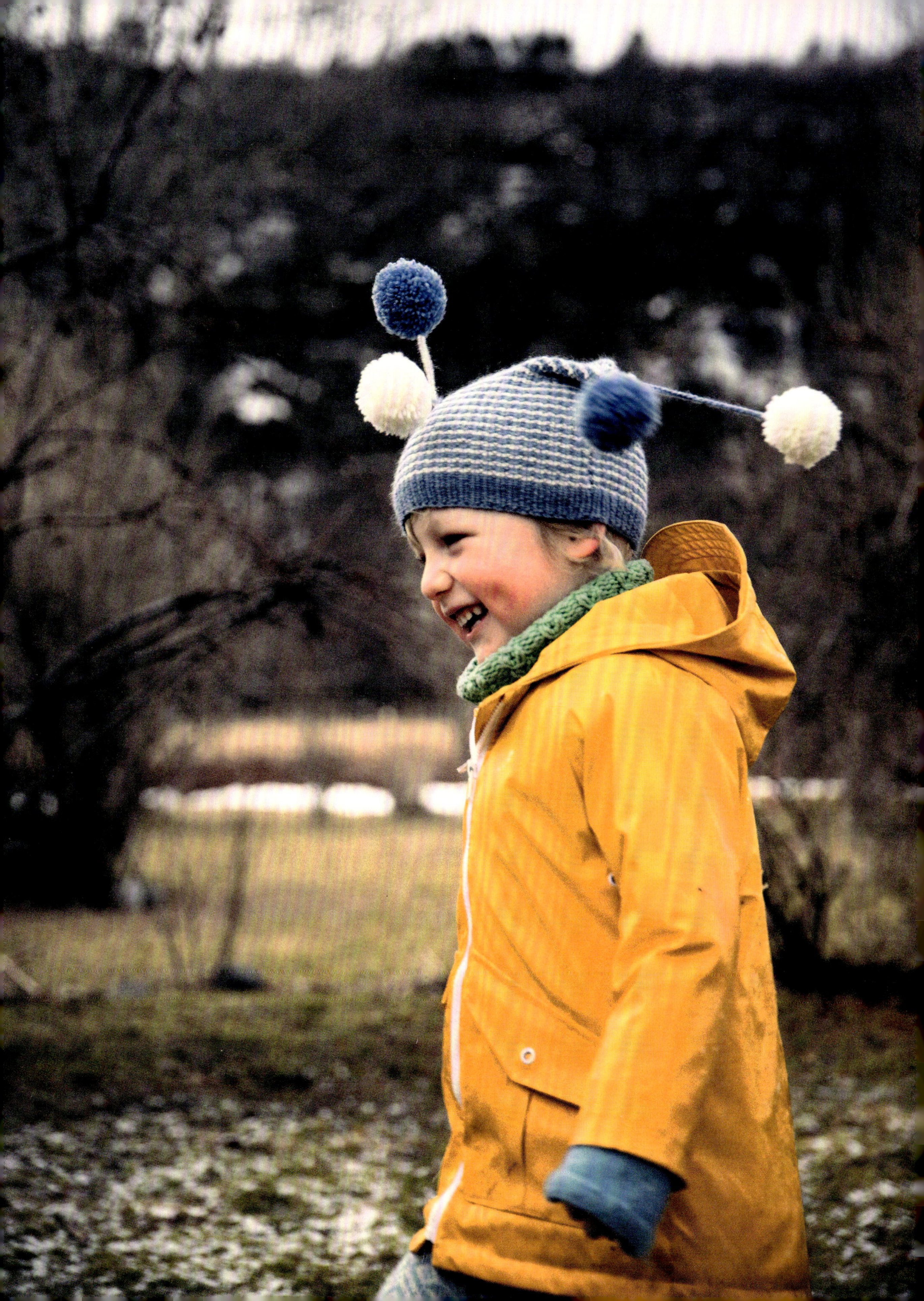

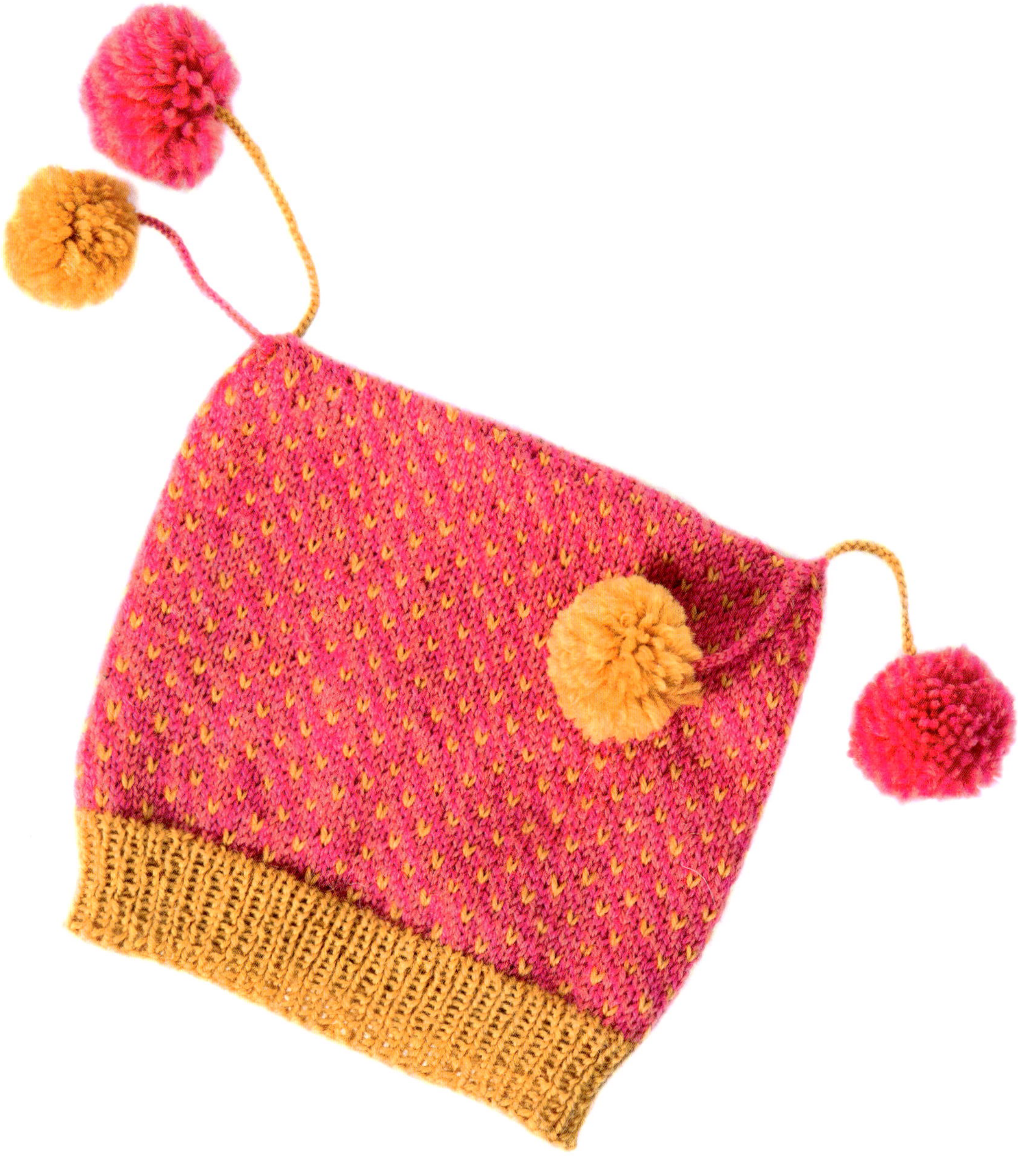

GEPUNKTETE MÜTZE

Das Modell ist mit Strumpfgarn Ida von Trysil Garn
in Ockergelb und Rosa gestrickt.

Anleitung

Größe 1–2 Jahre (3–5 Jahre) 6–8 Jahre.

120 (132) 140 Maschen in Ockergelb mit der Rundstricknadel 3 anschlagen und zum Ring schließen.

① Bündchen stricken mit 1 Masche rechts, 1 Masche links über 14 (16) 20 Runden.

② Nach Muster mit Nadel 3 ½ weiterstricken. Das Muster wiederholen, bis die Arbeit 15 (17) 18 cm misst. Die Runde mit Punkten fertig stricken.

Lege die Mütze rechts auf rechts übereinander und nähe die obere Kante mit Maschenstich zusammen.

Wenn die Ecken zu steif sind und sich nicht ausformen lassen, kannst du sie mit einigen kleinen Stichen festnähen.

Zwei Bommel und zwei Bänder je Farbe herstellen. Die Bommel an Schnüren der jeweils anderen Farbe befestigen und an jeder Mützenecke zwei verschiedenfarbige Bommel annähen.

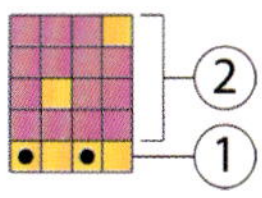

Diagramm 1
Mütze

rechte Masche
linke Masche

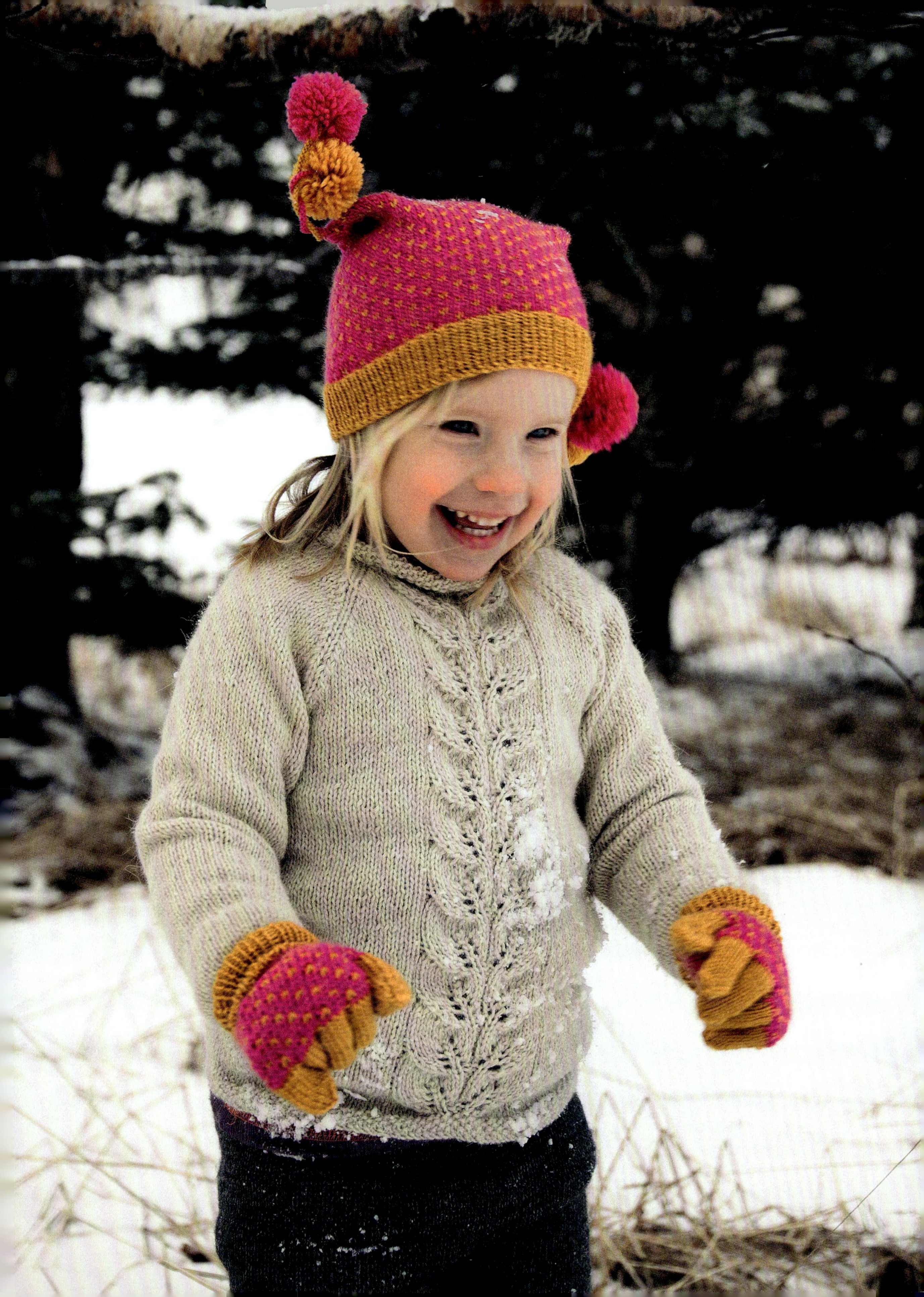

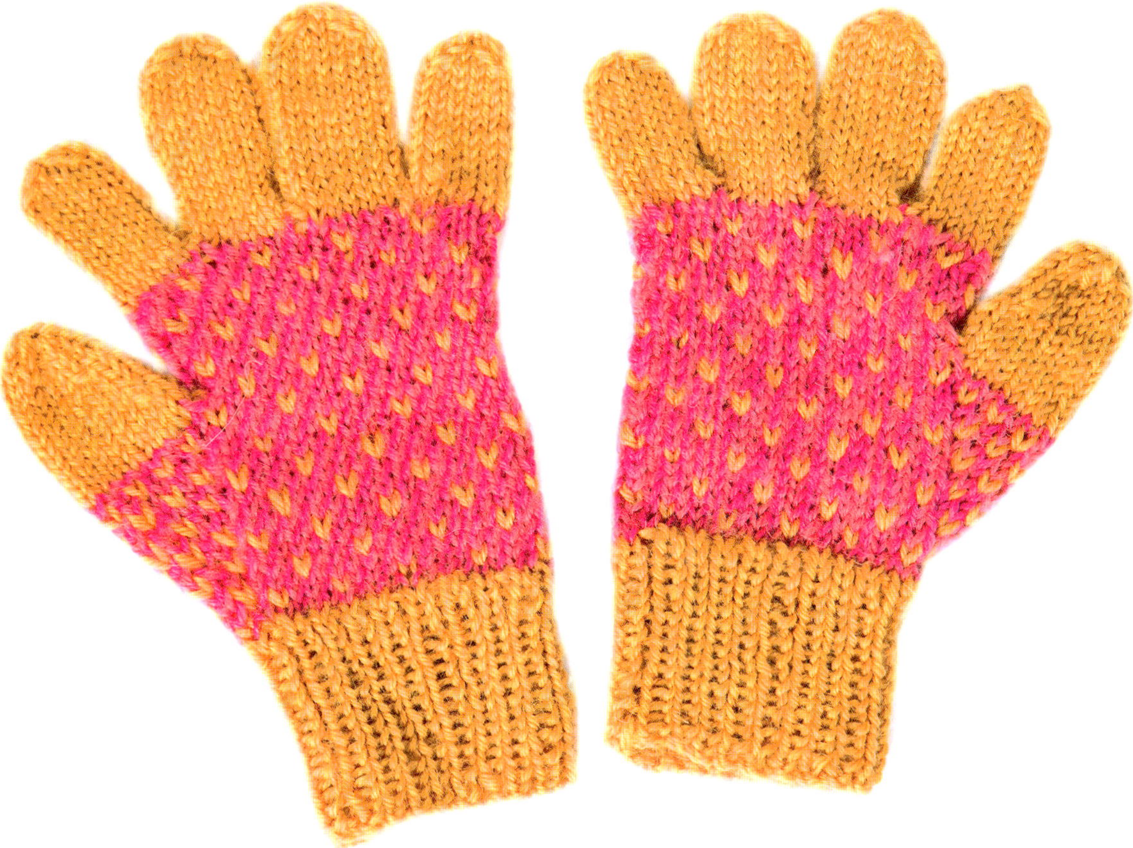

GEPUNKTETE FINGERHAND-SCHUHE

Das Modell ist mit Strumpfgarn Ida von Trysil Garn in Ockergelb und Rosa gestrickt.

Anleitung

Größe 3–5 Jahre (6–8 Jahre).

Der rechte und der linke Handschuh werden gleich gestrickt.

36 (44) Maschen in Ockergelb mit dem Nadelspiel anschlagen, gleichmäßig auf vier Nadeln verteilen und zu einem Ring schließen. Das Bündchen mit 1 Masche rechts, 1 Masche links über 16 (20) Reihen stricken.

① Nach Diagramm 1 (Diagramm 2) weiterstricken. In der ersten Runde 4 Maschen nach Anleitung zunehmen auf insgesamt 40 (48) Maschen.

② Für den Daumen in jeder zweiten Runde zunehmen. Rechte Daumenseite: eine Masche aus dem Maschenbogen der vorigen Runde aufnehmen. Linke Daumenseite: aus der nächsten Masche eine Masche zunehmen und stricken. Weiterstricken bis zur Daumenmarkierung, nachdem alle Zunahmen gemacht sind. Nach Muster weiterstricken, bis genug Runden bis zur Daumenöffnung gestrickt sind. Der Abstand der oberen Bündchenkante bis zur Daumenöffnung entspricht dem Abstand zwischen Handgelenk und Daumenanfang.

③ Öffnung für den Daumen: 19 (22) Maschen stricken. Einen losen Faden in den folgenden 15 (17) Maschen mitlaufen lassen (im Diagramm durch die Linie markiert). 3 (5) neue Maschen anschlagen (mit V markiert) und weiter nach Muster über die Daumenöffnung stricken.

④ Diese Runden bis zur passenden Höhe wiederholen. Zwischendurch gerne anprobieren, damit die Finger in der richtigen Entfernung von der Daumenöffnung beginnen. Die Finger werden in Ockergelb gestrickt.

Kleiner Finger: Er wird über die ersten und letzten 5 (6) Maschen der Runde gestrickt. Die restlichen Maschen solange auf einem Faden oder einem Maschenseil stilllegen, bis der jeweilige Finger gestrickt wird. Am Anfang der Runde 5 (6) Maschen stricken, 2 neue Maschen anschlagen und die restlichen 5 (6) Maschen der Runde stricken = 12 (14) Maschen. In Runden weiterstricken, bis der Finger am Handschuh genauso lang ist wie der Finger selbst. Abnehmen: die ersten 2 Maschen auf jeder Seite rechts verschränkt zusammenstricken und die 2 letzten Maschen jeder Runde rechts zusammen. Weiterstricken, bis nur noch 4 (6) Maschen übrig sind, Faden abschneiden und durch alle Maschen ziehen.

Ringfinger: Er wird über die nächsten 5 (6) Maschen der Runde neben dem kleinen Finger gestrickt. Eine Masche anschlagen und eine Masche in die aufgenommene Masche stricken, dann 5 (6) Maschen stricken. 2 neue Maschen anschlagen und die 5 (6) Maschen der gegenüberliegenden Seite stricken. 1 Masche anschlagen und gleich wieder stricken = 14 (16) Maschen. In Runden weiterstricken und wie beim kleinen Finger abnehmen.

Mittelfinger: Er wird wie der Ringfinger gestrickt.

Zeigefinger: Er wird wie der kleine Finger gestrickt: die erste Masche anschlagen und eine Masche in die aufgenommene Masche stricken, die letzten restlichen 10 (12)

Maschen und eine letzte Masche aufnehmen und stricken = 12 (14) Maschen. Den Finger fertig stricken und abnehmen.

Daumen: die Maschen, die auf dem losen Faden liegen, auf das Nadelspiel aufnehmen. Die Runde in der Mitte der aufgenommenen Maschen beginnen, 2 (3) Maschen aufnehmen, die 15 (17) Maschen stricken, 2 (3) neue Maschen aufnehmen = 19 (23) Maschen. Rund weiterstricken. Nach 4 (5) und 8 (10) Runden wird folgendermaßen abgenommen: die ersten 2 Maschen rechts verschränkt zusammenstricken, weiterstricken, bis noch 3 Maschen übrig sind, 2 Maschen rechts zusammenstricken, 1 Masche rechts stricken. Weiterstricken, bis der Daumen die richtige Länge erreicht hat. Folgendermaßen abnehmen: 1 Masche rechts, 2 Maschen rechts zusammenstricken, wiederholen, bis noch 5 (6) Maschen übrig sind. Den Faden abschneiden und durch diese Maschen ziehen.

Alle Fäden auf der Innenseite vernähen. Die Fadenenden der Finger verwenden, um eventuelle Löcher im Strick beim Vernähen zusammenzuziehen.

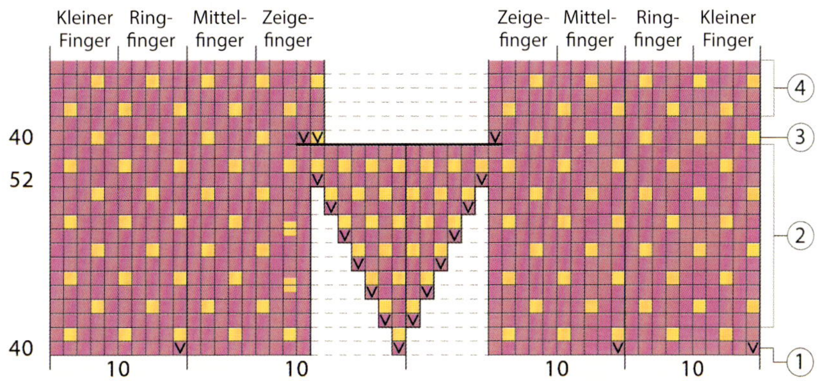

Diagramm 1
Kleiner Fingerhandschuh

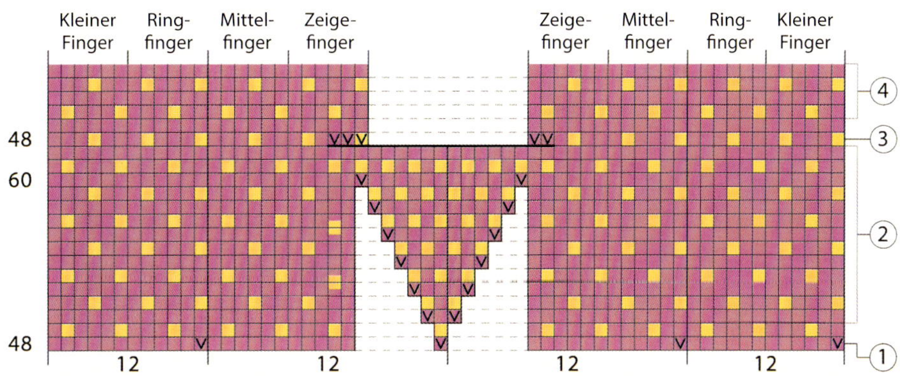

Diagramm 2
Großer Fingerhandschuh

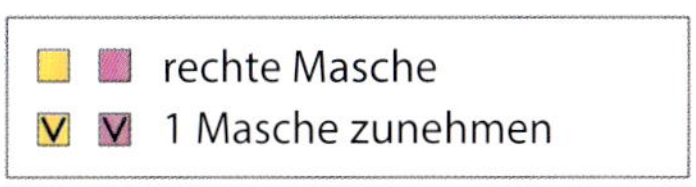

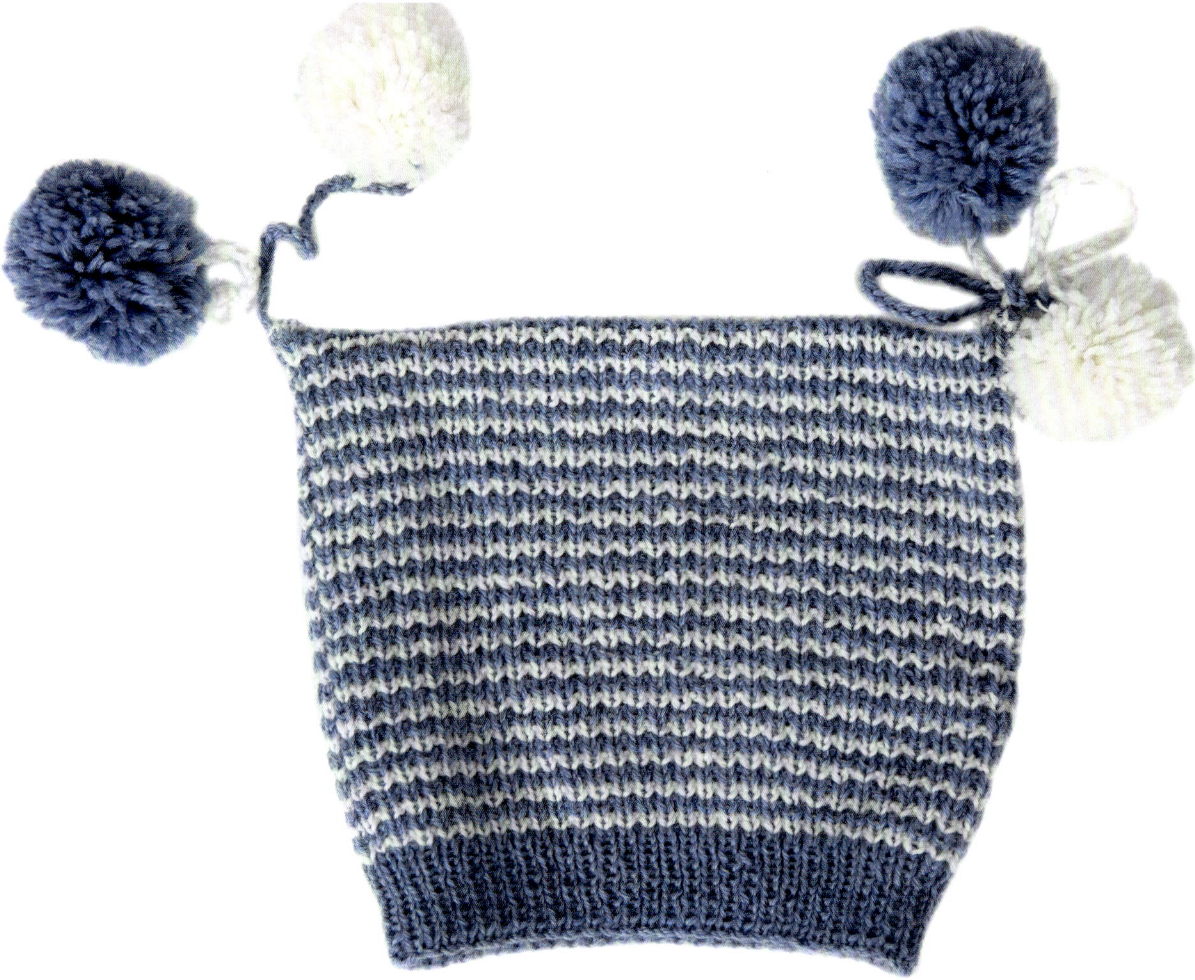

GESTREIFTE MÜTZE

Das Modell ist mit Strumpfgarn Ida von Trysil Garn in Blau und Weiß gestrickt.

Anleitung

Größe 1–2 Jahre (3–5 Jahre) 6–8 Jahre.

Die Streifen werden im Rippenmuster (eine Runde rechts, zweite Runde 1 rechts, 1 links) gestrickt. Dadurch wird die Mütze elastisch und sitzt gut am Kopf.

120 (132) 140 Maschen in Blau mit der Rundstricknadel anschlagen und zum Ring schließen.

① Bündchen stricken mit 1 Masche rechts, 1 Masche links über 12 (14) 18 Runden.

② Zur Nadel 3½ wechseln und nach Muster weiterstricken. Dafür das Rippenmuster wiederholen (1 rechts, 1 links in jeder zweiten Runde), bis die Mütze 19 (25) 34 cm misst.

Mit einer Streifenreihe abschließen. Den Faden abschneiden, aber ein langes Stück zum Zusammennähen lassen. Die Mütze rechts auf rechts übereinanderlegen und die obere Kante mit Maschenstich zusammennähen. Wenn die Ecken zu steif sind und sich nicht ausformen lassen, kannst du sie mit einigen kleinen Stichen festnähen.

Zwei Bommel und zwei Bänder je Farbe herstellen. Die Bommel an Bändern der jeweils anderen Farbe befestigen und an jeder Mützenecke zwei verschiedenfarbige Bommel annähen.

Die Bänder an diesem Modell sind extra so lang, damit man Schleifen binden kann.

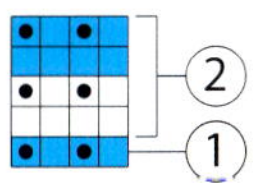

Muster Mütze

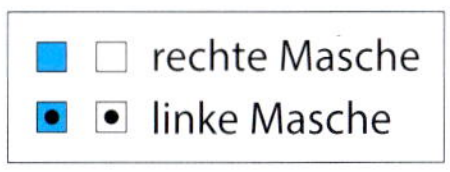

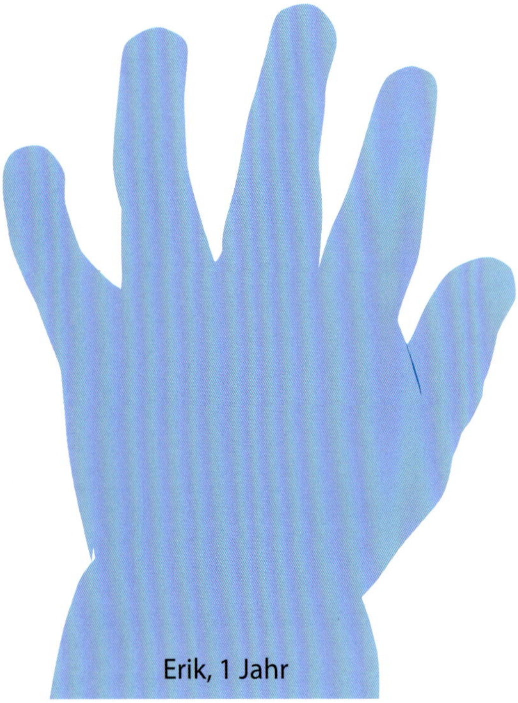
Erik, 1 Jahr

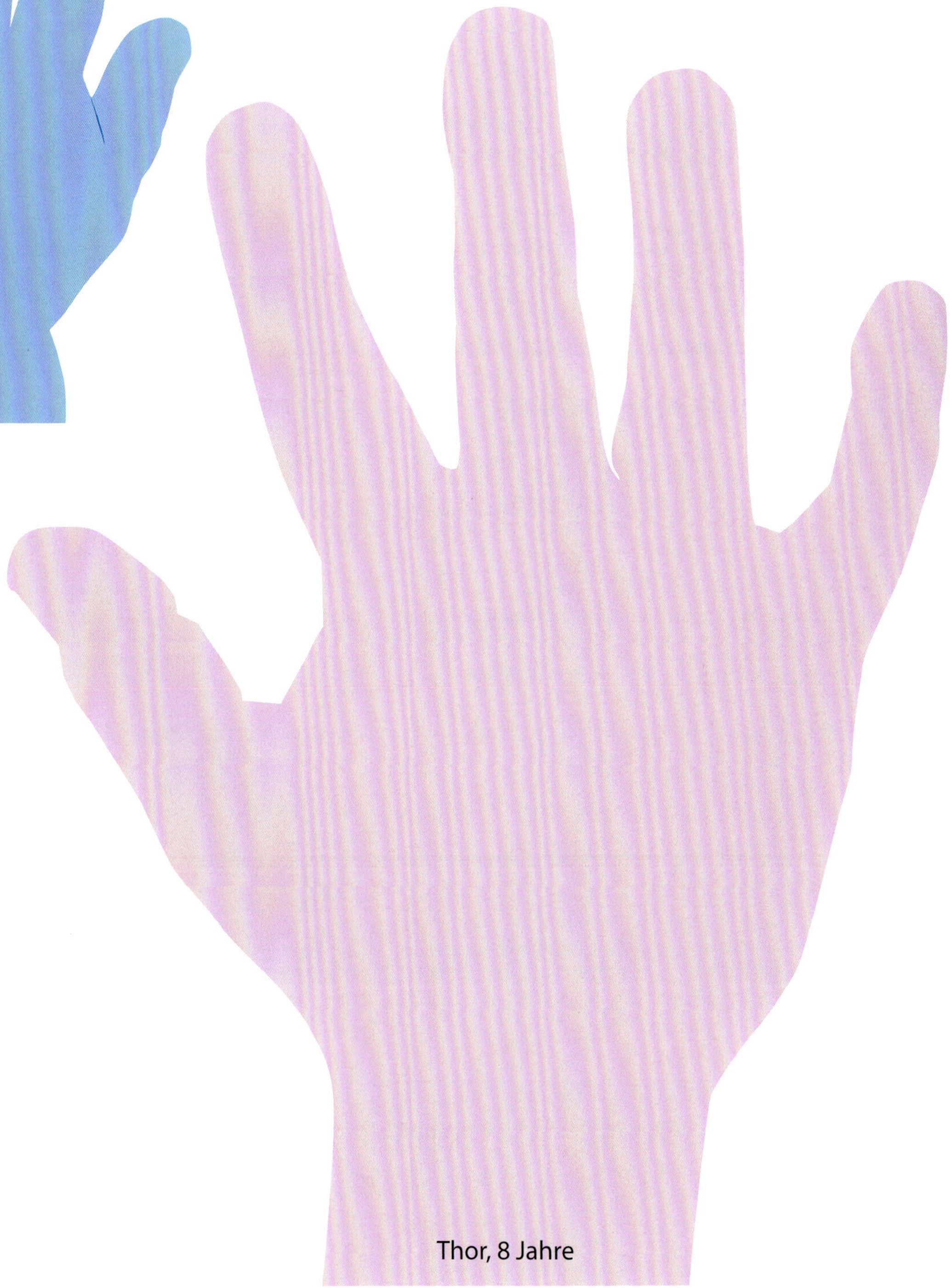
Thor, 8 Jahre

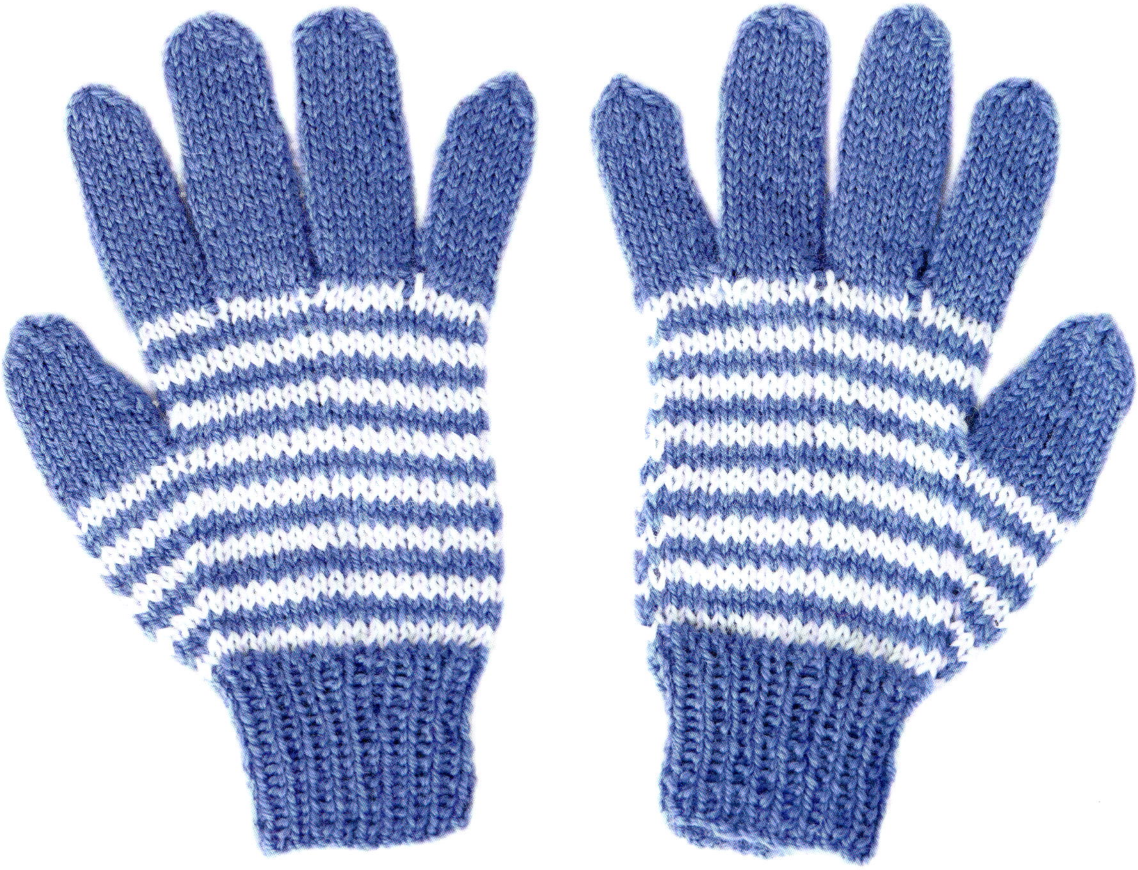

GESTREIFTE FINGERHAND-SCHUHE

Das Modell ist mit Strumpfgarn Ida von Trysil Garn in Blau und Weiß gestrickt.

Anleitung

Größe 3–5 Jahre (6–8 Jahre).

Der rechte und der linke Handschuh werden gleich gestrickt.

36 (44) Maschen in Blau mit dem Nadelspiel anschlagen, gleichmäßig auf vier Nadeln verteilen und zu einem Ring schließen. Das Bündchen stricken mit 1 Masche rechts, 1 Masche links über (16) 20 Runden.

① Nach Diagramm 1 (Diagramm 2) weiterstricken. In der ersten Runde 4 Maschen nach Anleitung zunehmen, sodass es insgesamt 40 (48) Maschen sind.

② Für den Daumen in jeder zweiten Runde zunehmen. Rechte Daumenseite eine Masche aus der vorigen Runde aufnehmen und stricken. Linke Daumenseite: aus der nächsten Masche eine Masche zunehmen und stricken. Weiterstricken bis zur Daumenmarkierung, nachdem alle Zunahmen gemacht sind. Nach Muster weiterstricken, bis genug Runden bis zur Daumenöffnung gestrickt sind. Der Abstand der oberen Bündchenkante bis zur Daumenöffnung entspricht dem Abstand zwischen Handgelenk und Daumenanfang.

③ Öffnung für den Daumen: 19 (22) Maschen stricken. Einen losen Faden in den folgenden 15 (17) Maschen mitlaufen lassen (im Diagramm durch die Linie markiert). 3 (5) neue Maschen anschlagen (mit V markiert) und weiter nach Muster über die Daumenöffnung stricken.

④ Diese Runden bis zur passenden Höhe wiederholen. Zwischendurch gerne anprobieren, damit die Finger in der richtigen Entfernung von der Daumenöffnung beginnen. Die Finger werden in Blau gestrickt.

Kleiner Finger: Er wird über die ersten und letzten 5 (6) Maschen der Runde gestrickt. Die restlichen Maschen solange auf einem Faden oder einem Maschenseil stilllegen, bis der jeweilige Finger gestrickt wird. Am Anfang der Runde 5 (6) Maschen stricken, 2 neue Maschen anschlagen und die restlichen 5 (6) Maschen der Runde stricken = 12 (14) Maschen. In Runden weiterstricken, bis der Finger am Handschuh genauso lang ist wie der Finger selbst. Abnehmen: die ersten 2 Maschen auf jeder Seite rechts verschränkt zusammenstricken und die 2 letzten Maschen jeder Runde rechts zusammen. Weiterstricken, bis nur noch 4 (6) Maschen übrig sind, Faden abschneiden und durch alle Maschen ziehen.

Ringfinger: Er wird über die nächsten 5 (6) Maschen der Runde neben dem kleinen Finger gestrickt. Eine Masche anschlagen und eine Masche in die aufgenommene Masche stricken, dann 5 (6) Maschen stricken. 2 neue Maschen anschlagen und die 5 (6) Maschen der gegenüberliegenden Seite stricken. 1 Masche aufnehmen und gleich wieder stricken = 14 (16) Maschen. In Runden weiterstricken und wie beim kleinen Finger abnehmen.

Mittelfinger: Er wird wie der Ringfinger gestrickt.

Zeigefinger: Er wird wie der kleine Finger gestrickt. Die erste Masche aufnehmen und gleich stricken, die letzten 10 (12) Maschen, die übrig sind, und eine letzte

Masche aufnehmen und stricken = 12 (14) Maschen. Den Finger fertig stricken und abnehmen.

Daumen: die Maschen, die auf dem losen Faden liegen, auf das Nadelspiel aufnehmen. Die Runde in der Mitte der aufgenommenen Maschen beginnen, 2 (3) Maschen aufnehmen, die 15 (17) Maschen stricken, 2 (3) neue Maschen aufnehmen = 19 (23) Maschen. Rund weiterstricken. Nach 4 (5) und 8 (10) Runden wird folgendermaßen abgenommen: die ersten 2 Maschen rechts verschränkt zusammenstricken, weiterstricken, bis noch 3 Maschen übrig sind, 2 Maschen rechts zusammenstricken, 1 Masche rechts stricken. Weiterstricken, bis der Daumen so lang ist wie der gesamte Daumen der Hand. Folgendermaßen abnehmen: 1 Masche rechts, 2 Maschen rechts zusammenstricken, wiederholen, bis noch 5 (6) Maschen übrig sind. Den Faden abschneiden und durch diese Maschen ziehen.

Alle Fäden auf der Innenseite vernähen. Die Fadenenden der Finger verwenden, um eventuelle Löcher im Gestrickten beim Vernähen zusammenzuziehen.

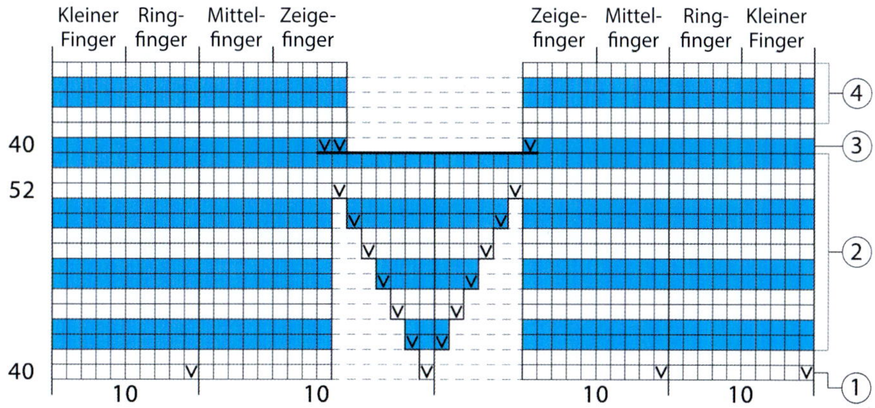

Diagramm 1
Kleine Größe

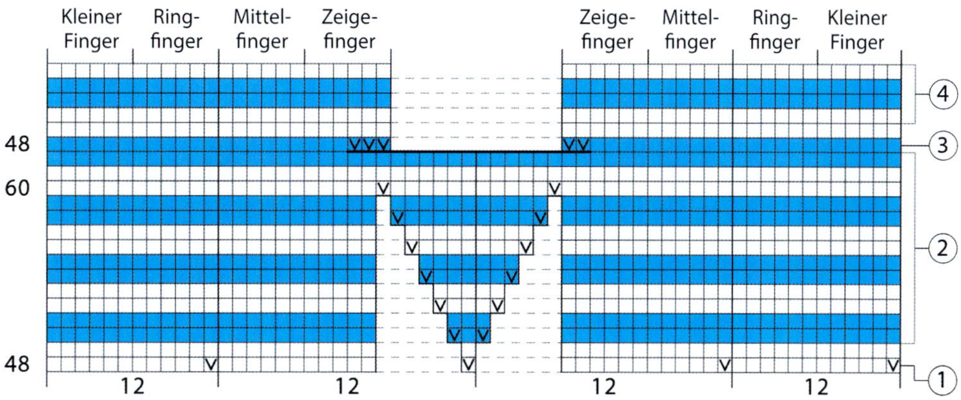

Diagramm 2
Große Größe

□ ■ rechte Masche
V V 1 Masche zunehmen

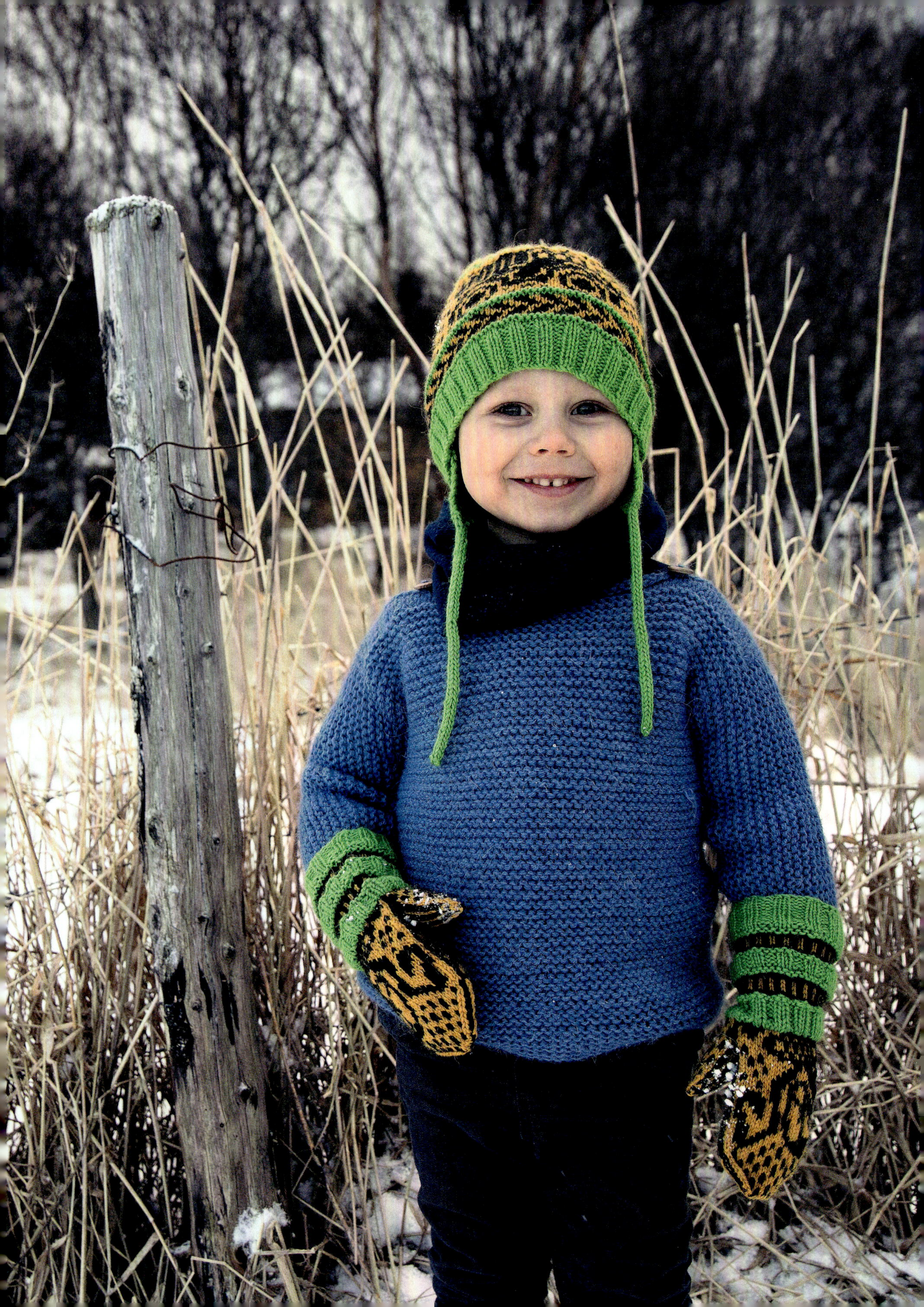

GROSSE FAHRZEUGE

Viele Kinder sind von großen, lauten Arbeitsmaschinen wie Baggern, Lastwagen oder Traktoren begeistert. In Sandkisten sind solche Fahrzeuge klassisches Spielzeuginventar und werden immer fleißig benutzt. Jetzt kannst du tolle Kleidungsstücke für Kinder stricken, die sich für solche Fahrzeuge interessieren und sie den Geruch von Öl und Diesel spüren lassen.

Die Farbauswahl ist von einer in Skandinavien bekannten Traktormarke inspiriert. Selbstverständlich kannst du andere Farben auswählen, die den Beschenkten besonders gut gefallen.

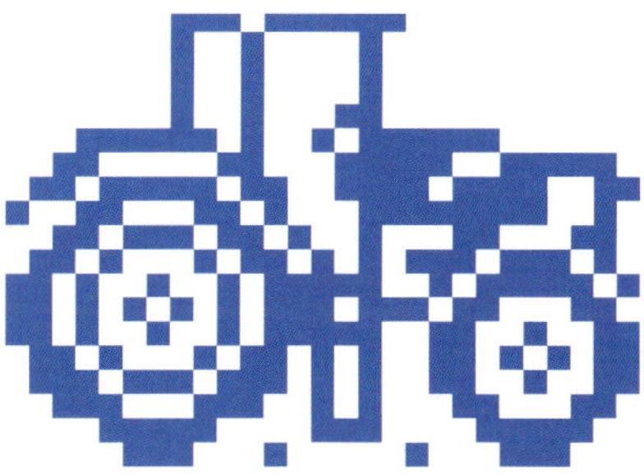

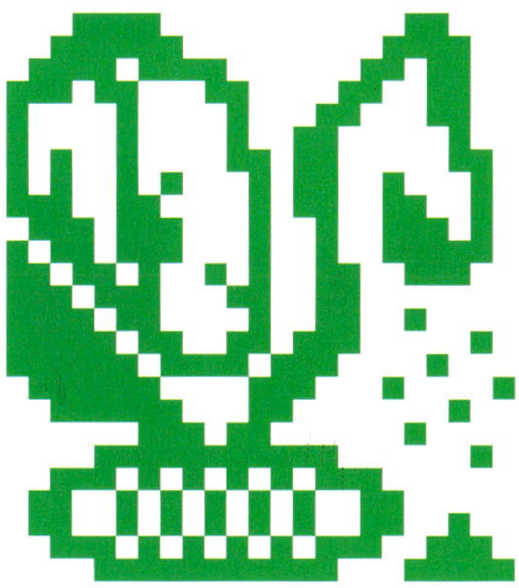

FÄUSTLINGE

Die Fäustlinge haben einen extra langen Schaft und sitzen besonders gut, wenn sie über die Ärmel gezogen werden.

Ungefähres Alter	*Garn*	*Nadeln*	*Breite*	*Gesamtlänge*
1–2 JAHRE	BABYGARN	2 ½	6,5 CM	16 CM
3–5 JAHRE	DÜNNES GARN	2 ½–3	7 CM	19 CM
6–8 JAHRE	DICKES GARN	2 ½–3	8 CM	21,5 CM

SOCKEN

Die endgültige Fußlänge bestimmst du, wenn du die Abnahme für die Zehen machst. *Tipp:* Orientiere dich an einer Socke, die gut passt.

Ungefähres Alter	*Garn*	*Nadeln*	*Breite vom Schaft/Fuß*
3–5 JAHRE	DÜNNES GARN	2 ½–3	7,5 CM
6–8 JAHRE	DÜNNES ODER DICKES GARN	3	8,5 - 9 CM

MÜTZE

Die Anleitung für zusätzliche Ohrenklappen und Bommel findest du auf S. 20 und 19.

Ungefähres Alter	*Garn*	*Nadeln*	*ca. Kopfumfang*	*Größe*
1–2 JAHRE	BABYGARN	2 ½–3	46–50 CM	KLEIN
3–5 JAHRE	DÜNNES GARN	3–3 ½	52–54 CM	GROSS
3–5 JAHRE	DICKES GARN	3	52–54 CM	KLEIN
6–8 JAHRE	DICKES GARN	3–3 ½	55–56 CM	GROSS

EMPFOHLENES GARN

Babygarn: Baby Panda von Rauma Garn (100 % Wolle, Lauflänge 175 m/50 g) oder Baby Ull von Dale Garn (100 % Wolle, Lauflänge 165 m/50 g).
Dünnes Garn: Mini Sterk von Du Store Alpakka (40 % Alpaka, 40 % Wolle, 20 % Nylon, Lauflänge 166 m/50 g) oder Sisu von Sandnes Garn (80 % Wolle, 20% Nylon, Lauflänge 175 m/50 g).
Dickes Garn: Sterk von Du Store Alpakka (40 % Alpaka, 40 % Wolle, 20 % Nylon, Lauflänge 137 m/50 g).

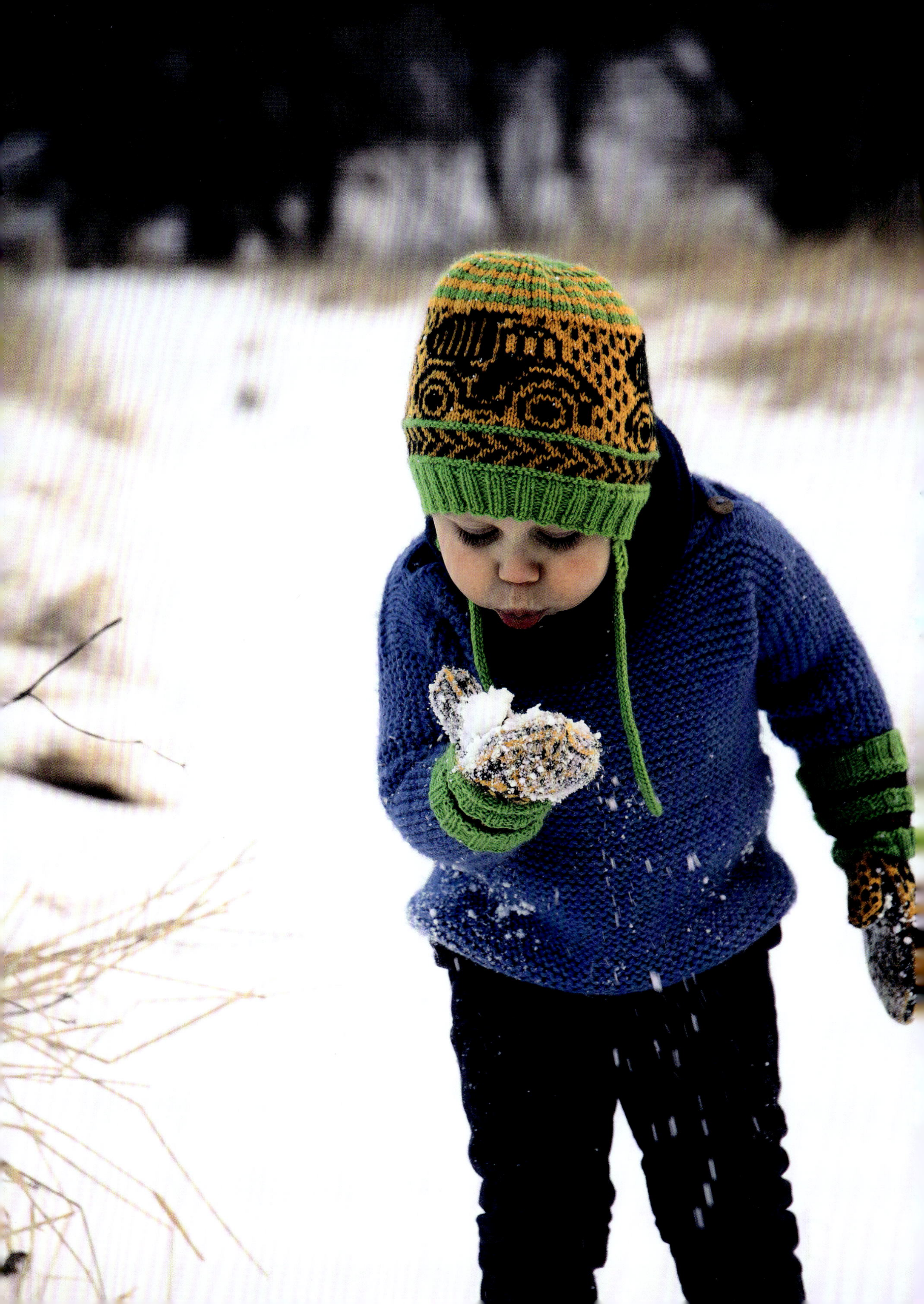

Fäustling mit Bagger

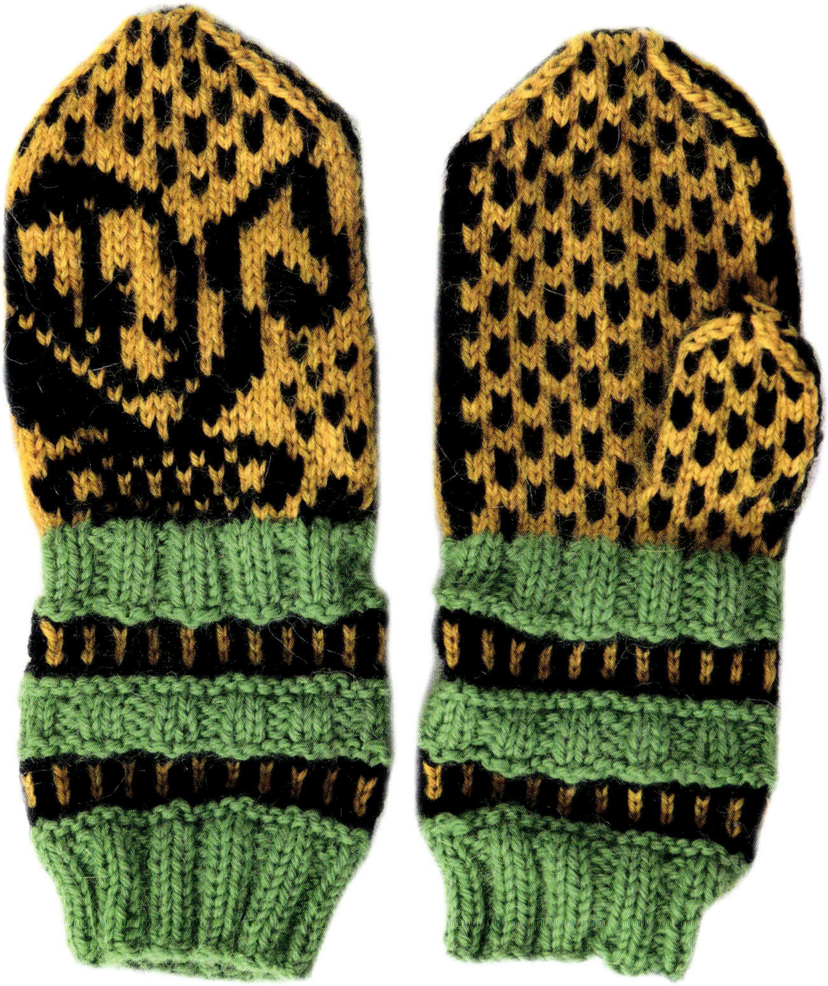

FÄUSTLINGE MIT BAGGER

Die Modelle sind mit Sterk von Du Store Alpakka in Grün, Goldgelb und Schwarz gestrickt.

Anleitung

44 Maschen in Grün mit dem Nadelspiel anschlagen, gleichmäßig auf vier Nadeln verteilen und zu einem Ring schließen.

① Nach Diagramm 1 die ganze Manschette stricken und dabei das Muster der ersten Runde 2 Maschen rechts, 2 Maschen links über 10 Runden wiederholen.

② Nach Diagramm 2 (rechter Fäustling) oder Diagramm 3 (linker Fäustling) weiterstricken. In der ersten Runde 4 Maschen nach Anleitung zunehmen auf insgesamt 48 Maschen.

③ Öffnung für den Daumen: einen losen Faden in einer anderen Farbe über die 9 markierten Maschen mitlaufen lassen. Die Maschen zurück auf die linke Nadel schieben und das Muster von der Markierung aus wiederholen.

④ Mit dem Abnehmen beginnen. An den Seiten nach Anleitung im Diagramm abnehmen.

⑤ Die letzten Maschen von Vorder- und Rückseite zusammennähen. Dazu den schwarzen Faden verwenden und im Maschenstich nähen.

⑥ Daumen: den losen Faden herausziehen, die 9 Maschen auf die Nadeln aufnehmen und 9 Maschen auf der anderen Seite anschlagen. Nach Diagramm 4 den Daumen stricken. Erste Runde: auf 22 Maschen zunehmen, indem auf jeder Seite 2 Maschen zugenommen werden, vgl. Diagramm.

⑦ Mit dem Abnehmen beginnen.

⑧ Einen Faden durch die letzten Maschen ziehen.

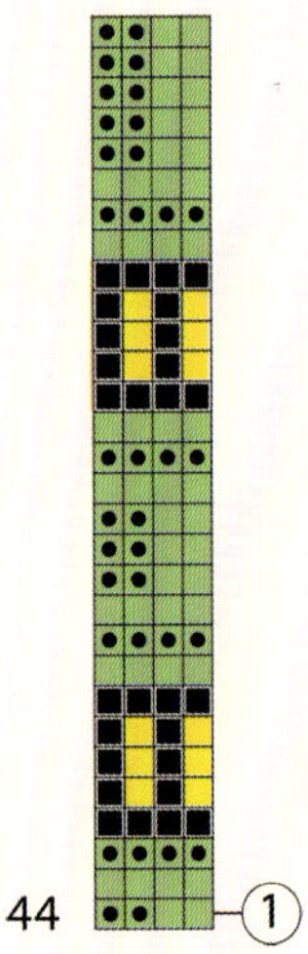

Diagramm 1
Manschette

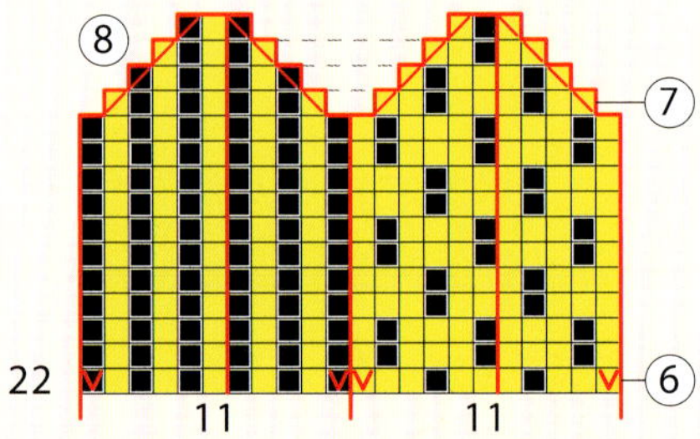

Diagramm 4
Daumen

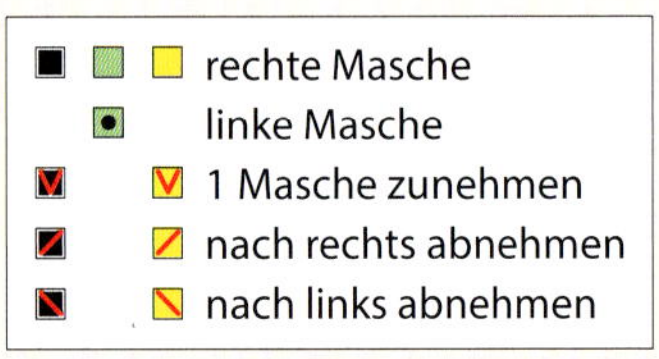

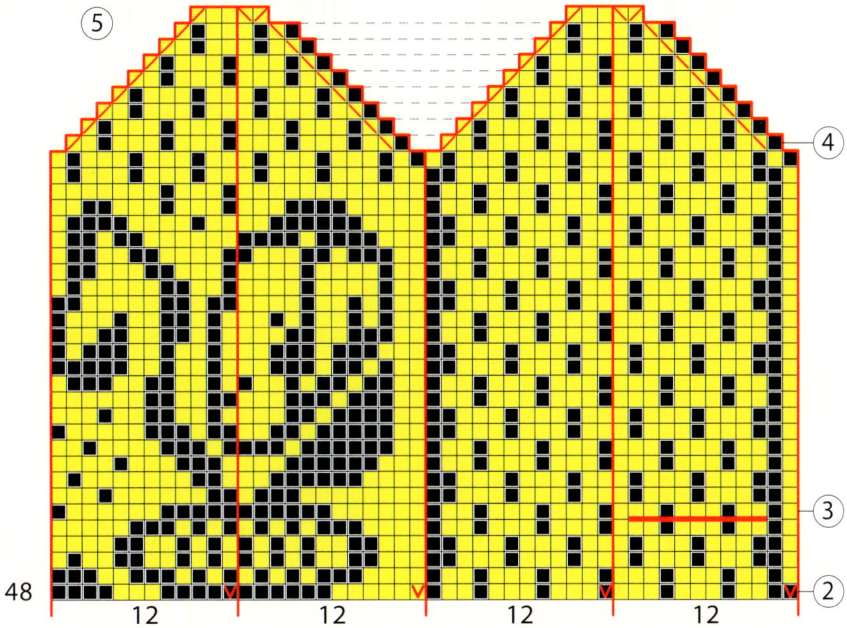

Diagramm 2
Rechter Fäustling

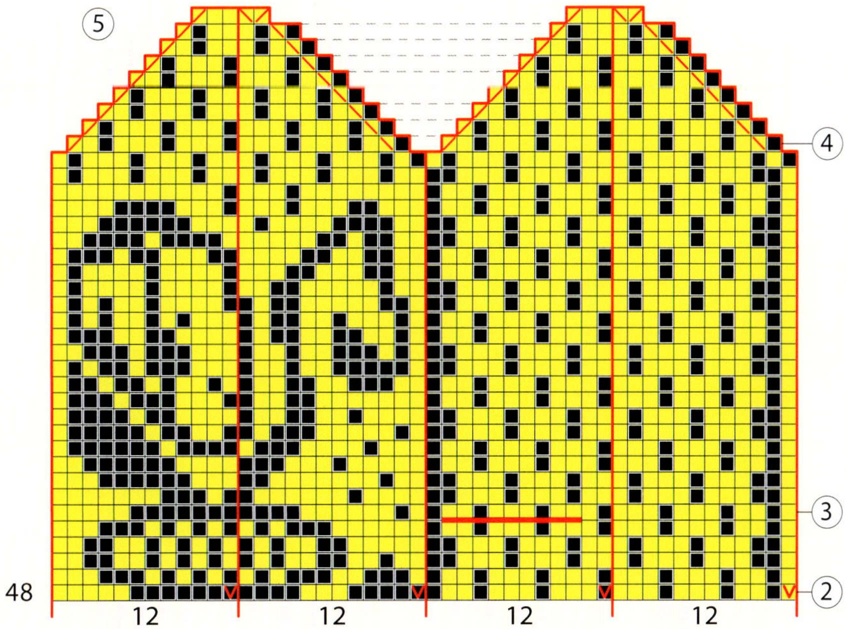

Diagramm 3
Linker Fäustling

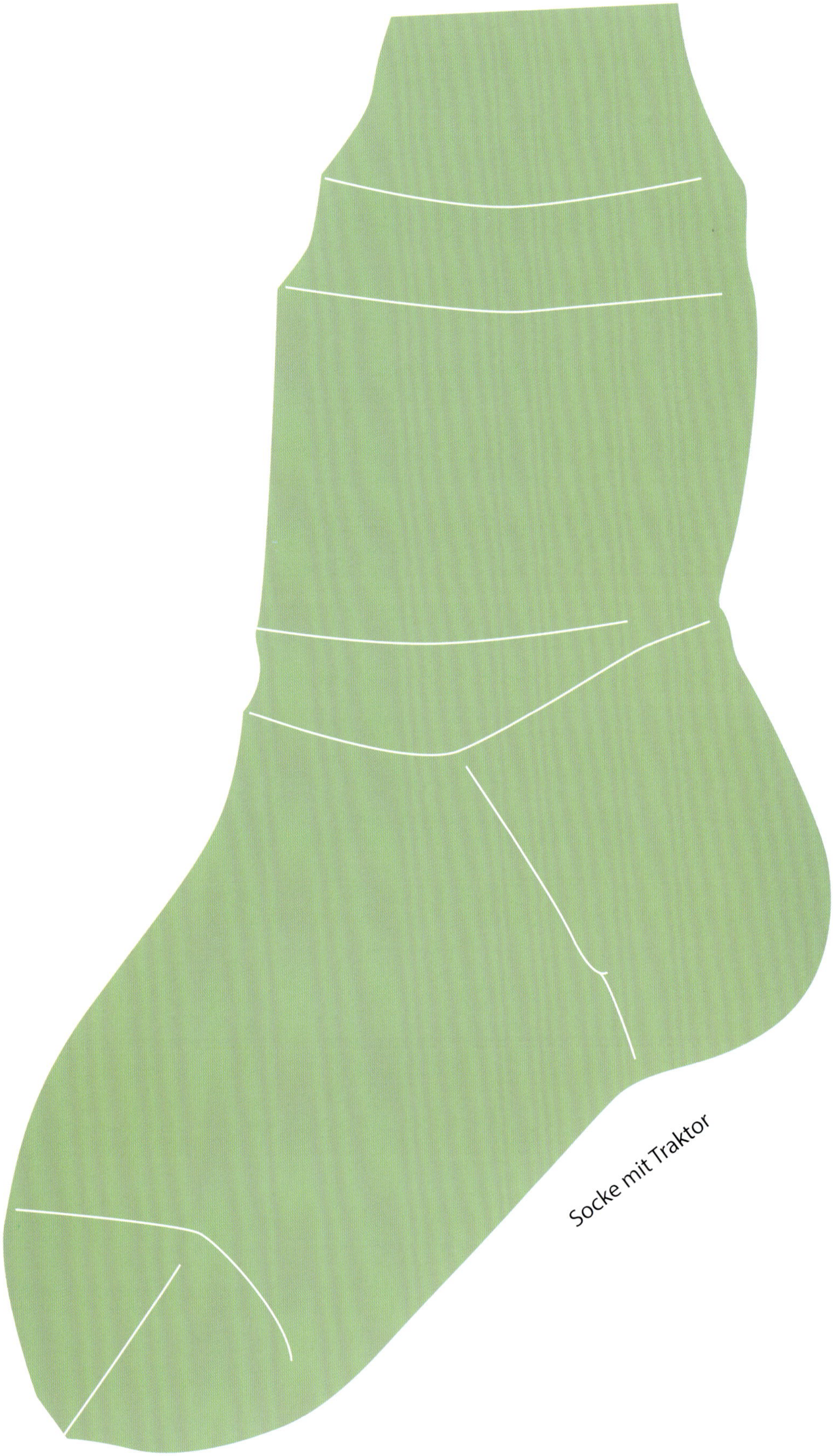
Socke mit Traktor

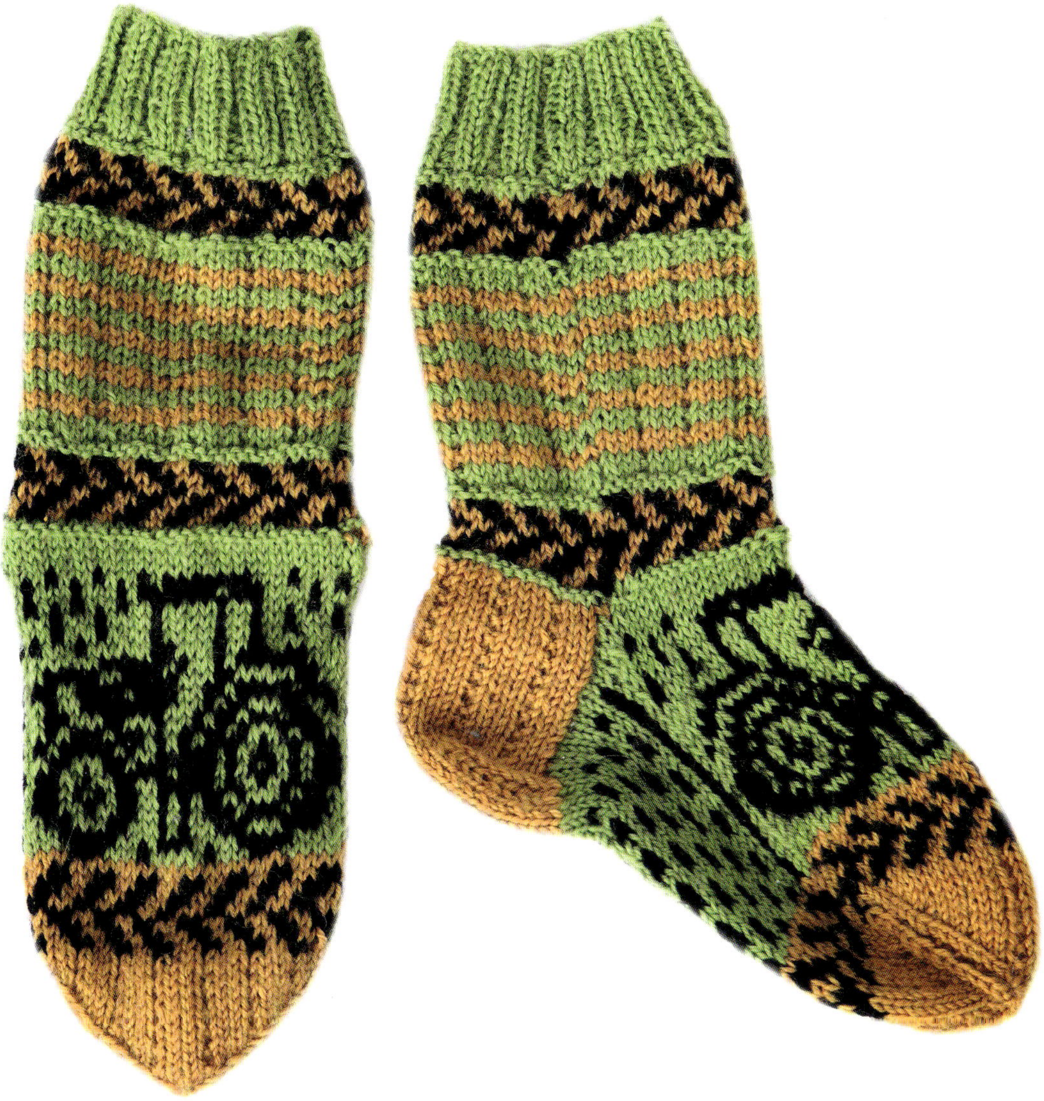

SOCKEN MIT TRAKTOR

Die Modelle sind mit Strumpfgarn Ida von Trysil Garn in Goldgelb, Grün und Schwarz gestrickt.

Anleitung

Wenn die Socken eng anliegen sollen, kann man für die Teile, die mit nur einem Faden gestrickt werden, eine Nadel verwenden, die eine halbe Nummer kleiner ist.

52 Maschen mit dem Nadelspiel anschlagen und zu einem Ring schließen.

① Nach Diagramm 1 das Muster für den ganzen Schaft stricken, dabei in der ersten Runde 2 Maschen rechts, 2 Maschen links 12 Runden wiederholen. Die Runde beginnt in der hinteren Mitte.

② 4 Maschen zunehmen (je eine auf jeder Nadel) auf 56 Maschen.

③ Diese Runde 5-mal wiederholen.

④ Nach Diagramm 2 die Ferse stricken: 16 Maschen ab Rundenbeginn stricken. 29 Maschen links stricken.

⑤ Wenden und 29 Maschen stricken. Die 27 Maschen davor auf den Nadeln stilllegen, bis die Ferse fertig ist. Diese zwei Reihen (hin und zurück) wiederholen, bis die Ferse insgesamt 21 Reihen hoch ist.

⑥ Abnehmen: die erste Masche locker abheben, 18 Maschen stricken, dann 2 rechts verschränkt zusammenstricken. Wenden.

⑦ Diese 2 Reihen wiederholen, bis noch 11 Maschen auf den Nadeln sind. Nach links: die erste Masche locker abheben, 9 Maschen links stricken, 2 Maschen links zusammenstricken. Wenden. Nach rechts: die erste Masche locker abheben, 9 Maschen rechts stricken, 2 Maschen rechts verschränkt zusammenstricken. Wenden.

⑧ Nach Diagramm 3 (rechter Fuß) oder 4 (linker Fuß) weiterarbeiten. Mit den stillgelegten Maschen beginnen. 1 Masche vor der ersten Masche zunehmen, über die 27 Maschen stricken. Entlang der Seitenkante der Ferse 11 Maschen aufnehmen und stricken, die 11 Maschen in der Fersenmitte stricken und entlang der anderen Seitenkante der Ferse 10 Maschen aufnehmen und stricken. In Runden weiterstricken.

⑨ An jeder Seite eine Masche abnehmen wie im Diagramm gezeigt.

⑩ Nach Diagramm 5 (rechter Fuß) oder Diagramm 6 (linker Fuß) weiterarbeiten. Das Muster in der Runde fortlaufend wiederholen.

⑪ Nach Diagramm 7 weiterarbeiten, für die Zehen abnehmen: in der Runde 2-mal wiederholen. Die ersten 2 Runden bis zur gewünschten Länge wiederholen.

⑫ In diesem Diagramm wird in jeder Runde abgenommen. Dadurch beginnen 3 cm nach der Abnahme die Zehenspitzen. Wenn man nur in jeder zweiten Runde abnimmt, wird die Abnahme schmaler und es sind 6 cm bis zu den Zehenspitzen.

⑬ Fäden abschneiden und durch die letzten Maschen ziehen.

Den anderen Fuß ebenso stricken, jedoch den Traktor und die letzte Musterrunde zur anderen Seite gewendet.

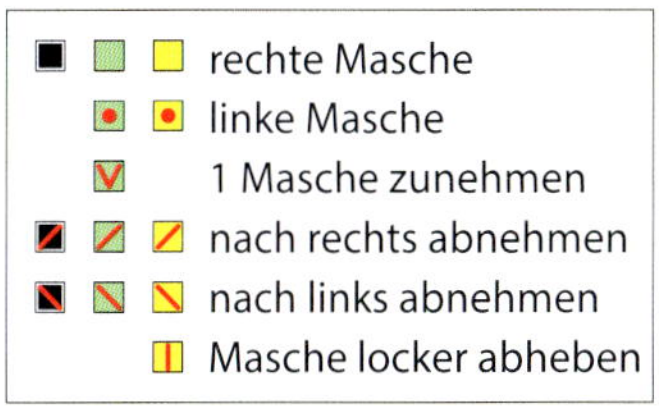

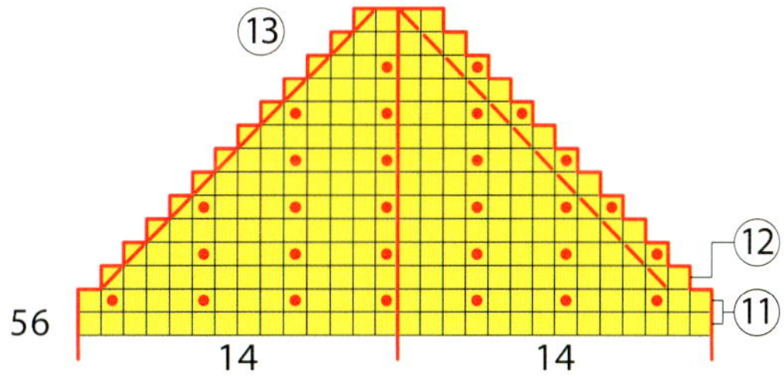

Diagramm 7
Abnahme für die Zehen

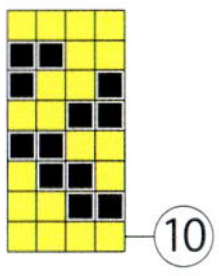

Diagramm 6
Bordüre linker Fuß

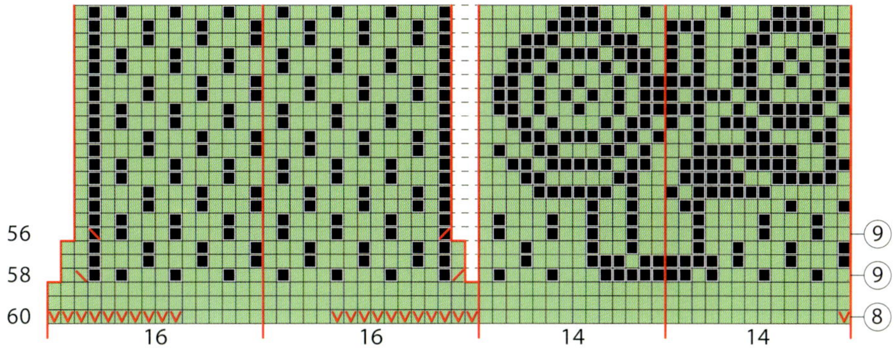

Diagramm 4
Linker Fuß

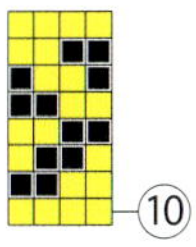

Diagramm 5
Bordüre rechter Fuß

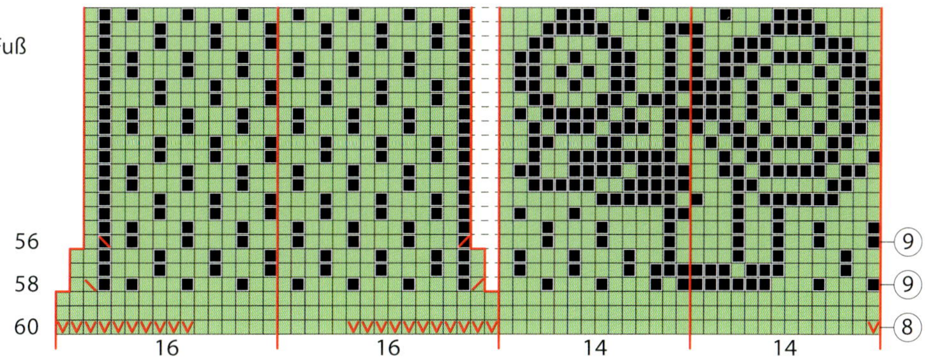

Diagramm 3
Rechter Fuß

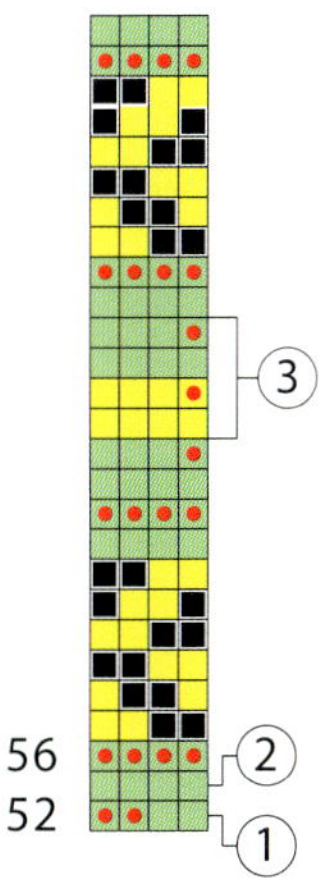

Diagramm 1
Schaft

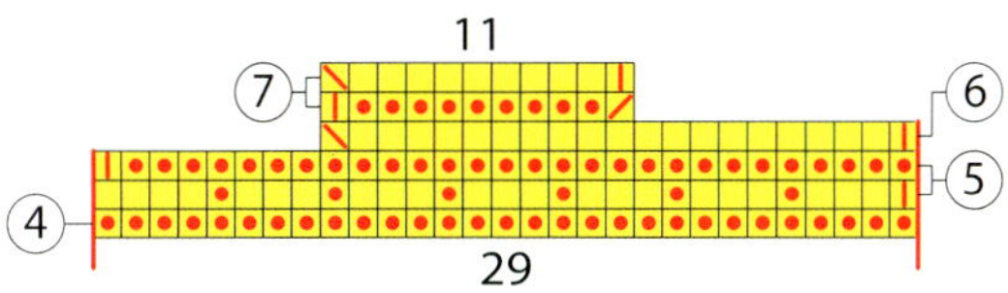

Diagramm 2
Ferse

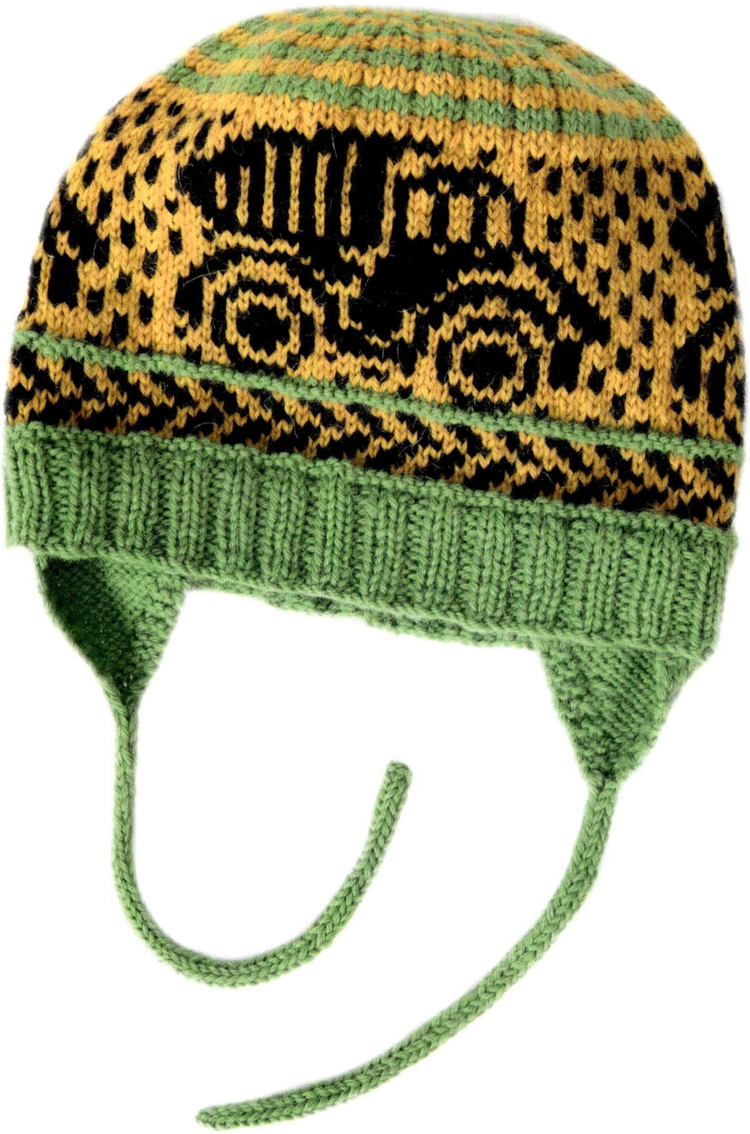

MÜTZE MIT LASTWAGEN

Das Modell ist mit Sterk von Du Store Alpakka in Grün, Goldgelb und Schwarz gestrickt.

Anleitung

Die Mütze wird mit der 40 cm langen Rundstricknadel gestrickt, die letzten Runden mit dem Nadelspiel.

Größe: Klein (Groß)

① 116 (136) Maschen in Grün mit der Rundstricknadel anschlagen und zum Ring schließen. Nach Diagramm 1 stricken und das Muster fortlaufend wiederholen. Bündchen: die erste Runde mit abwechselnd 2 Maschen rechts, 2 Maschen links über 6 (12) Runden wiederholen.

② 4 (8) Maschen gleichmäßig verteilt zunehmen auf 120 (144) Maschen.

③ Muster mit Lastwagen: Das Muster wiederholt sich in einer Runde 3-mal. Einen Maschenmarkierer in den Beginn der Runde einhängen sowie nach 40 (48) und 80 (96) Maschen. Klein: bis zur Markierung »klein« stricken und das Muster von Anfang an wiederholen. Groß: Das Muster über die gesamte Runde wiederholen.

④ Weiter in Streifen- und Bündchenmuster nach Diagramm stricken.

⑤ Abnehmen wie angegeben und die Runde wiederholen. Zum Nadelspiel wechseln, wenn die Rundstricknadel zu lang ist. Das Diagramm zu Ende stricken, den Faden abschneiden und durch die letzten Maschen ziehen. Auf der Innenseite gut vernähen.

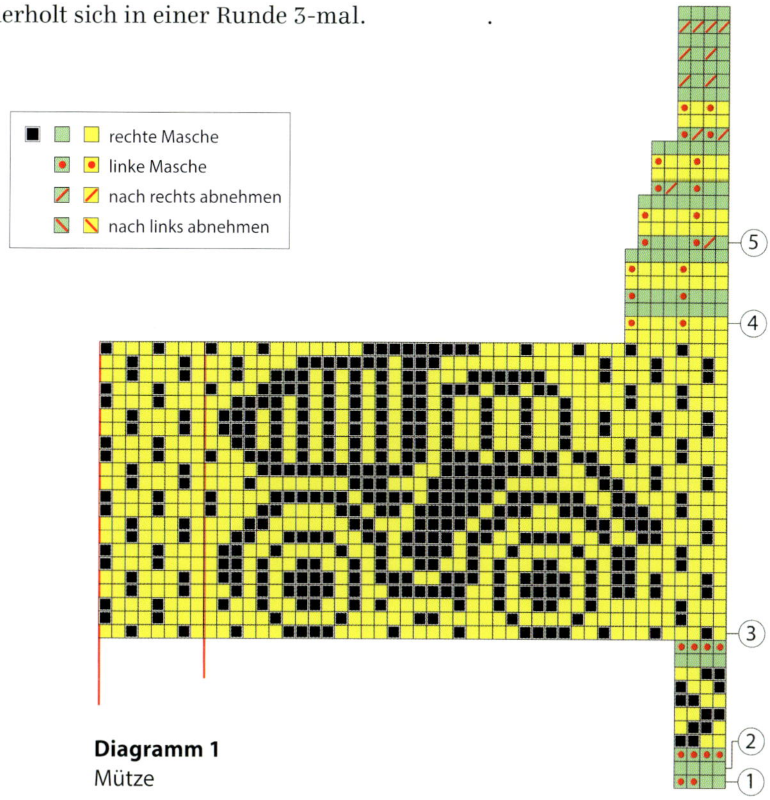

Diagramm 1
Mütze

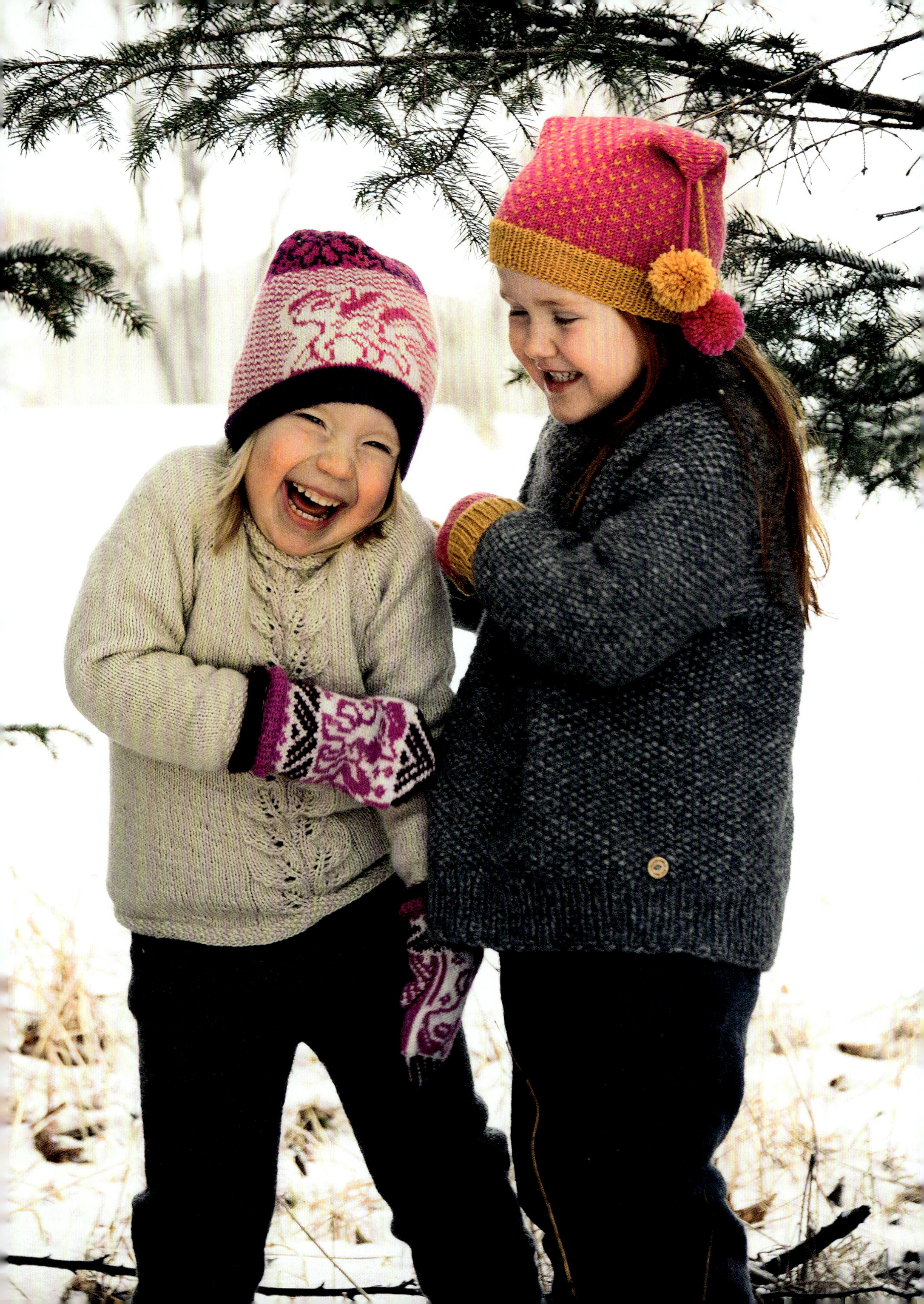

PONY

Die Muster mit dem kleinen Pony sind natürlich für diejenigen entworfen, die gern mit kleinen süßen Pferden mit langen Mähnen und Schweifen spielen. Es versteht sich fast von selbst, dass die Ponys in Rosa gestrickt werden müssen, aber zu dem rosa und weißen Garn kann man andere hübsche Farben auswählen. Die kleinste Mütze hat einen Rand in Grün und Goldgelb bekommen – nur um zu zeigen, was für schöne Farbkombinationen man auswählen kann.

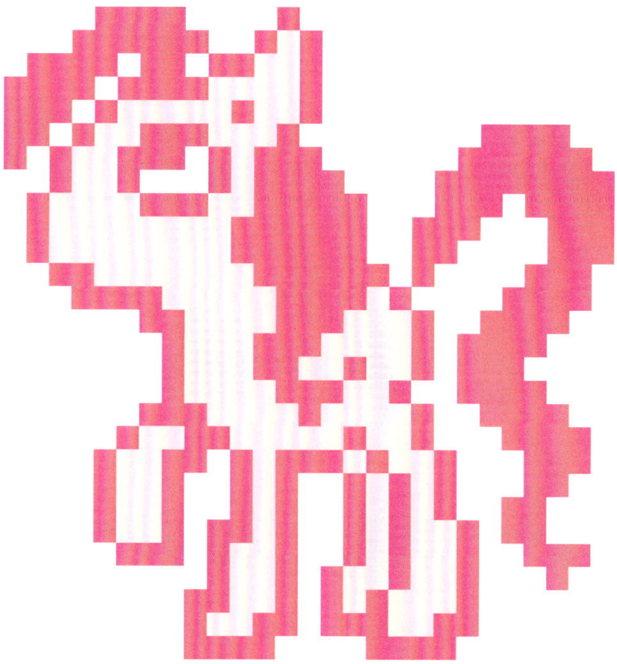

KLEINE FÄUSTLINGE

Die kleinen Fäustlinge haben einen Rand mit Löchern für ein Band.

Ungefähres Alter	*Garn*	*Nadeln*	*Breite*
1–2 JAHRE	BABYGARN	2 ½	6,5 CM
3–5 JAHRE	DÜNNES GARN	2 ½–3	7 CM

GROSSE FÄUSTLINGE

Ungefähres Alter	*Garn*	*Nadeln*	*Breite*
3–5 JAHRE	DÜNNES GARN	2 ½–3	8 CM
7–8 JAHRE	DICKES GARN	3	8–8,5 CM

SOCKEN

Die endgültige Fußlänge bestimmst du, wenn du die Abnahme für die Zehen machst. *Tipp:* Orientiere dich an einer Socke, die gut passt.

Ungefähres Alter	*Garn*	*Nadeln*	*Breite vom Schaft/Fuß*
3–5 JAHRE	DÜNNES GARN	2 ½–3	7,5 CM
6–8 JAHRE	DICKES GARN	2 ½–3	8,5–9 CM

MÜTZE IN 2 GRÖSSEN

Ungefähres Alter	*Garn*	*Nadeln*	*ca. Kopfumfang*	*Größe*
1–2 JAHRE	BABYGARN	2 ½–3	46–50 CM	KLEIN
3–5 JAHRE	DÜNNES GARN	3–3 ½	52–54 CM	GROSS
3–5 JAHRE	DICKES GARN	3–3 ½	52–54 CM	KLEIN
6–8 JAHRE	DICKES GARN	3–3 ½	55–56 CM	GROSS

EMPFOHLENES GARN

Babygarn: Baby Panda von Rauma Garn (100% Wolle, Lauflänge 175 m/50 g) oder Baby Ull von Dale Garn (100% Wolle, Lauflänge 165 m/50 g).
Dünnes Garn: Mini Sterk von Du Store Alpakka (40% Alpaka, 40% Wolle, 20% Nylon, Lauflänge 166 m/50 g), oder Sisu Superwash von Sandnes Garn (80% Wolle, 20% Nylon, Lauflänge 175 m/50 g).
Dickes Garn: Sterk von Du Store Alpakka (40% Alpaka, 40% Wolle, 20% Nylon, Lauflänge 137 m/50 g).

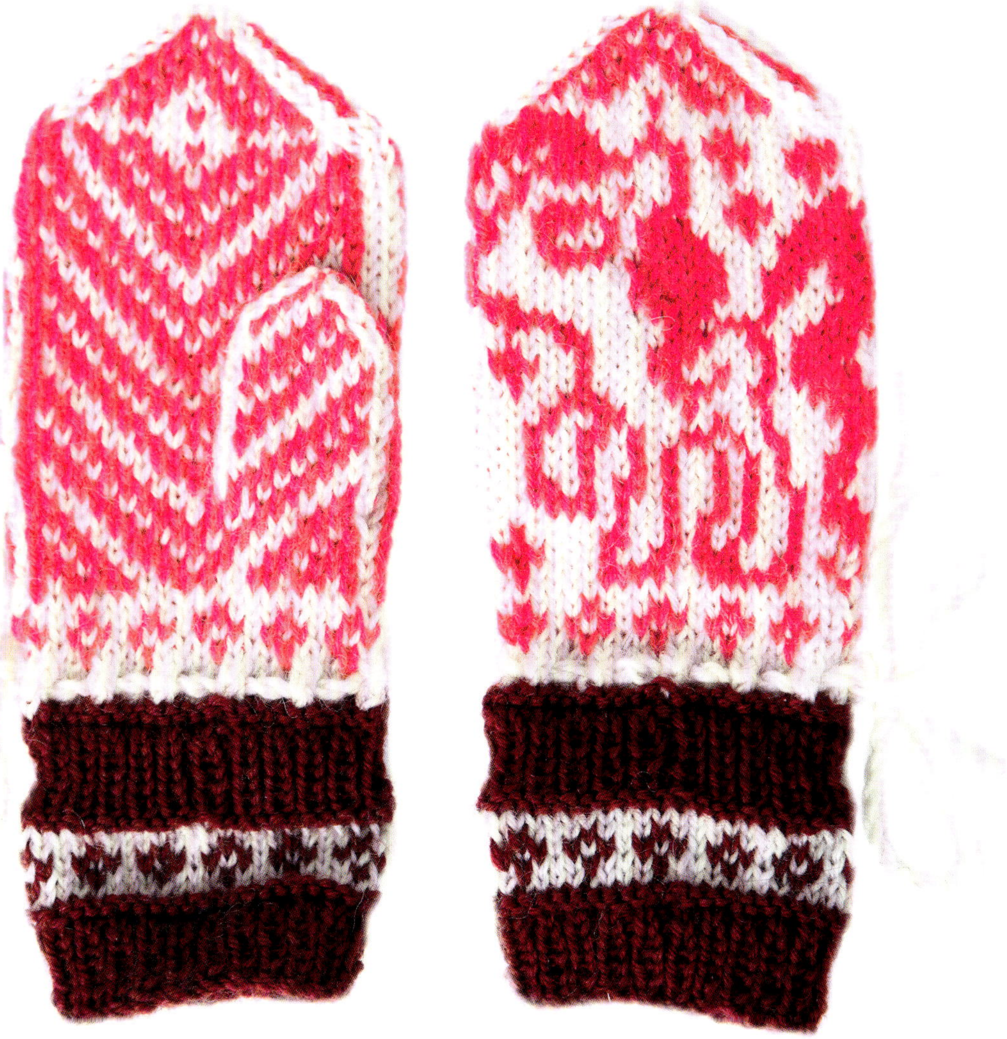

PONY-FÄUSTLINGE (KLEIN)

Die Modelle sind mit Sisu Superwash von Sandnes Garn in Weiß, Kirschrot und Weinrot gestrickt.

Anleitung

44 Maschen in Weinrot mit dem Nadelspiel anschlagen, gleichmäßig auf 4 Nadeln verteilen und zu einem Ring schließen.

① Nach Diagramm 1 stricken und das Muster in der Runde fortlaufend wiederholen. Erste Runde 1 Masche rechts, 1 Masche links über 7 Runden wiederholen.

② Die Runde mit 1 Masche rechts, 1 Masche links 6 Runden wiederholen.

③ Lochrunde für Band.

④ Nach Diagramm 2 (rechter Fäustling) oder Diagramm 3 (linker Fäustling) weiterstricken. In der ersten Runde 4 Maschen nach Anleitung zunehmen auf insgesamt 48 Maschen.

⑤ Öffnung für den Daumen: einen losen Faden in einer anderen Farbe über die 9 markierten Maschen mitlaufen lassen. Die Maschen zurück auf die linke Nadel schieben und das Muster von der Markierung aus wiederholen.

⑥ Mit dem Abnehmen beginnen. An den Seiten nach Anleitung im Diagramm abnehmen.

⑦ Die letzten Maschen von Vorder- und Rückseite zusammennähen. Dazu den dunklen Faden verwenden und im Maschenstich nähen.

⑧ Daumen: den losen Faden herausziehen, die 9 Maschen auf die Nadeln aufnehmen und 9 Maschen auf der anderen Seite anschlagen. Nach Diagramm 4 (rechter Daumen) oder Diagramm 5 (linker Daumen) stricken. Erste Runde: auf 22 Maschen zunehmen, indem auf jeder Seite 2 Maschen zugenommen werden, vgl. Diagramm.

⑨ Mit dem Abnehmen beginnen.

⑩ Einen Faden durch die letzten Maschen ziehen. Ein Band für die Fäustlinge herstellen und durch die Löcher ziehen.

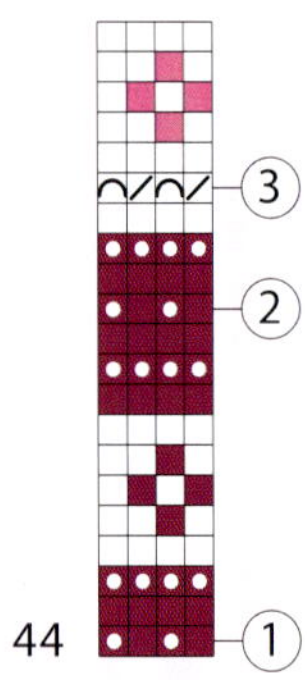

Diagramm 1
Manschette

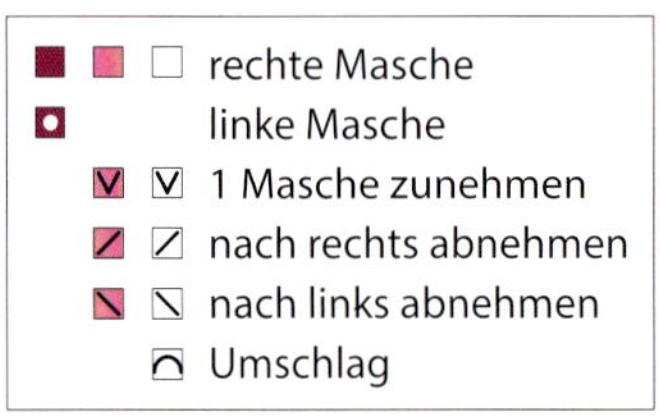

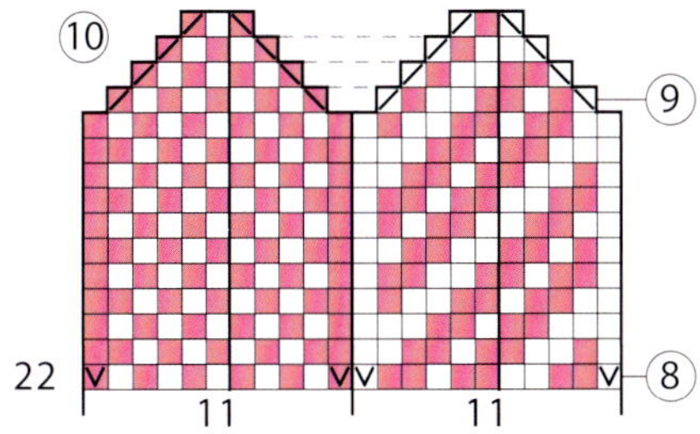

Diagramm 4
Rechter Daumen

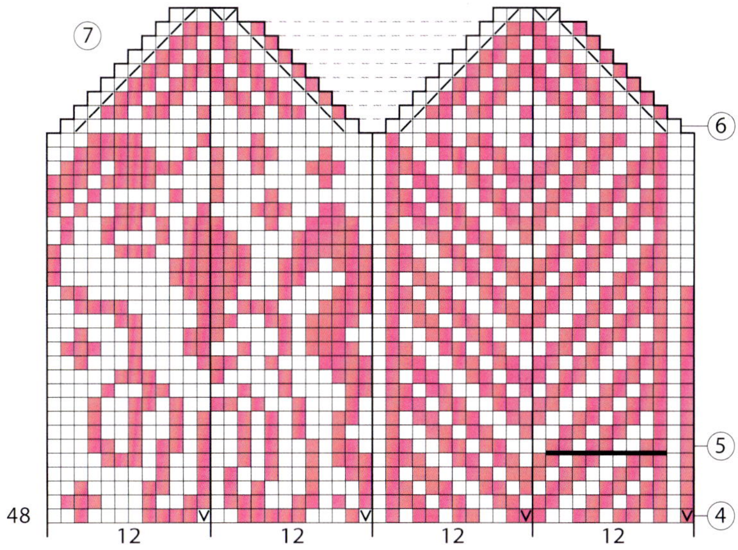

Diagramm 2
Rechter Fäustling

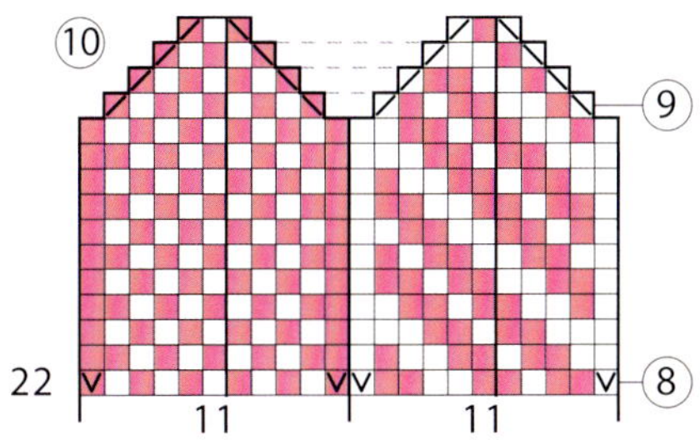

Diagramm 5
Linker Daumen

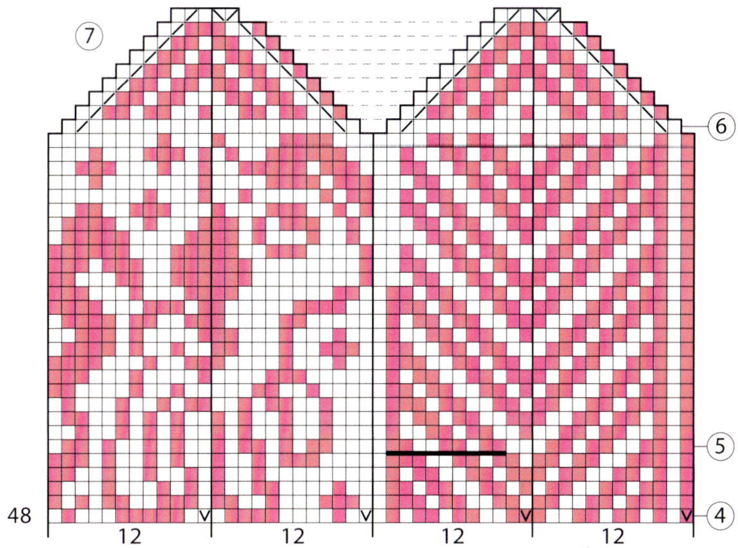

Diagramm 3
Linker Fäustling

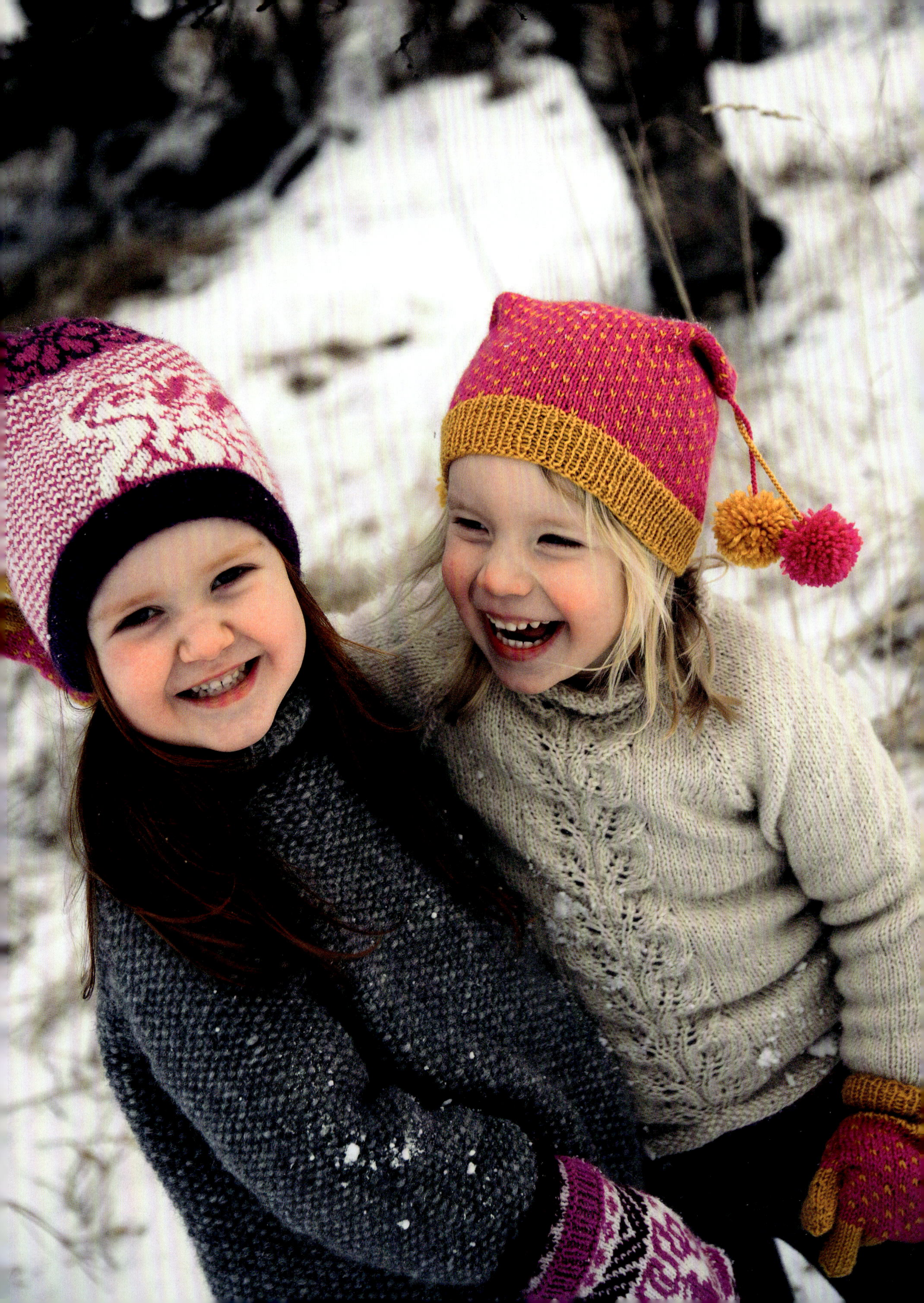

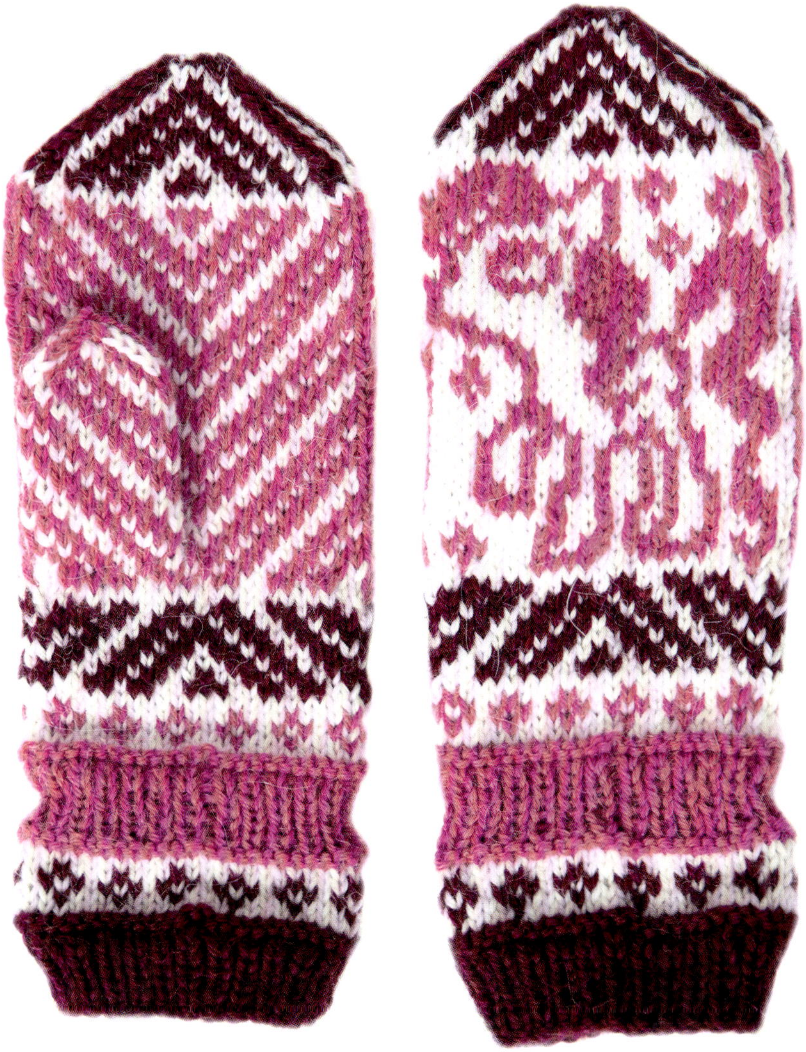

PONY-FÄUSTLINGE

(GROSS)

Die Modelle sind mit Sterk von Du Store Alpakka in Weiß, Pink und Violett gestrickt.

Anleitung

44 Maschen in Weinrot mit dem Nadelspiel anschlagen, gleichmäßig auf 4 Nadeln verteilen und zu einem Ring schließen.

① Nach Diagramm 1 stricken und das Muster in der Runde fortlaufend wiederholen. Erste Runde 1 Masche rechts, 1 Masche links über 7 Runden wiederholen.

② Die Runde mit 1 Masche rechts, 1 Masche links 6 Runden wiederholen.

③ Nach Diagramm 2 (rechter Fäustling) oder Diagramm 3 (linker Fäustling) weiterstricken. In der ersten Runde 4 Maschen nach Anleitung zunehmen, sodass es insgesamt 48 Maschen sind.

④ 4 Maschen nach Anleitung zunehmen auf insgesamt 52 Maschen.

⑤ Öffnung für den Daumen: einen losen Faden in einer anderen Farbe über die 10 markierten Maschen mitlaufen lassen. Die Maschen zurück auf die linke Nadel schieben und das Muster von der Markierung aus wiederholen.

⑥ Mit dem Abnehmen beginnen. An den Seiten nach Anleitung im Diagramm abnehmen.

⑦ Die letzten Maschen von Vorder- und Rückseite zusammennähen. Dazu den hellen Faden verwenden und im Maschenstich nähen.

⑧ Daumen: den losen Faden herausziehen, die 10 Maschen auf die Nadeln aufnehmen und 10 Maschen auf der anderen Seite anschlagen. Nach Diagramm 4 (rechter Daumen) oder Diagramm 5 (linker Daumen) stricken. Erste Runde: auf 22 Maschen zunehmen, indem auf jeder Seite 1 Masche zugenommen wird, vgl. Diagramm.

⑨ Mit dem Abnehmen beginnen.

⑩ Einen Faden durch die letzten 6 Maschen ziehen.

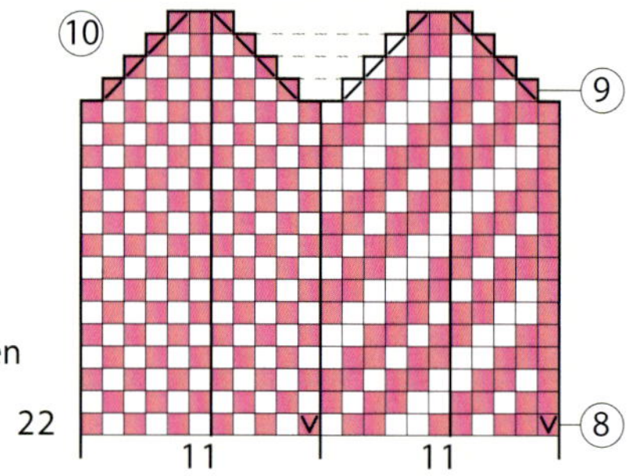

Diagramm 4
Rechter Daumen

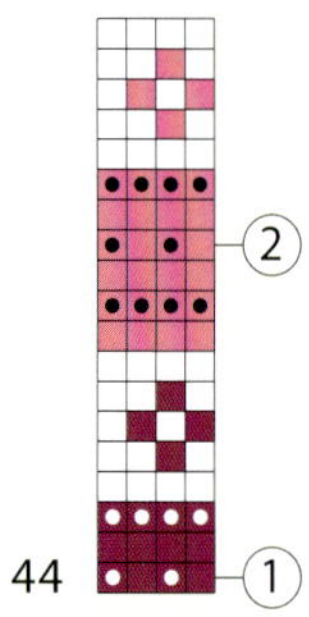

Diagramm 1
Manschette

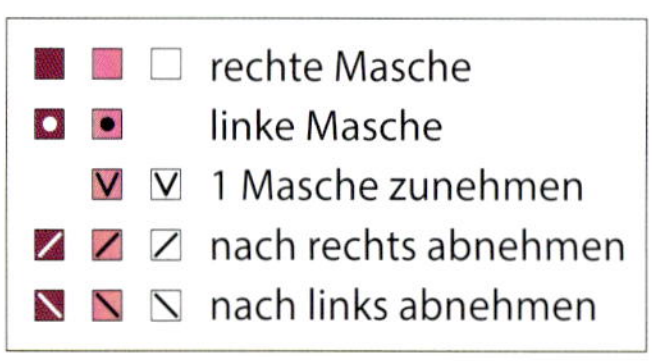

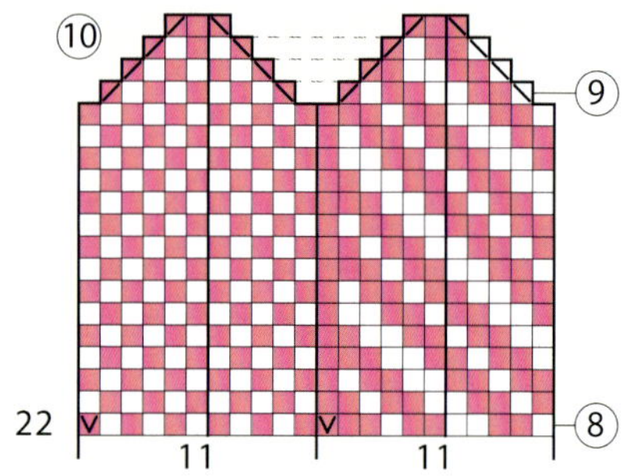

Diagramm 5
Linker Daumen

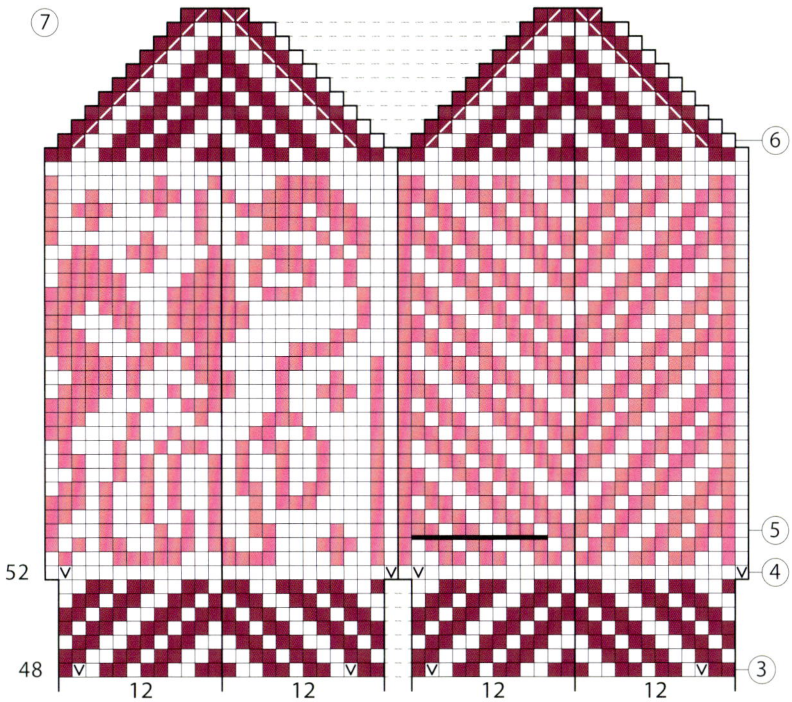

Diagramm 3
Linker Fäustling

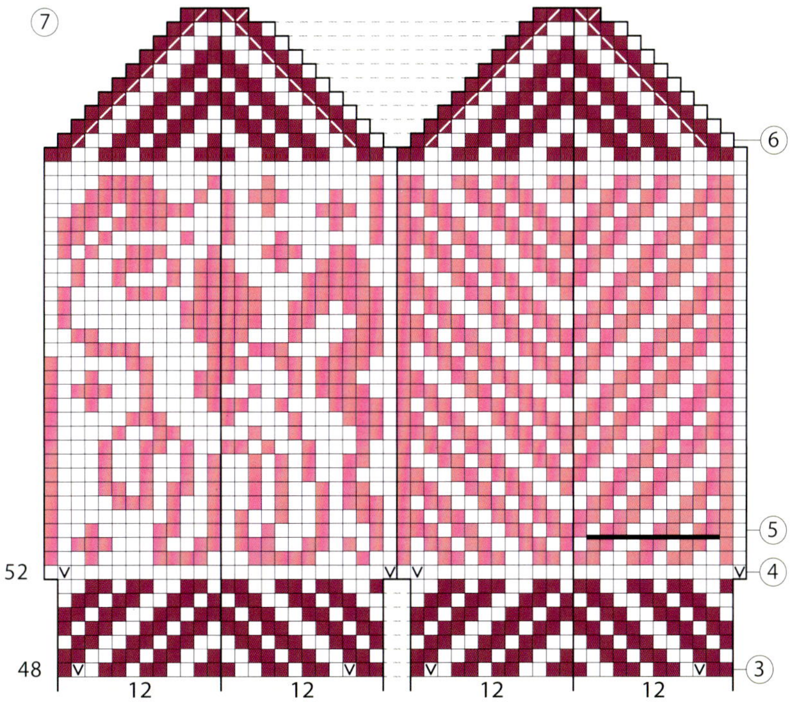

Diagramm 2
Rechter Fäustling

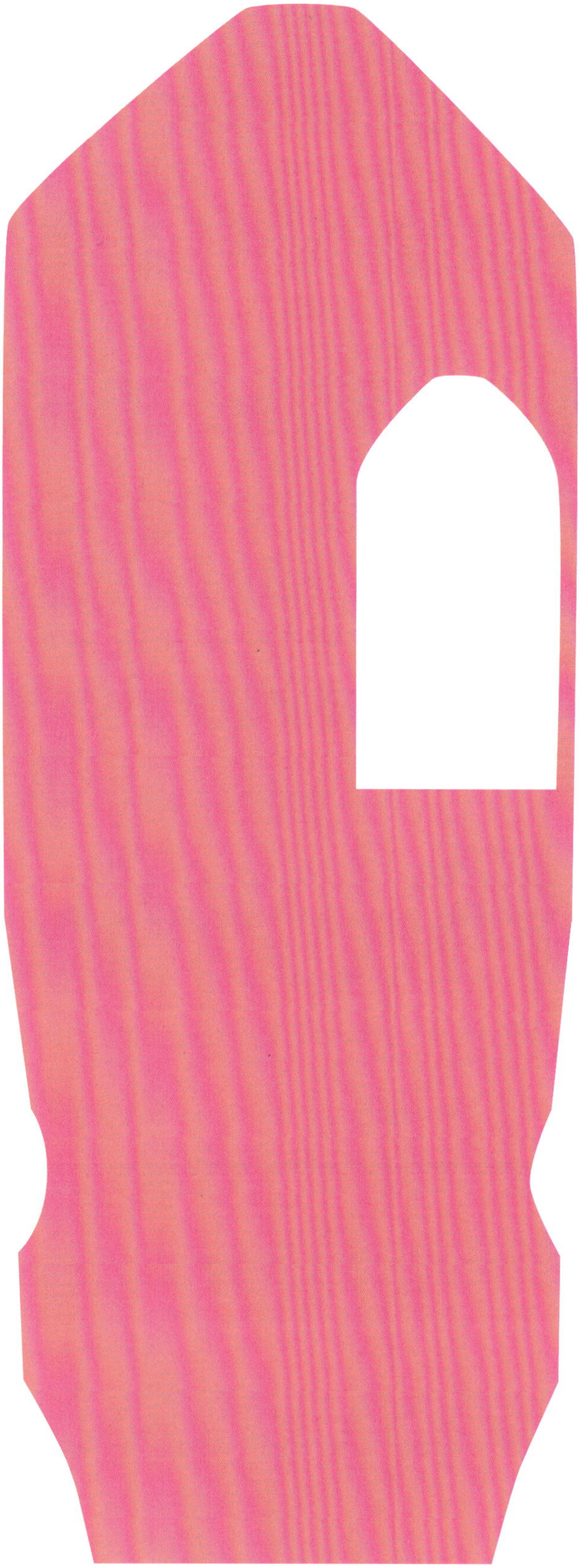

Pony-Fäustling (groß)

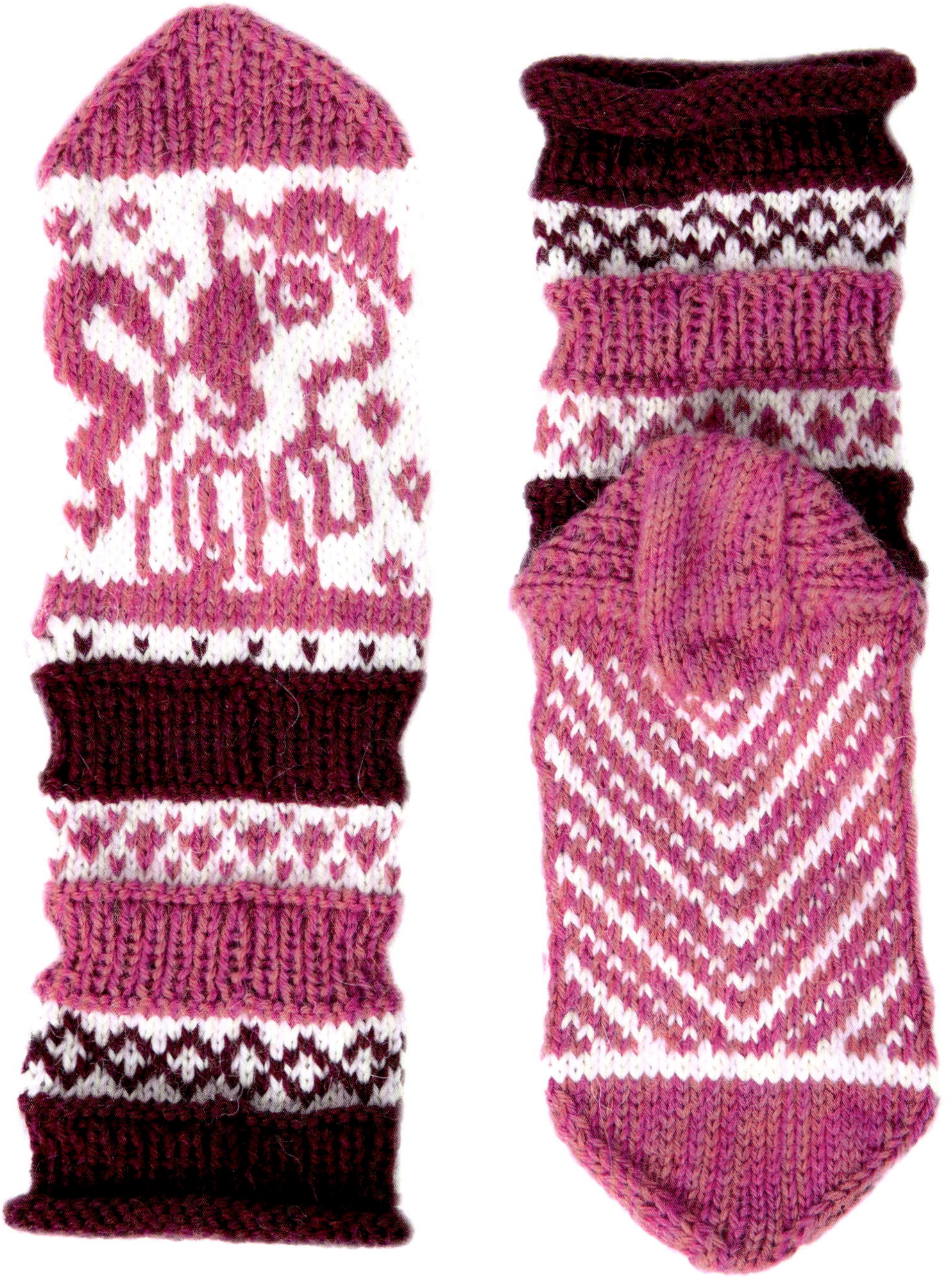

PONY-SOCKEN

Die Modelle sind mit Sterk von Du Store Alpakka in Weiß, Pink und Violett gestrickt.

Anleitung

Der Rand hat eine lustige Rollkante aus einigen Runden mit rechten Maschen. Wenn die Socken eng anliegen sollen, kann man für die Teile, die mit nur einem Faden gestrickt werden, eine Nadel verwenden, die eine halbe Nummer kleiner ist.

48 Maschen in Violett mit dem Nadelspiel anschlagen, die Maschen auf 4 Nadeln verteilen und zu einem Ring schließen.

① Nach Diagramm 1 das Muster in der ersten Runde fortlaufend wiederholen. Die Runde beginnt in der hinteren Mitte. Die erste Runde rechter Maschen über 7 Runden wiederholen.

② Die Runde mit 1 Masche rechts, 1 Masche links 7 Runden wiederholen.

③ Auf jeder Nadel 1 Masche zunehmen auf 52 Maschen.

④ Die Runde mit 1 Masche rechts, 1 Masche links 6 Runden wiederholen.

⑤ Die Runde mit 1 Masche rechts, 1 Masche links 6 Runden wiederholen.

⑥ 2 Maschen zu Beginn und 1 Masche am Ende der Runde zunehmen auf 55 Maschen. Das Diagramm zu Ende stricken. Fäden so lang abschneiden, dass sie zum Vernähen ausreichen.

⑦ Ferse: Die Ferse wird über die hinteren mittleren 29 Maschen Hin- und Rückreihen gestrickt. Die 26 Maschen davor auf den Nadeln stilllegen, bis die Ferse fertig ist. Mit einer Reihe links beginnen, 15 Maschen ab Reihenbeginn stricken.

⑧ Diese zwei Reihen (1 Reihe linke Maschen links, 1 Reihe 1 Masche rechts, 1 Masche links) mit Pink wiederholen, bis die Ferse insgesamt 21 Reihen hoch ist.

⑨ Abnehmen: die erste Masche locker abheben, 18 Maschen stricken, dann 2 rechts verschränkt zusammenstricken. Wenden.

⑩ Diese nächsten zwei Reihen wiederholen, bis noch 11 Maschen auf den Nadeln sind. Nach links: die erste Masche locker abheben, 9 Maschen links stricken, 2 Maschen links zusammenstricken. Wenden. Nach rechts: die erste Masche locker abheben, 9 Maschen rechts stricken, 2 Maschen rechts verschränkt zusammenstricken. Wenden.

⑪ Nach Diagramm 3 (rechter Fuß) oder Diagramm 4 (linker Fuß) weiterarbeiten. 11 Maschen entlang der Seitenkante der Ferse aufnehmen und stricken, die 11 Maschen in der Fersenmitte stricken und entlang der anderen Seitenkante der Ferse 11 Maschen aufnehmen und stricken. Über die restlichen 26 Maschen weiterstricken und die letzte Masche der Reihe aufnehmen. In Runden weiterstricken.

⑫ An jeder Seite eine Masche abnehmen wie im Diagramm gezeigt.

⑬ Die letzte Masche jeder Runde abnehmen wie im Diagramm gezeigt.

⑭ Nach Diagramm 5 (Abnehmen für die Zehen) weiterarbeiten. Die erste Runde bis zur gewünschten Länge wiederholen.

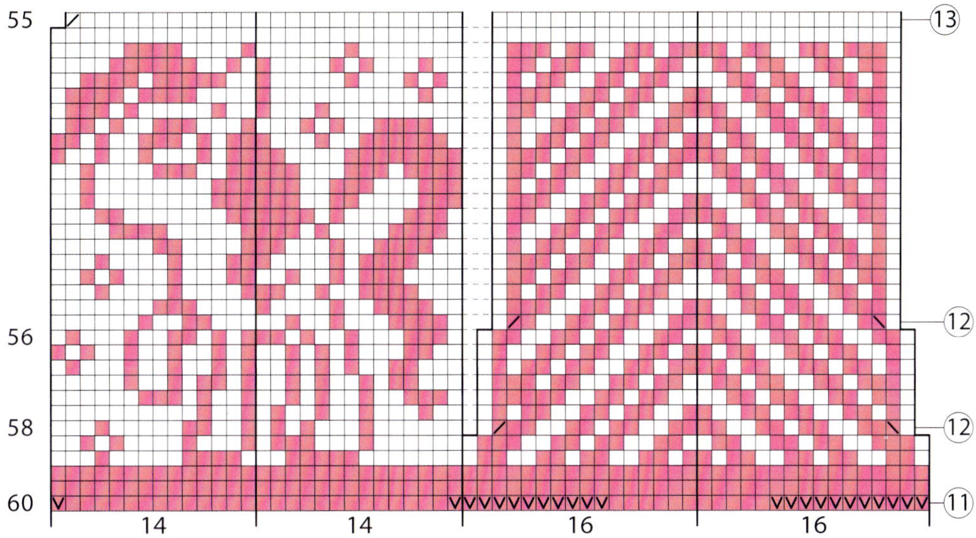

Diagramm 3
Rechter Fuß

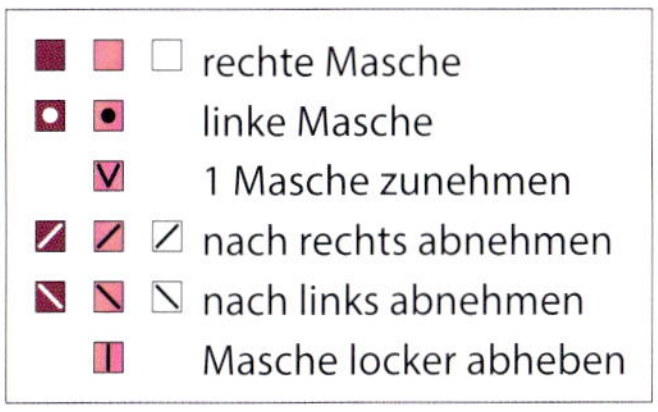

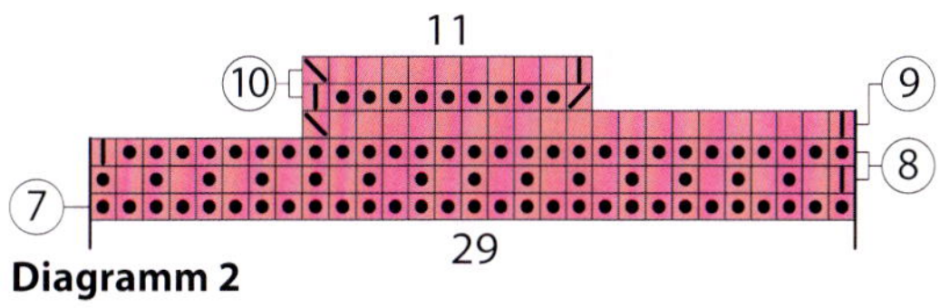

Diagramm 2
Ferse

⑮ Mit dem Abnehmen beginnen. In jeder zweiten Runde nach Diagramm abnehmen. Falls der Fuß zu lang wird, kann man in jeder Runde abnehmen.
⑯ Bei 23 Maschen in der Runde wird in jeder Runde abgenommen. In der letzten Runde werden 2 Maschen zu Beginn der Runde abgenommen.
⑰ Die letzten 5 Maschen auf der Unterseite der Socken mit denen der Oberseite im Maschenstich zusammennähen.

Die andere Socke gleich stricken, jedoch nach dem Diagramm, in dem sich das Pony zur anderen Seite wendet.

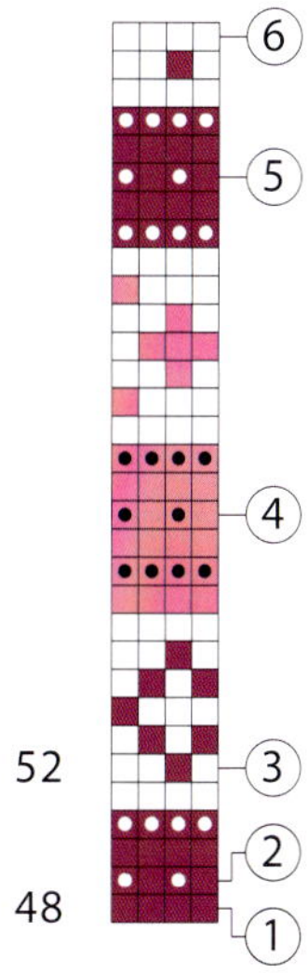

Diagramm 1
Schaft

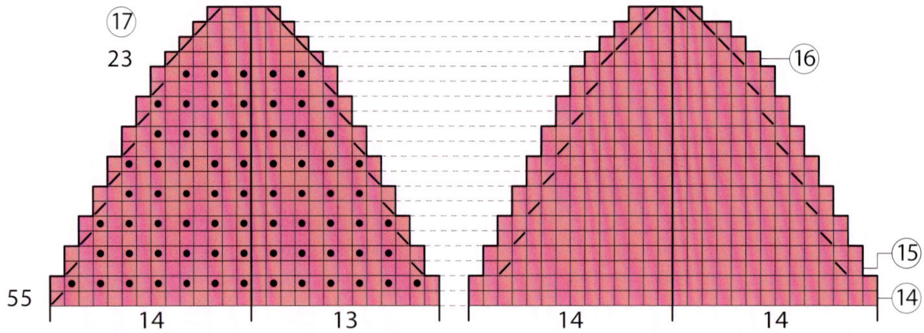

Diagramm 5
Abnehmen für die Zehen

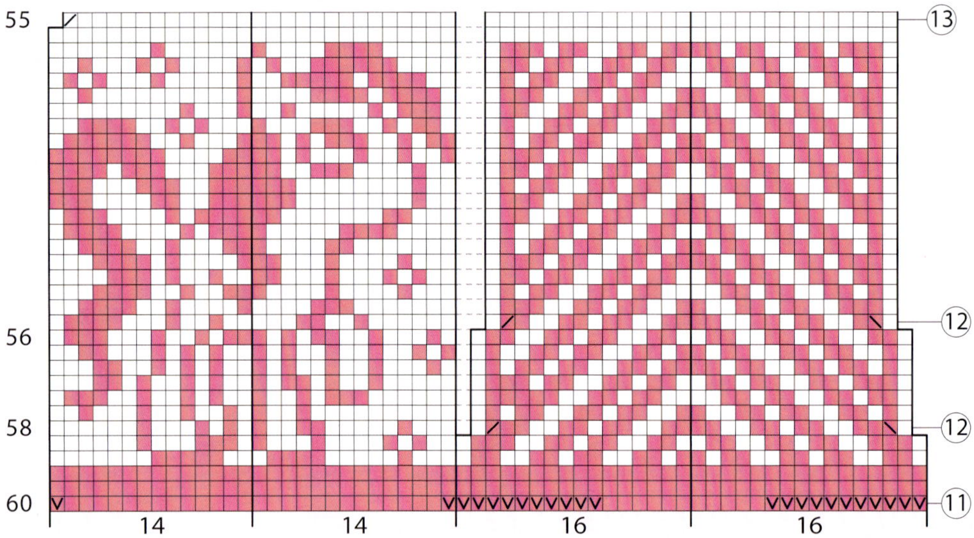

Diagramm 4
Linker Fuß

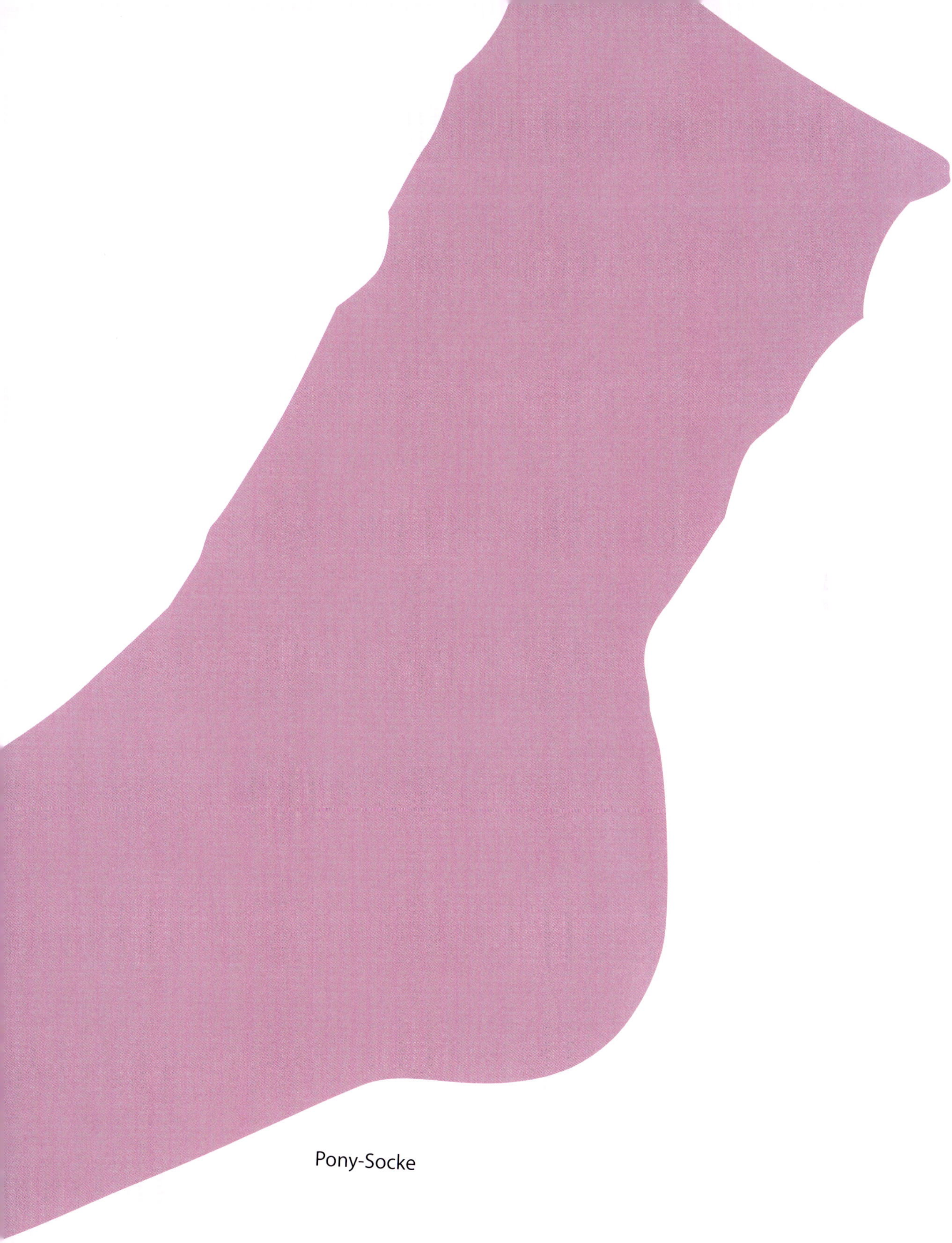
Pony-Socke

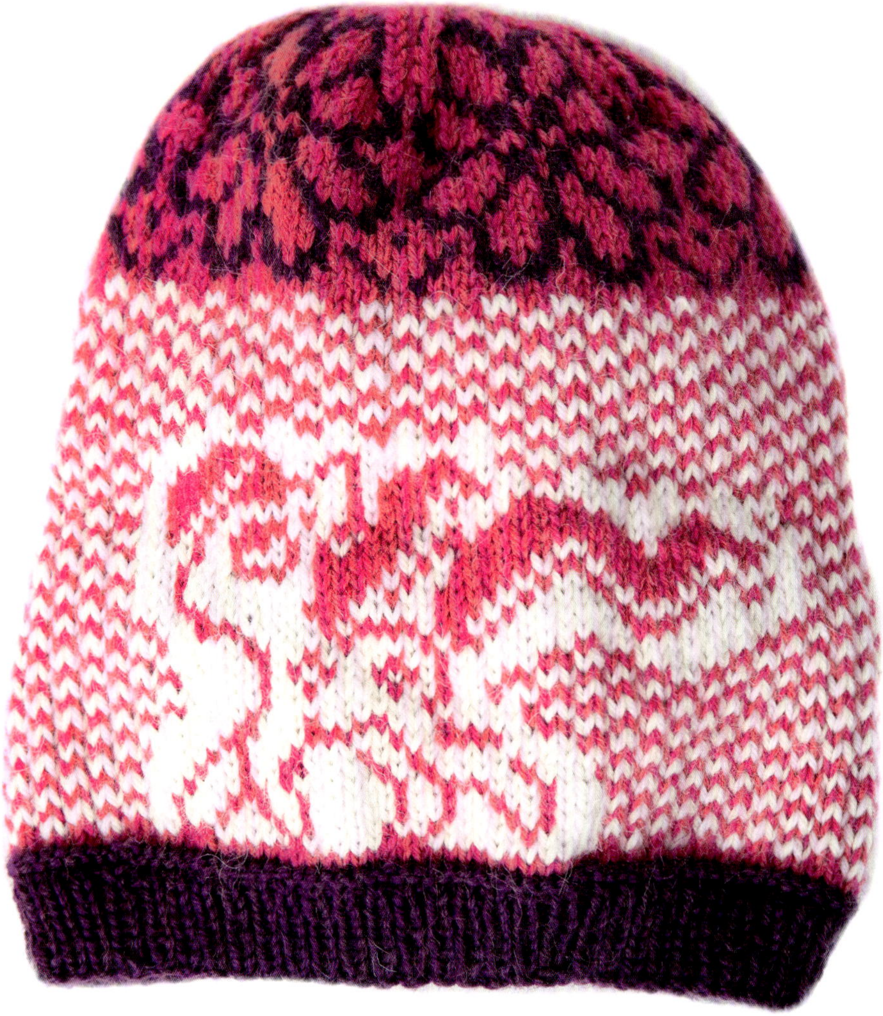

PONY-MÜTZE MIT ROSENSPITZE

Das Modell ist mit Sterk von Du Store Alpakka in Weiß, Pink und Violett gestrickt.

Anleitung

Die Mütze wird mit der 40 cm langen Rundstricknadel gestrickt, die letzten Reihen mit dem Nadelspiel.

Größe: Klein (Groß)
114 (126) Maschen in Violett mit der Rundstricknadel anschlagen und zum Ring schließen.

① Nach Diagramm 1 stricken und das Muster in der Runde fortlaufend wiederholen. Die erste Runde mit abwechselnd 1 Masche rechts, 1 Masche links über 10 (12) Runden wiederholen.

② 6 Maschen gleichmäßig verteilt zunehmen auf 120 (132) Maschen.

③ Den Faden abschneiden und in Weiß und Pink weiterstricken. Die Runde beginnt in der hinteren Mitte. Wiederhole das Muster mit 2 Maschen in jeder Farbe, bis 38 (44) Maschen gestrickt sind. Hänge einen Maschenmarkierer ein und stricke die 44 Maschen (Pony-Motiv), hänge einen zweiten Maschenmarkierer ein und stricke die nächsten 38 (44) Maschen. Dabei das Muster mit 2 Maschen in jeder Farbe in der restlichen Runde wiederholen.

④ Arbeite 13 (15) cm hoch.

⑤ Nach Diagramm 2 (Oberteil mit Rosen) weiterstricken. Dabei für die größere Größe in der ersten Runde 12 Maschen gleichmäßig verteilt abnehmen auf 120 Maschen. Nach je 20 Maschen einen Maschenmarkierer einhängen. Das Muster in der Runde 6-mal wiederholen.

⑥ Mit dem Abnehmen beginnen wie im Diagramm angegeben. Zum Nadelspiel wechseln, wenn die Rundstricknadel zu lang ist.

⑦ Den Faden abschneiden und durch die letzten Maschen ziehen. Auf der Innenseite gut vernähen. Man kann die Mütze auch mit einem Bommel schmücken.

- ■ ■ □ rechte Masche
- ◘ linke Masche
- ◩ nach rechts abnehmen
- ◪ nach links abnehmen

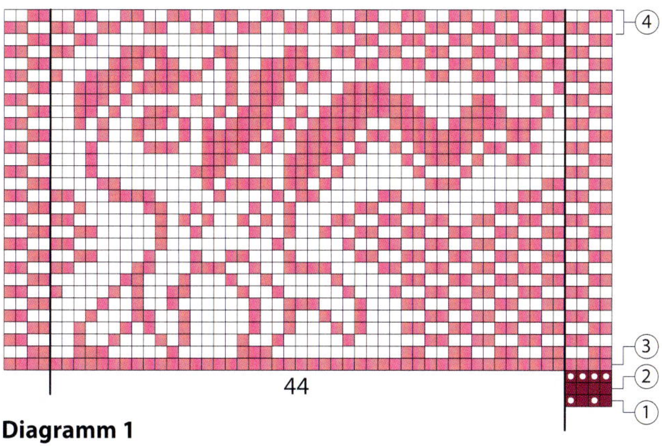

Diagramm 1
Mütze

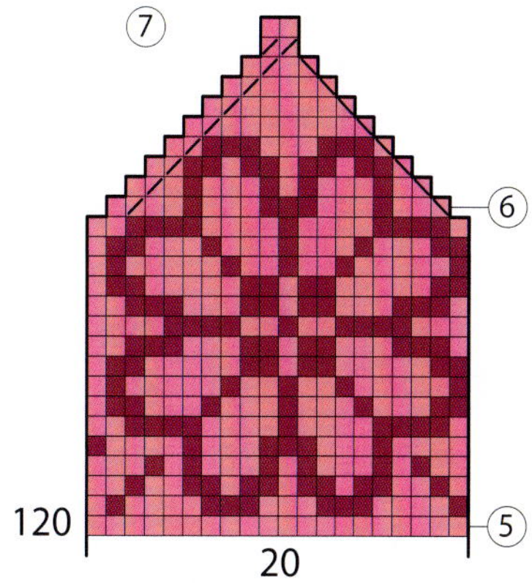

Diagramm 2
Rosenspitze

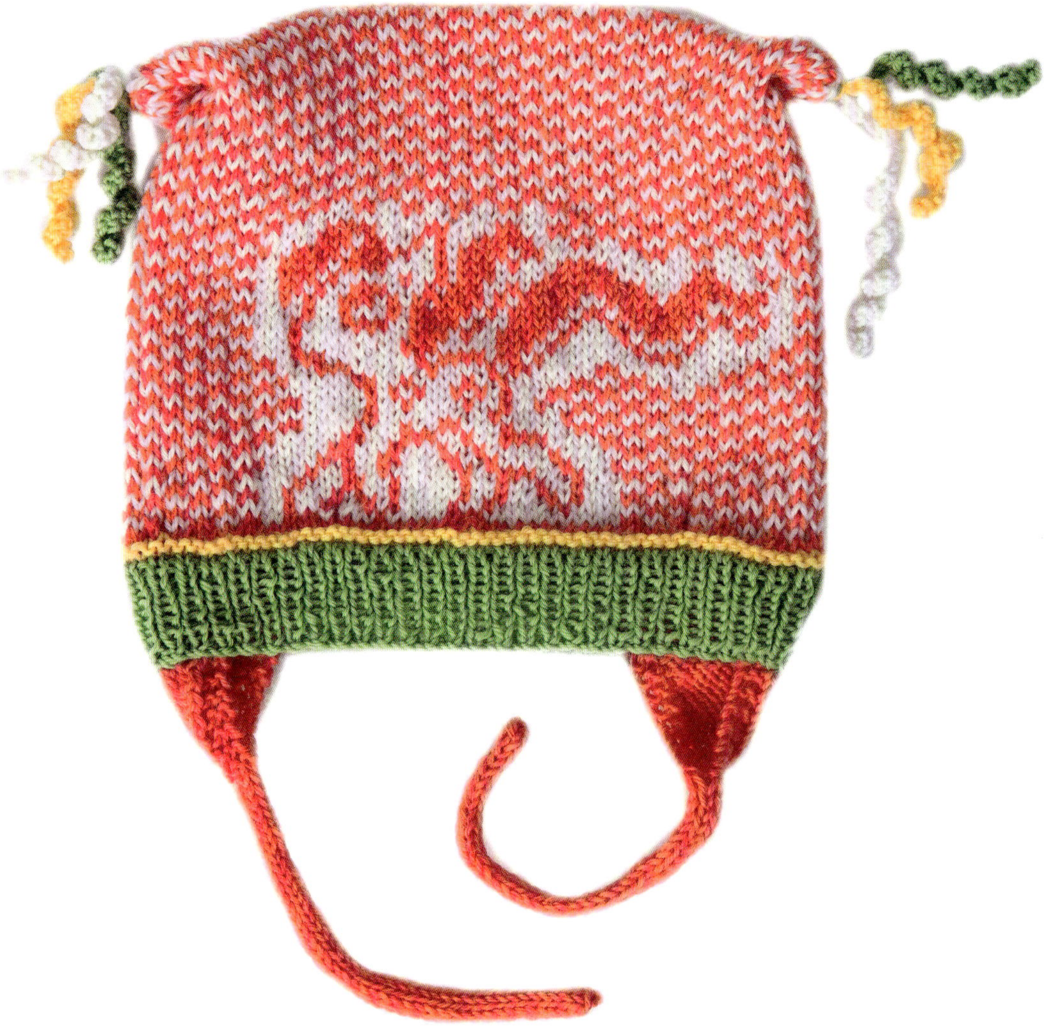

PONY-MÜTZE MIT ZICKZACK-MUSTER

Das Modell ist mit Sisu Superwash von Sandnes Garn in Apfelgrün, Goldgelb, Weiß und Rosa gestrickt.

Anleitung

Größe: Klein (Groß)

Die Mütze wird nach der gleichen Anleitung gestrickt wie die Mütze mit der Rosenspitze, Diagramm 1. Bei diesem Modell wird das Bündchen in Apfelgrün gestrickt und der Rand darüber (eine rechte Reihe und dann eine linke Reihe) in Goldgelb. Anschließend wird in Weiß und Rosa weitergestrickt. Von Schritt 4 weiterstricken, bis die Mütze 15 (18) cm hoch ist. Die Fäden abschneiden, die Teile zusammenfalten und zusammennähen.

Gehäkelte Bänder: eine Reihe Luftmaschen häkeln, dann eine feste Masche in jede Luftmasche. Die Länge nach Wunsch bestimmen. Es sieht lustig aus, wenn die Bänder verschieden lang sind.

Ohrenklappen werden nach der Anleitung auf Seite 20 gestrickt.

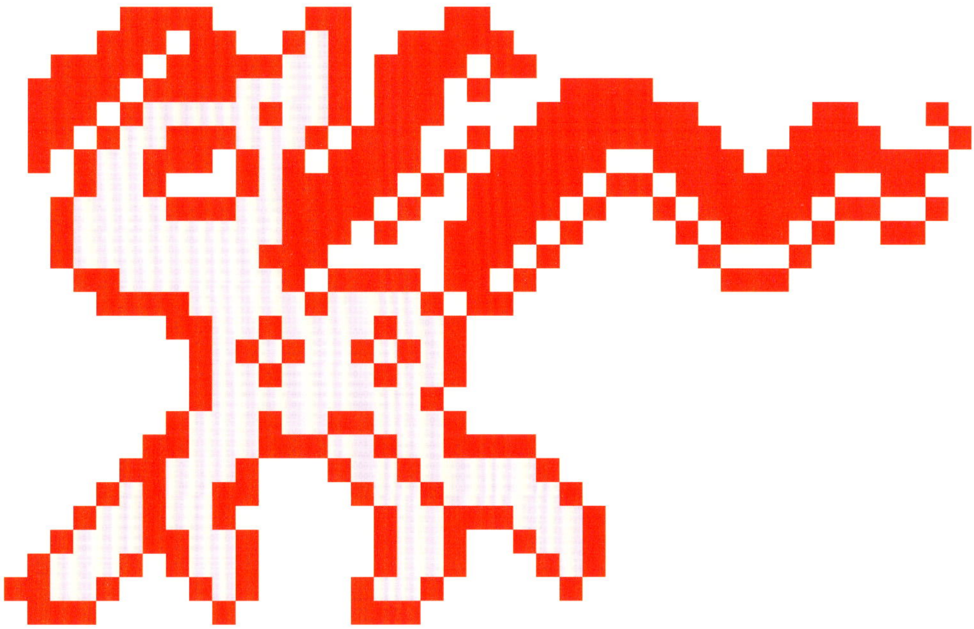

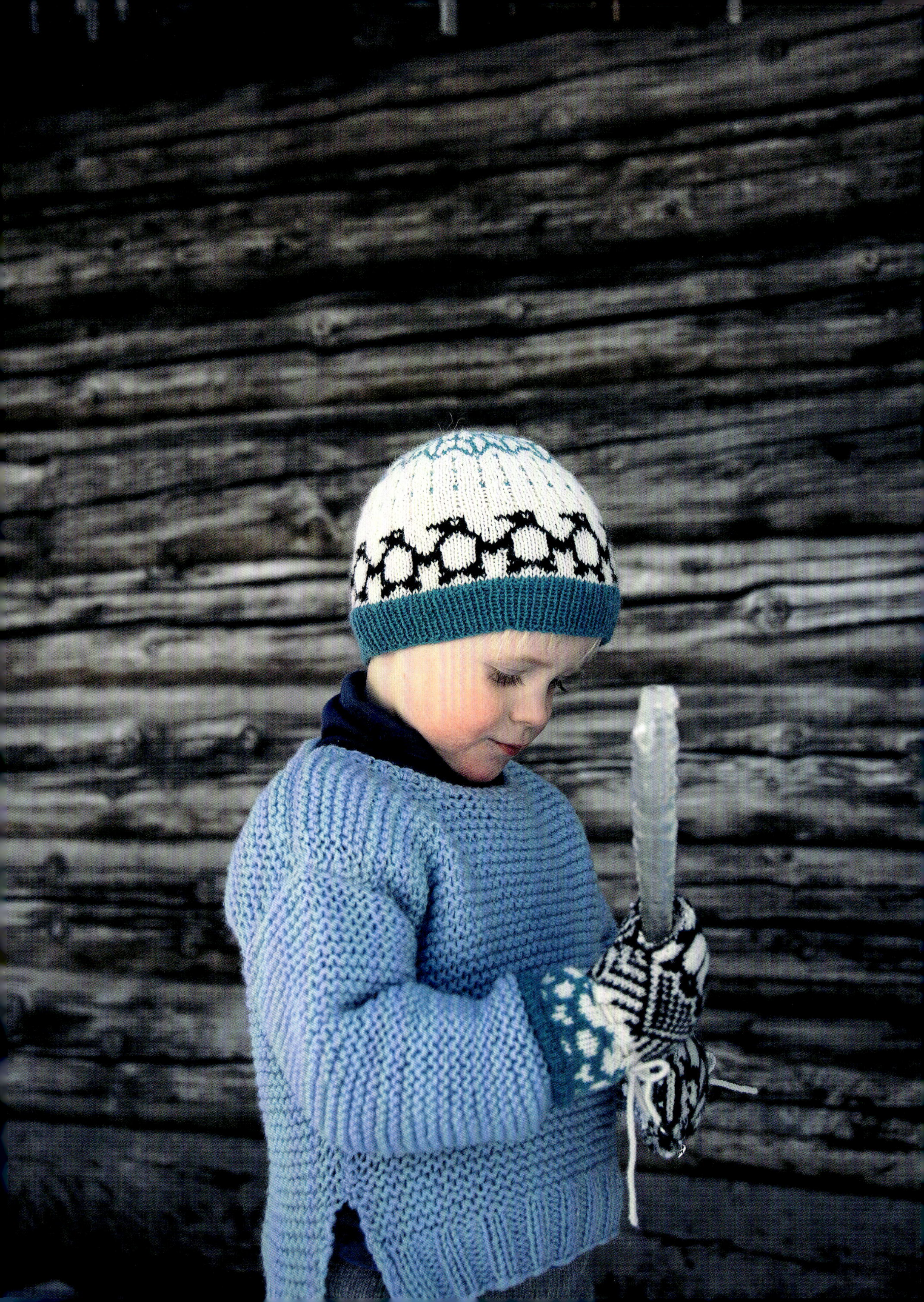

PINGUINE

Pinguine leben in der Antarktis, wo es bekanntlich ziemlich kalt ist, aber trotzdem frieren sie nicht. Sie haben ein warmes Daunen- und Federkleid und können spielen, egal wie kalt oder windig es ist. Mit warmen Mützen, Fäustlingen und Socken ist dir genauso warm wie einem Pinguin und du kannst den ganzen Tag im Schnee spielen.

Die Pinguine in den Bordüren dieser Kleidungsstücke sind in Blau und Weiß gestrickt, aber man kann statt Blau jede beliebige Farbe zu weiß wählen.

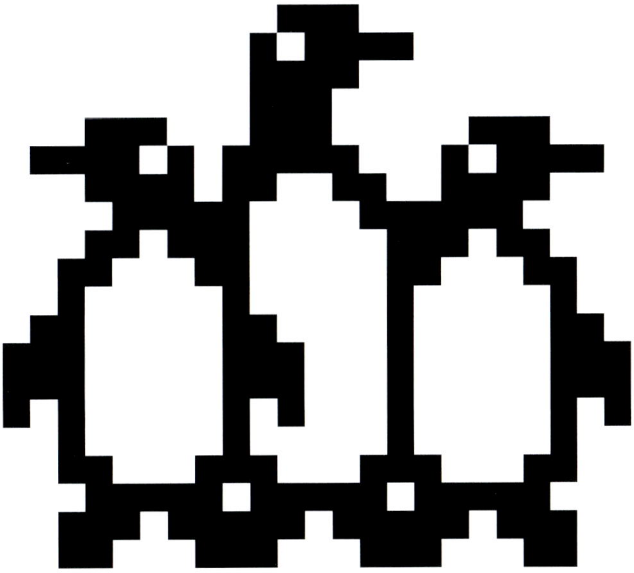

KLEINE FÄUSTLINGE

Die kleinen Fäustlinge haben einen Rand mit Löchern für ein Band.

Ungefähres Alter	*Garn*	*Nadeln*	*Breite*
1–2 JAHRE	BABYGARN	2 ½	6,5 CM
3–5 JAHRE	DÜNNES GARN	2 ½–3	7 CM

GROSSE FÄUSTLINGE

Ungefähres Alter	*Garn*	*Nadeln*	*Breite*
3–5 JAHRE	DÜNNES GARN	2 ½–3	7 CM
6–8 JAHRE	DICKES GARN	2 ½–3	8–8,5 CM

SOCKEN

Die endgültige Fußlänge bestimmst du, wenn du die Abnahme für die Zehen machst. *Tipp:* Orientiere dich an einer Socke, die gut passt.

Ungefähres Alter	*Garn*	*Nadeln*	*Breite vom Schaft/Fuß*
3–5 JAHRE	DÜNNES GARN	2 ½–3	8 CM
6–8 JAHRE	DICKES GARN	2 ½–3	9 CM

MÜTZE IN 2 GRÖSSEN

Ungefähres Alter	*Garn*	*Nadeln*	*ca. Kopfumfang*	*Größe*
1–2 JAHRE	BABYGARN/ DÜNNES GARN	2 ½	46–50 CM	KLEIN
3–5 JAHRE	DÜNNES GARN	3–3 ½	52–54 CM	GROSS
3–5 JAHRE	DICKES GARN	3	52–54 CM	KLEIN
6–8 JAHRE	DICKES GARN	3 ½	55–56 CM	GROSS

EMPFOHLENES GARN

Babygarn: Baby Panda von Rauma Garn (100% Wolle, Lauflänge 175 m/50 g) oder Baby Ull von Dale Garn (100% Wolle, Lauflänge 165 m/50 g)
Dünnes Garn: Mini Sterk von Du Store Alpakka (40% Alpaka, 40% Wolle, 20% Nylon, Lauflänge 166 m/50 g) oder Sisu Superwash von Sandnes Garn (80% Wolle, 20% Nylon, Lauflänge 175 m/50 g).
Dickes Garn: Sterk von Du Store Alpakka (40% Alpaka, 40% Wolle, 20% Nylon, Lauflänge 137 m/50 g)

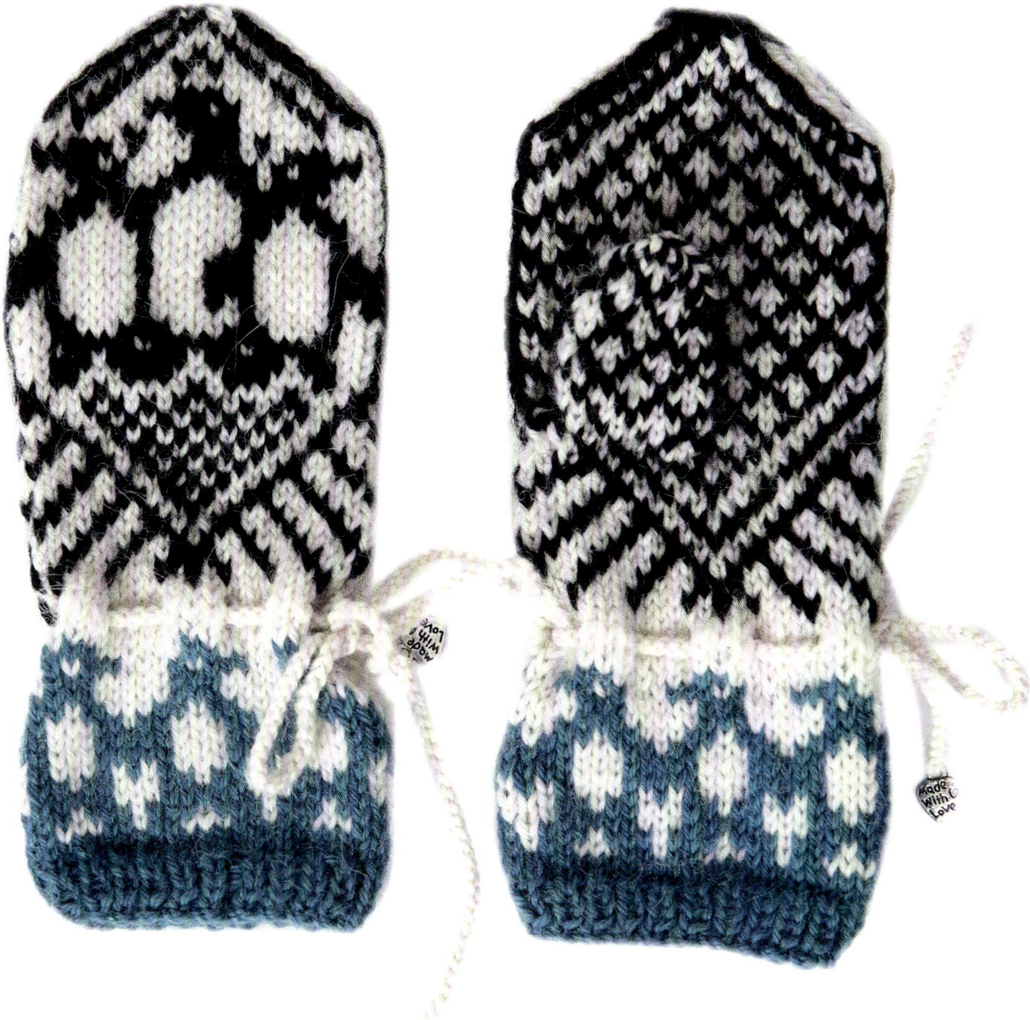

PINGUIN-FÄUSTLINGE

(KLEIN)

Die Modelle sind mit Sisu Superwash von Sandnes Garn in Blaumeliert, Weiß und Schwarz gestrickt.

Anleitung

44 Maschen in Blaumeliert mit dem Nadelspiel anschlagen, gleichmäßig auf 4 Nadeln verteilen und zu einem Ring schließen.

① Nach Diagramm 1 (rechter Fäustling) oder Diagramm 2 (linker Fäustling) stricken. Das Muster in der Runde fortlaufend wiederholen.

② In der ersten Runde je 1 Masche auf jeder Nadel zunehmen auf insgesamt 48 Maschen.

③ Lochrunde für Band.

④ Nach Diagramm 3 (rechter Fäustling) oder Diagramm 4 (linker Fäustling) weiterstricken.

⑤ Öffnung für den Daumen: einen losen Faden in einer anderen Farbe über die 9 markierten Maschen mitlaufen lassen. Die Maschen zurück auf die linke Nadel schieben und das Muster von der Markierung aus wiederholen.

⑥ Mit dem Abnehmen beginnen. An den Seiten nach Anleitung im Diagramm abnehmen.

⑦ Die letzten Maschen von Vorder- und Rückseite zusammennähen. Dazu den hellen Faden verwenden und im Maschenstich nähen.

⑧ Daumen: den losen Faden herausziehen, die 9 Maschen auf die Nadeln aufnehmen und 9 Maschen auf der anderen Seite anschlagen. Nach Diagramm 5 (rechter Daumen) oder Diagramm 6 (linker Daumen) stricken. Erste Runde: auf 22 Maschen zunehmen, indem auf jeder Seite 2 Maschen zugenommen werden, vgl. Diagramm.

⑨ Mit dem Abnehmen beginnen.

⑩ Einen Faden durch die letzten 6 Maschen ziehen.

Ein Band für die Fäustlinge herstellen und durch die Löcher ziehen.

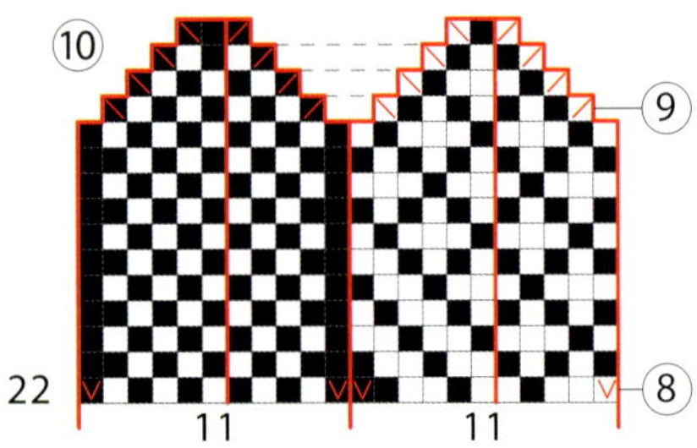

Diagramm 6
Linker Daumen

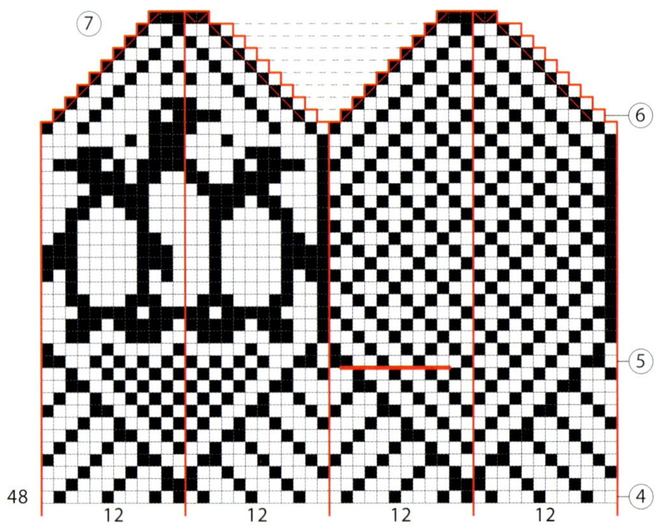

Diagramm 4
Linker Fäustling

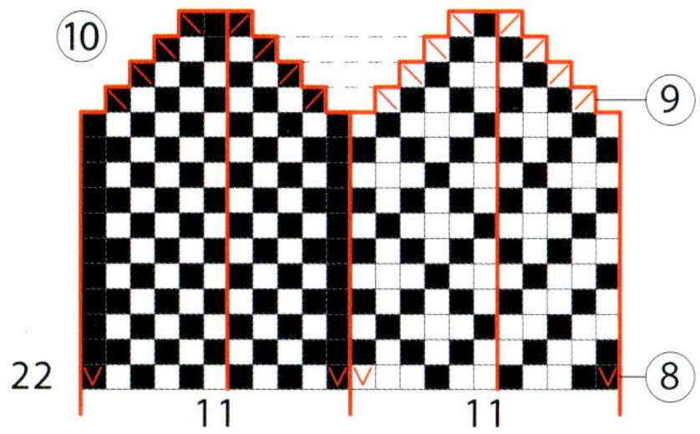

Diagramm 5
Rechter Daumen

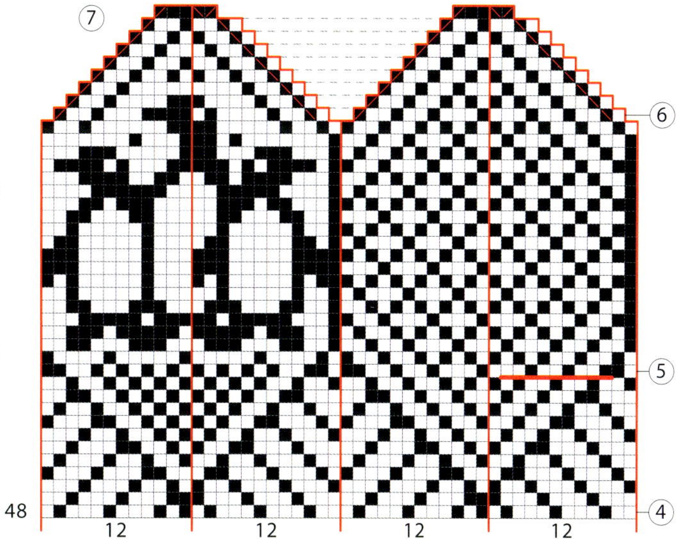

Diagramm 3
Rechter Fäustling

- rechte Masche
- linke Masche
- 1 Masche zunehmen
- nach rechts abnehmen
- nach links abnehmen
- Umschlag

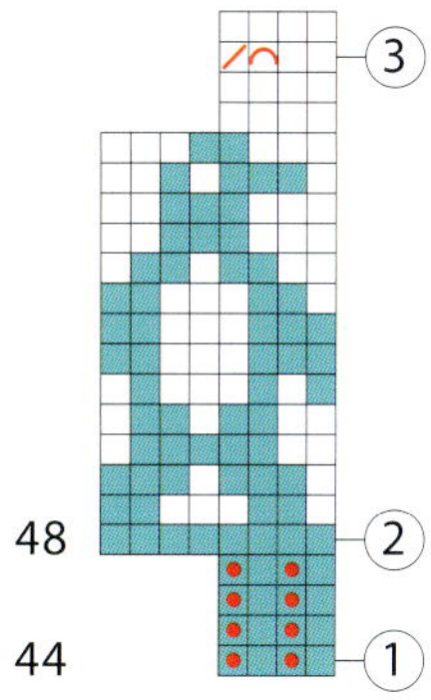

Diagramm 1
Manschette, rechter Daumen

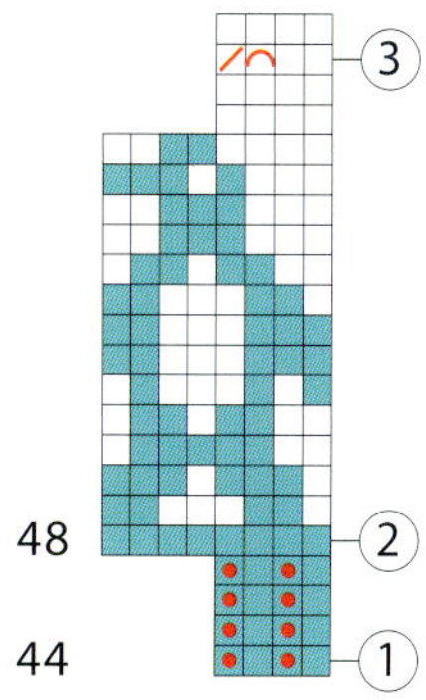

Diagramm 2
Manschette, linker Daumen

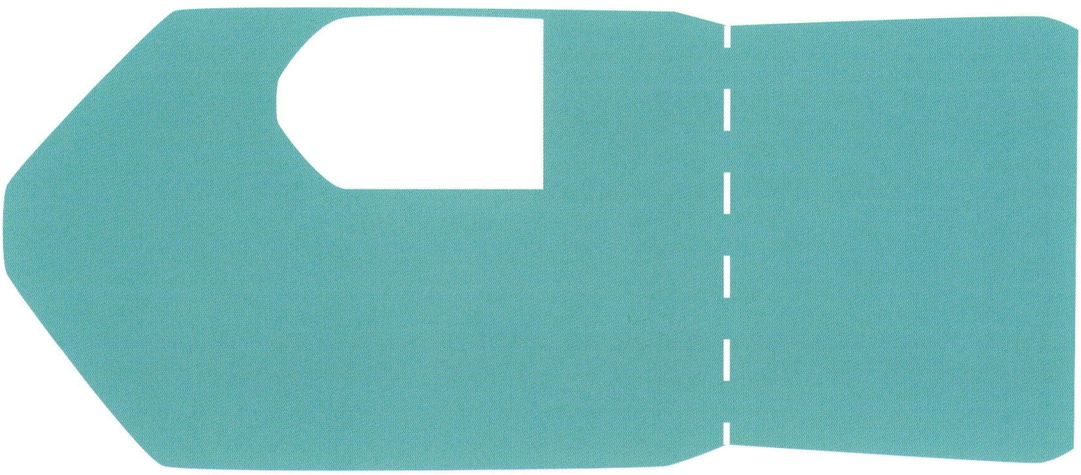

Pinguin – Fäustling (klein)

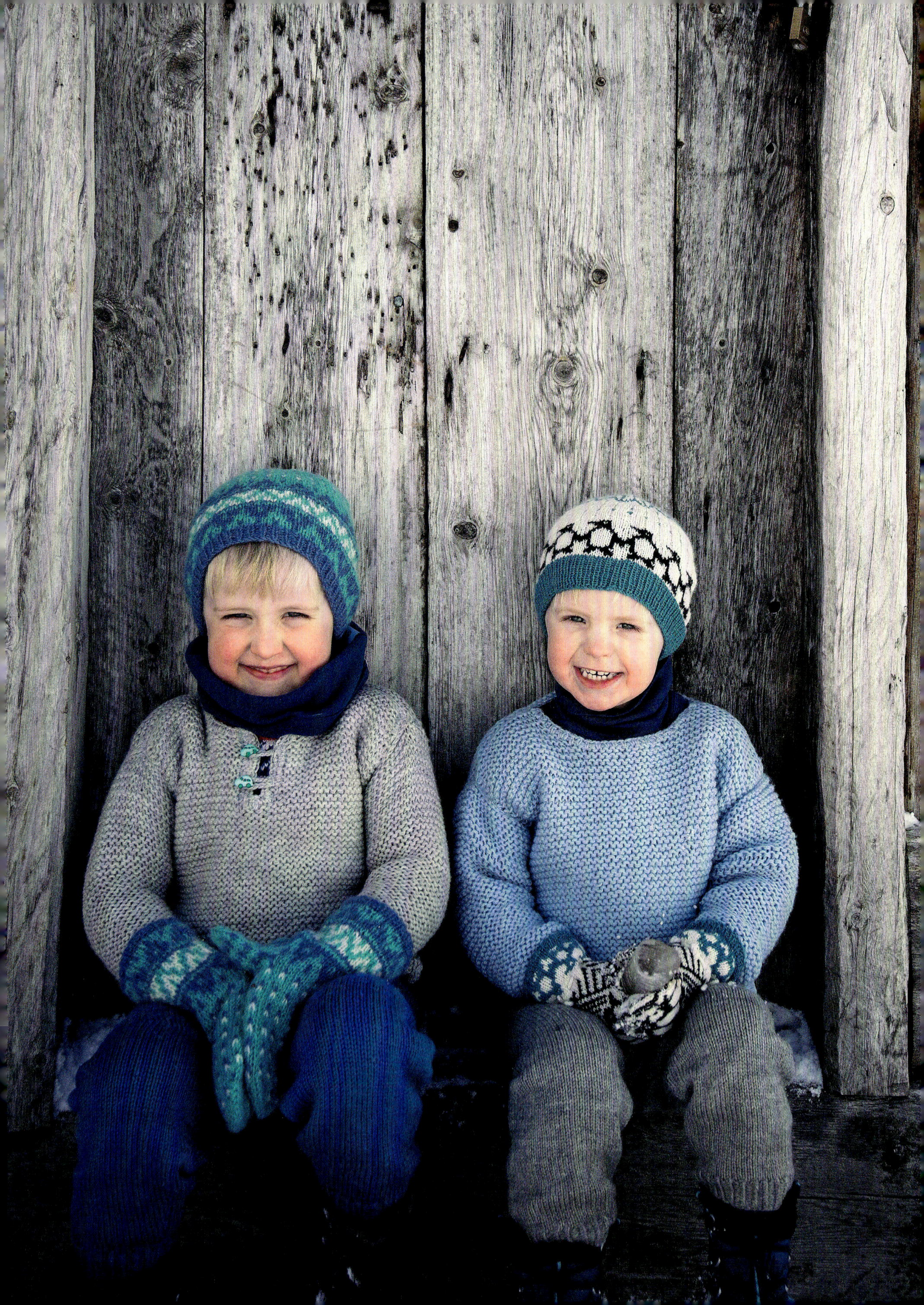

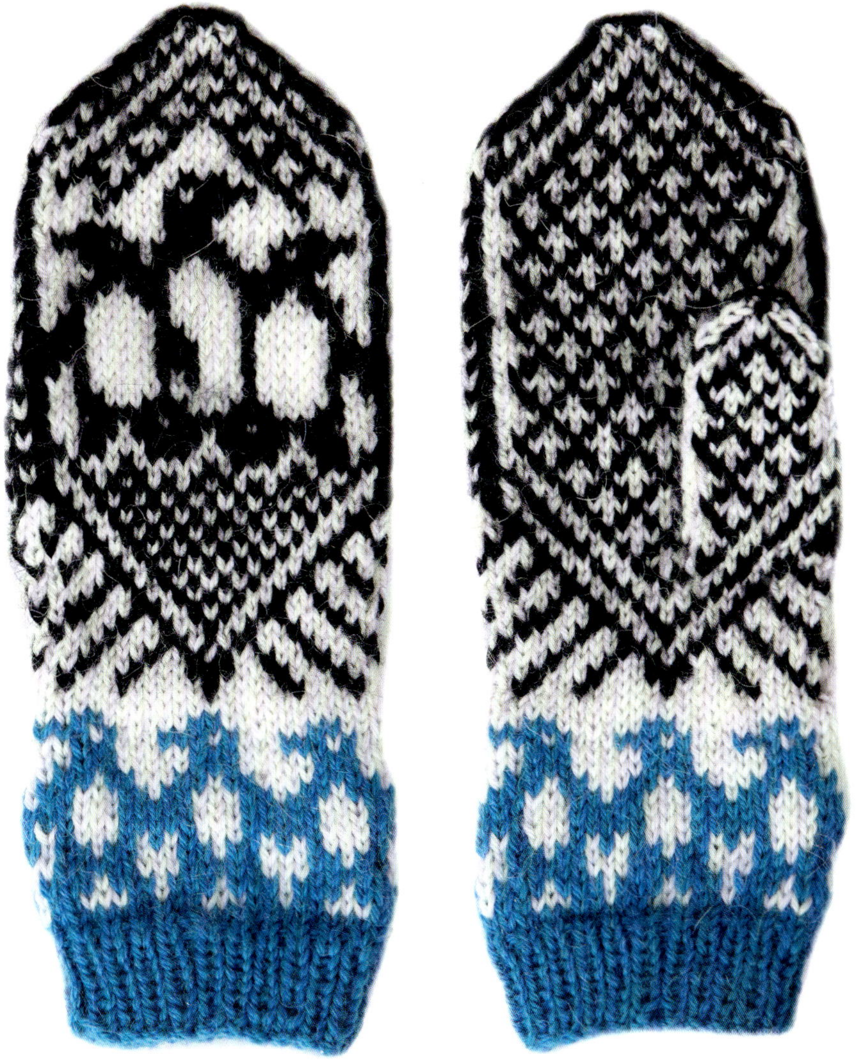

PINGUIN-FÄUSTLINGE (GROSS)

Die Modelle sind mit Mini Sterk von Du Store Alpakka in dunklem Seegrün, Weiß und Schwarz gestrickt.

Anleitung

44 Maschen in dunklem Seegrün mit dem Nadelspiel anschlagen, gleichmäßig auf 4 Nadeln verteilen und zu einem Ring schließen.

① Nach Diagramm 1 (rechter Fäustling) oder Diagramm 2 (linker Fäustling) stricken. Das Muster in der Runde fortlaufend wiederholen. Die erste Runde mit 1 Masche rechts, 1 Masche links 8 Runden wiederholen.
② Je 1 Masche auf jeder Nadel zunehmen auf insgesamt 48 Maschen.
③ Nach Diagramm 3 (rechter Fäustling) oder Diagramm 4 (linker Fäustling) weiterstricken.
④ 2 Maschen auf jeder Seite nach Diagramm zunehmen, auf insgesamt 52 Maschen in der Runde.
⑤ Öffnung für den Daumen: einen losen Faden in einer anderen Farbe über die 10 markierten Maschen mitlaufen lassen. Die Maschen zurück auf die linke Nadel schieben und das Muster von der Markierung aus wiederholen.
⑥ Mit dem Abnehmen beginnen. An den Seiten nach Anleitung im Diagramm abnehmen.
⑦ Die letzten Maschen von Vorder- und Rückseite zusammennähen. Dazu den hellen Faden verwenden und im Maschenstich nähen.
⑧ Daumen: den losen Faden herausziehen, die 10 Maschen auf die Nadeln aufnehmen und 10 Maschen auf der anderen Seite anschlagen. Nach Diagramm 5 (rechter Daumen) oder Diagramm 6 (linker Daumen) stricken. Erste Runde: auf 22 Maschen zunehmen, indem auf jeder Seite 1 Masche zugenommen wird, vgl. Diagramm.
⑨ Mit dem Abnehmen beginnen.
⑩ Einen Faden durch die letzten 6 Maschen ziehen.

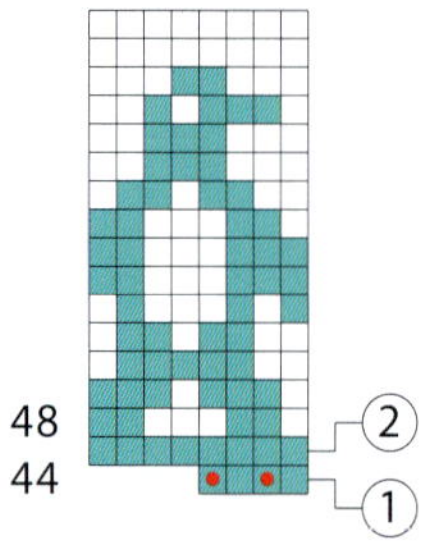

Diagramm 1
Manschette, rechter Fäustling

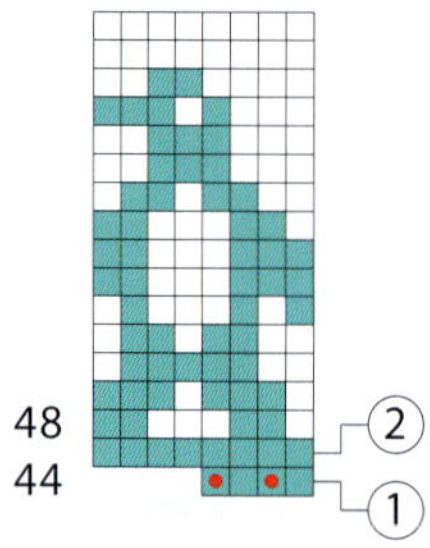

Diagramm 2
Manschette, linker Fäustling

- rechte Masche
- linke Masche
- 1 Masche zunehmen
- nach rechts abnehmen
- nach links abnehmen

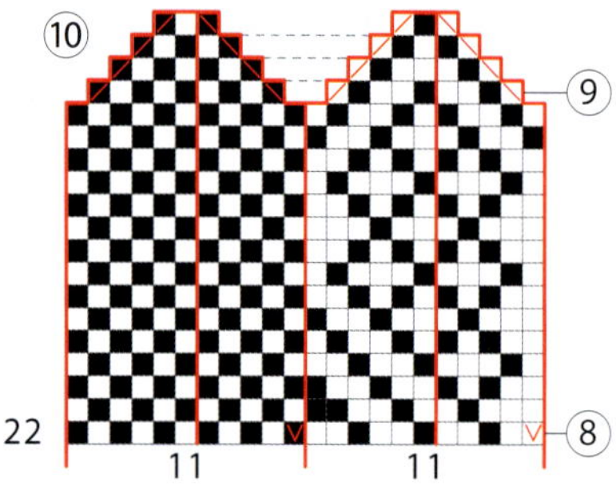

Diagramm 6
Linker Daumen

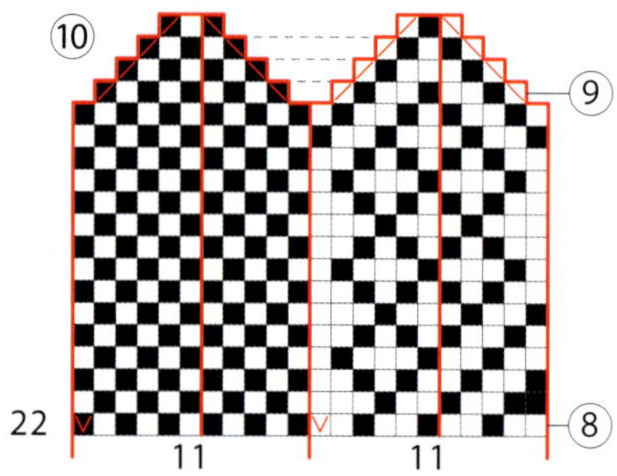

Diagramm 5
Rechter Daumen

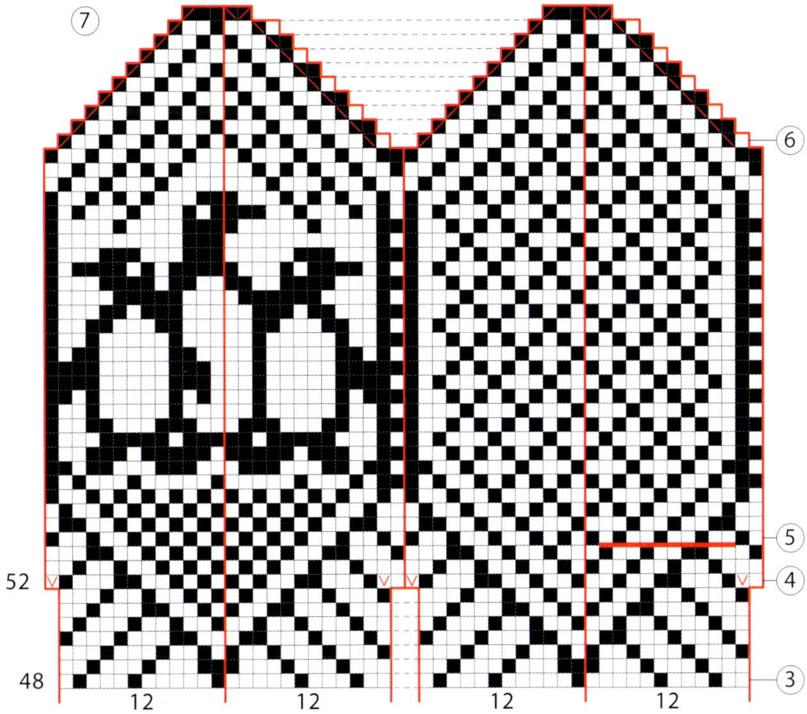

Diagramm 3
Rechter Fäustling

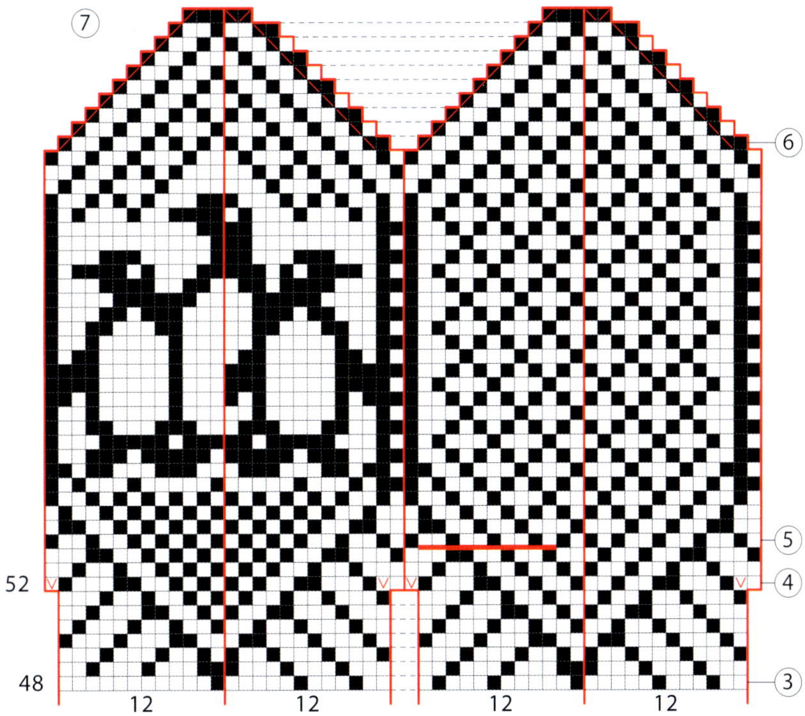

Diagramm 4
Linker Fäustling

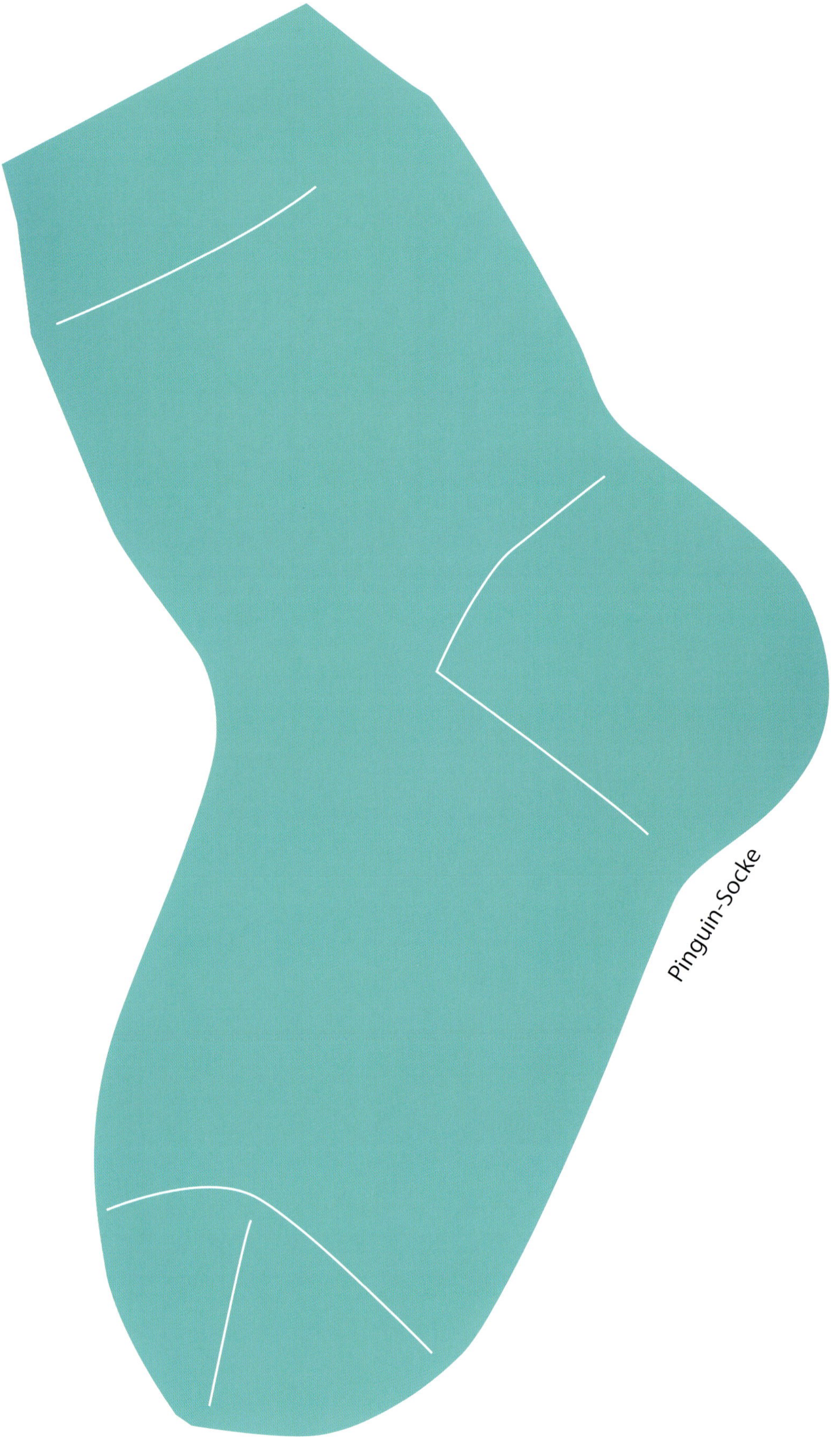
Pinguin-Socke

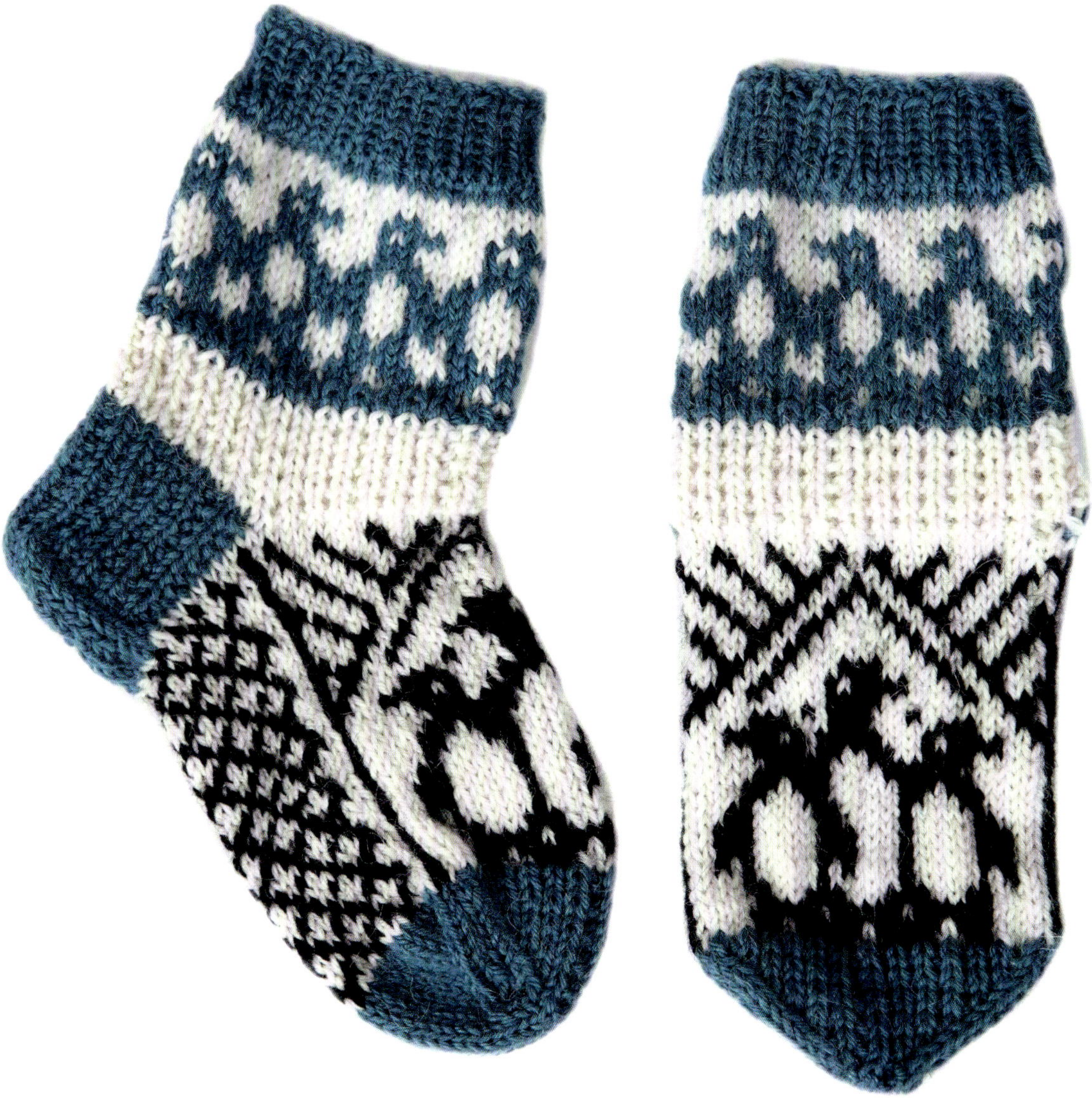

PINGUIN-SOCKEN

Die Modelle sind mit Mini Sterk von Du Store Alpakka in dunklem Seegrün, Weiß und Schwarz gestrickt.

Anleitung

Wenn die Socken eng anliegen sollen, kann man für die Teile, die mit nur einem Faden gestrickt werden, eine Nadel verwenden, die eine halbe Nummer kleiner ist.

52 Maschen mit dem Nadelspiel in dunklem Seegrün anschlagen und zu einem Ring schließen.

① Nach Diagramm 1 stricken und das Muster in der ersten Runde fortlaufend wiederholen. Die erste Runde mit 1 Masche rechts, 1 Masche links 9 Runden wiederholen. Die Runde beginnt an der Seite.
② 4 Maschen zunehmen (immer die erste auf jeder Nadel) auf 56 Maschen.
③ Nach Diagramm 2 die Ferse stricken: zu dunklem Seegrün wechseln, den weißen Faden aber nicht abschneiden. Die Arbeit wenden und 29 linke Maschen mit Schwarz zurück stricken. Die 27 Maschen davor auf den Nadeln stilllegen, bis die Ferse fertig ist.
④ Diese 2 Reihen (hin und zurück) wiederholen, bis die Ferse insgesamt 21 Reihen in dunklem Seegrün hoch ist.
⑤ Abnehmen: die erste Masche locker abheben, 18 Maschen stricken, dann 2 rechts verschränkt zusammenstricken. Wenden.
⑥ Diese 2 Reihen wiederholen, bis noch 11 Maschen auf den Nadeln sind. Nach links: die erste Masche locker abheben, 9 Maschen links stricken, 2 Maschen links zusammenstricken. Wenden. Nach rechts: die erste Masche locker abheben, 9 Maschen rechts stricken, 2 Maschen rechts verschränkt zusammenstricken. Wenden.
⑦ Nach Diagramm 3 oder 4 weiterarbeiten. Entlang der Seitenkante der Ferse 11 Maschen aufnehmen und stricken, die 11 Maschen in der Fersenmitte stricken und entlang der anderen Seitenkante der Ferse 11 Maschen aufnehmen und stricken. Über die 27 Maschen, die stillgelegt sind, stricken. Rund weiterstricken.
⑧ An jeder Seite eine Masche abnehmen wie im Diagramm gezeigt.
⑨ Nach Diagramm 5 (für die Zehen abnehmen) weiterstricken. Die erste Runde bis zur gewünschten Länge wiederholen. Rechte und linke Maschen in jeder zweiten Runde auf der Vorderseite des Fußes und bei den Zehen.
⑩ In diesem Diagramm wird in jeder Runde abgenommen. Dadurch beginnen 3 cm nach der Abnahme die Zehenspitzen. Wenn man nur in jeder zweiten Runde abnimmt, wird die Abnahme schmaler und es sind 6 cm bis zu den Zehenspitzen.
⑪ Fäden abschneiden und durch die letzten Maschen ziehen.

Die andere Socke gleich stricken, aber den Fuß nach dem zweiten Diagramm, in dem der Pinguin sich zur anderen Seite wendet.

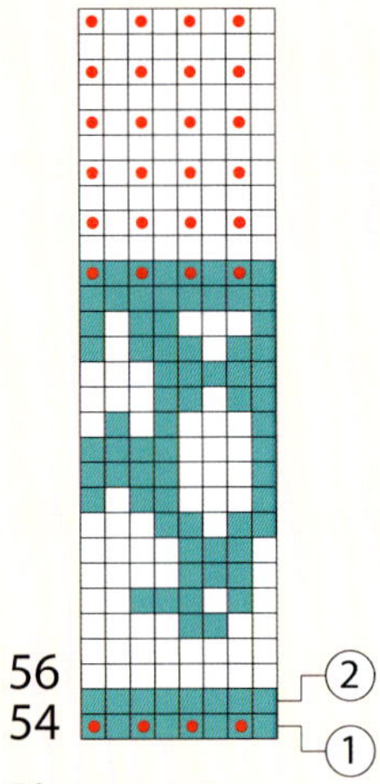

Diagramm 1
Schaft

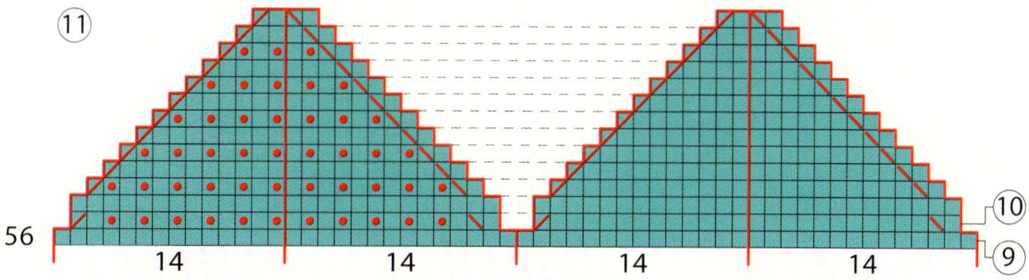

Diagramm 5
Abnahme für die Zehen

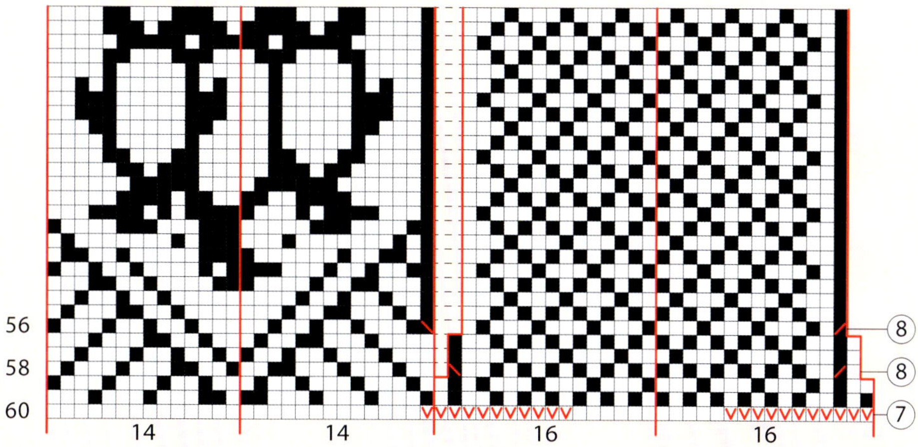

Diagramm 4
Der eine Fuß

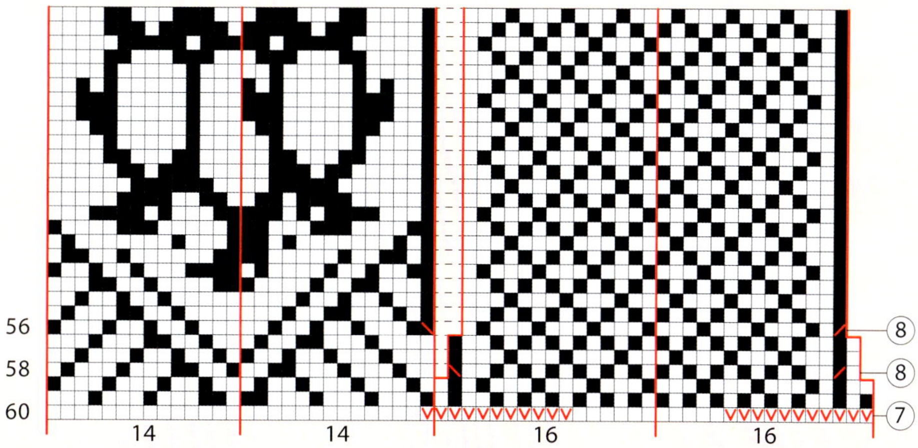

Diagramm 3
Der andere Fuß

- rechte Masche
- linke Masche
- 1 Masche zunehmen
- Masche locker abheben
- nach rechts abnehmen
- nach links abnehmen

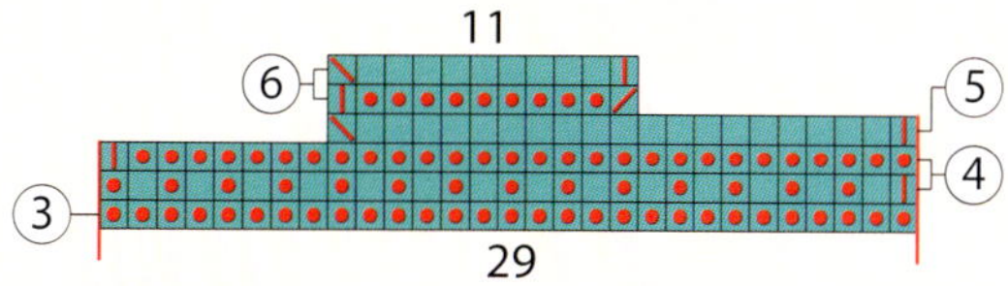

Diagramm 2
Ferse

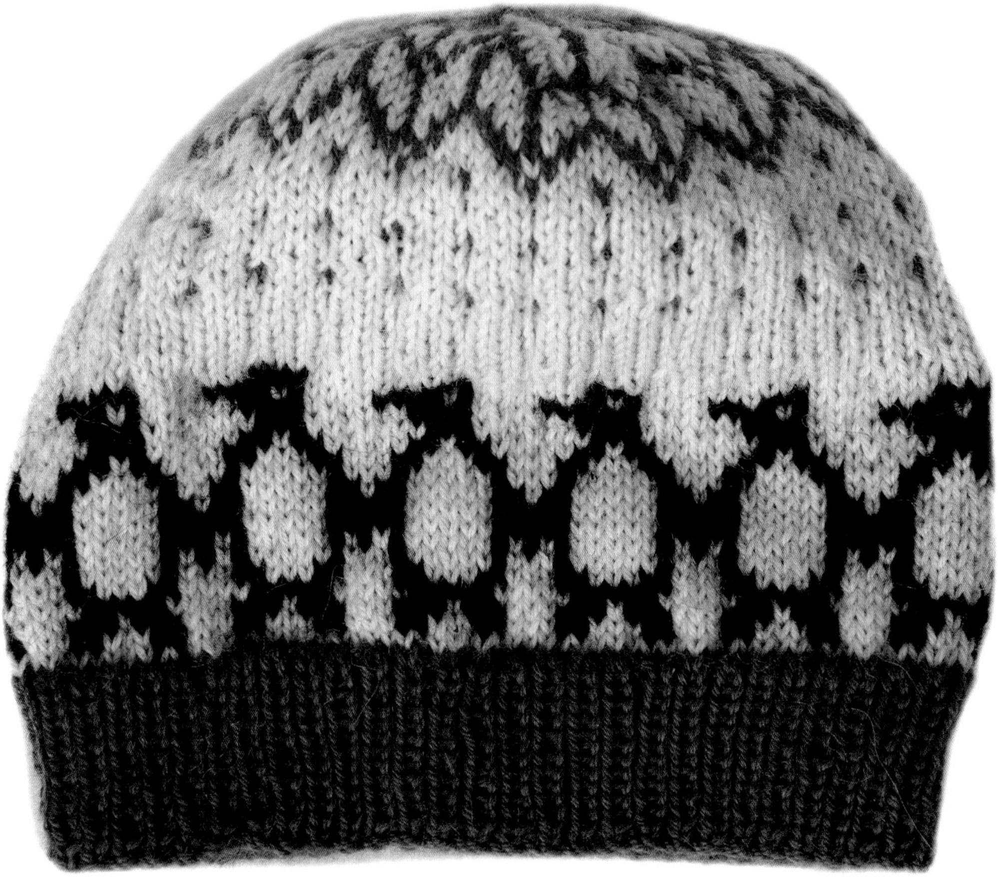

PINGUIN-MÜTZE

Das Modell ist mit Mini Sterk von Du Store Alpakka in dunklem Seegrün, Weiß und Schwarz gestrickt.

Anleitung

Die Mütze wird mit der 40 cm langen Rundstricknadel gestrickt, die letzten Runden mit dem Nadelspiel.

Größe: Klein (Groß)

① 114 (134) Maschen in dunklem Seegrün mit der Rundstricknadel anschlagen und zum Ring schließen. Nach Diagramm 1 (Diagramm 2) stricken. Die erste Runde mit abwechselnd 1 Masche rechts, 1 Masche links über 10 (12) Runden wiederholen.

② 6 Maschen gleichmäßig verteilt zunehmen auf 120 (140) Maschen. Nach Muster weiterstricken.

③ Diese Runden 3 (4) Mal wiederholen.

④ In dieser Runde 5 Maschenmarkierer nach jeweils 24 (28) Maschen einhängen. Das Muster zwischen den Maschenmarkierern 5-mal in einer Runde wiederholen.

⑤ Mit dem Abnehmen beginnen wie im Diagramm angegeben. Zum Nadelspiel wechseln, wenn die Rundstricknadel zu lang ist.

⑥ Den Faden abschneiden und durch die letzten Maschen ziehen.

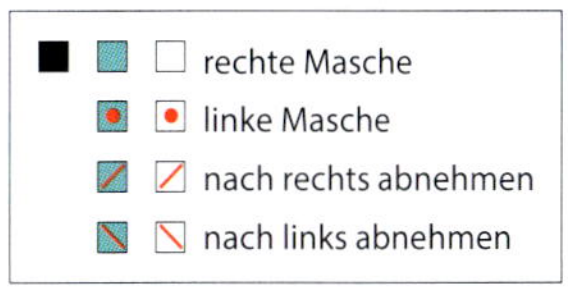

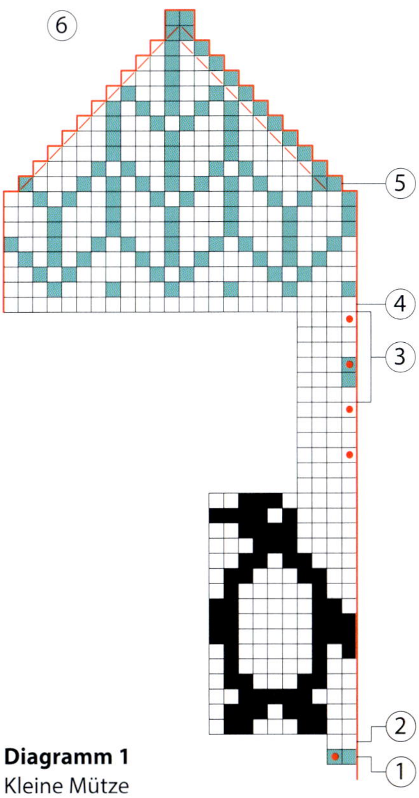

Diagramm 1
Kleine Mütze

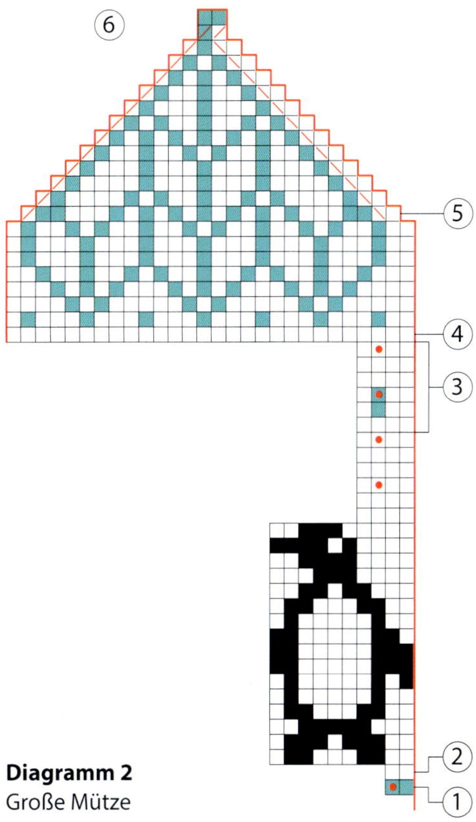

Diagramm 2
Große Mütze

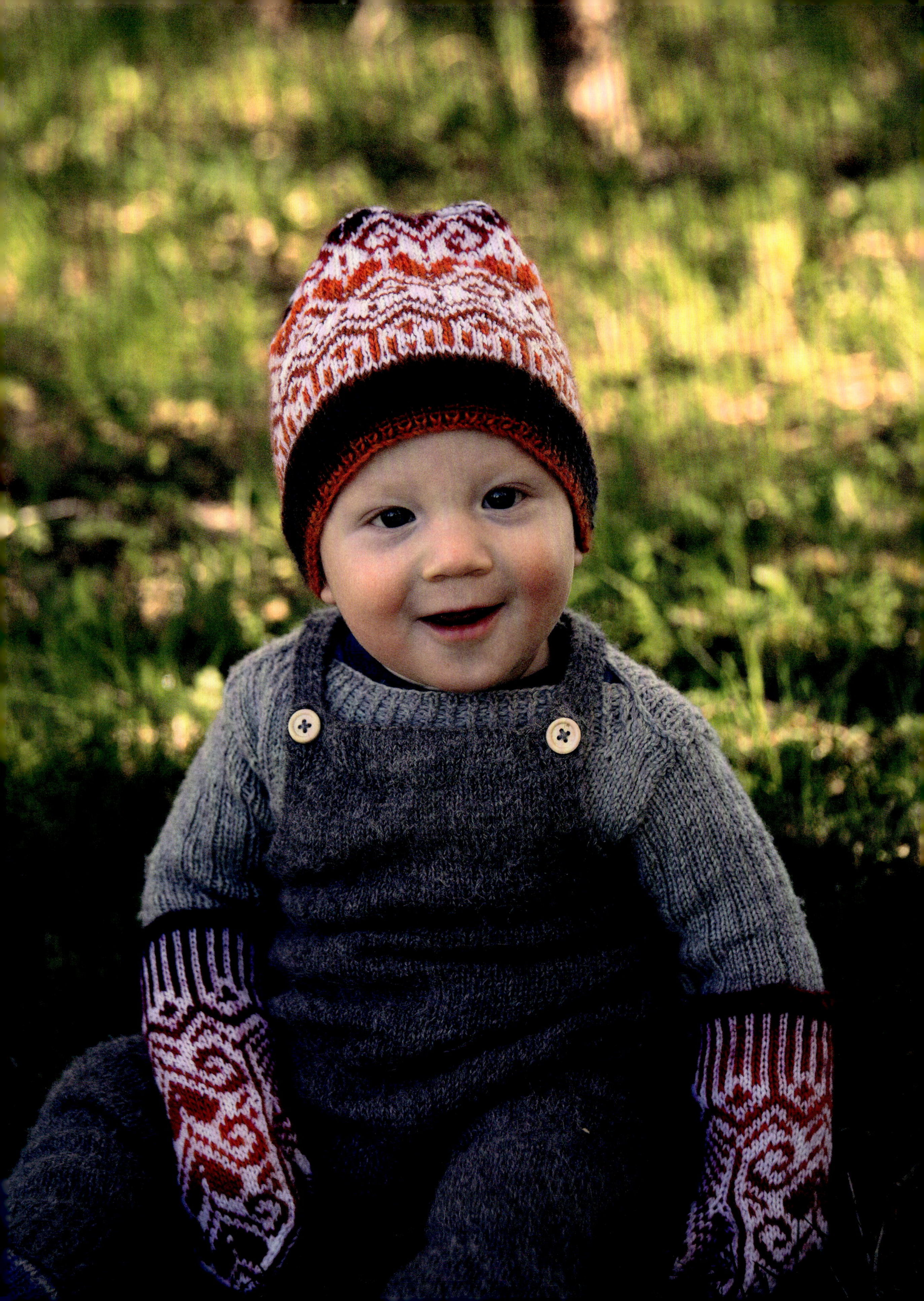

FLIEGENDE HERZEN

Es macht Freude, warme Kleidungsstücke mit Herzen für die Kinder zu stricken, die man gerne hat. Sie sind auch wunderbare Geschenke für die Kleinen, die du vielleicht nicht so oft siehst. Und sie sind ein Zeichen, dass du an sie denkst, auch wenn ihr weit entfernt voneinander wohnt.

Die Modelle sind mit Farbverlaufsgarn gearbeitet, das einen relativ langen Farbwechsel hat. Deshalb ist es fast unmöglich, beide Socken oder Fäustlinge im gleichen Farbverlauf zu stricken. Damit der Farbwechsel etwa an der gleichen Stelle der Fäustlinge beginnt, muss das Garn abgewickelt werden, bis die richtige Farbe zum Vorschein kommt. Die Modelle hier werden allerdings ohne dieses Abwickeln gestrickt und sind trotzdem wunderschön! Die fliegenden Herzen können auch mit einfarbigem Garn gestrickt werden und in Farben, die genau zum Kind passen. Bei Babygarnen findet man nur schwer Farbverlaufsgarne, die sich zum Musterstricken eignen.

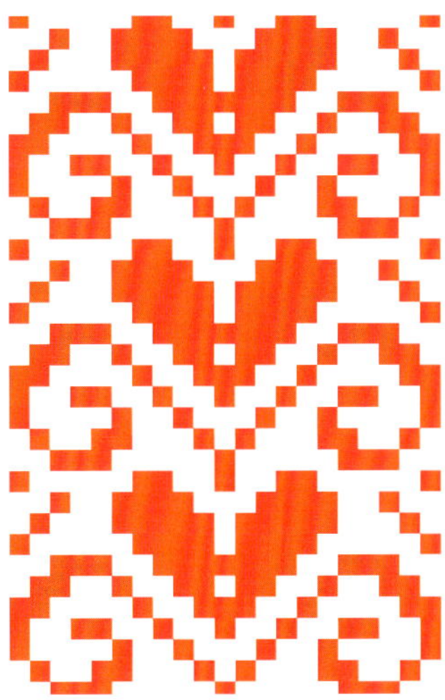

KLEINE FÄUSTLINGE

Ungefähres Alter	Garn	Nadeln	Breite
1–2 JAHRE	BABYGARN	2 ½	6,5 CM
3–5 JAHRE	DÜNNES GARN	2 ½–3	7 CM

GROSSE FÄUSTLINGE

Ungefähres Alter	Garn	Nadeln	Breite
3–5 JAHRE	DÜNNES GARN	2 ½–3	7–7,5 CM
6–8 JAHRE	DICKES GARN	3	8,5–9 CM

SOCKEN

Ungefähres Alter	Garn	Nadeln	Breite vom Schaft/Fuß
3–5 JAHRE	DICKES GARN	3	8 CM
6–8 JAHRE	DICKES GARN	3	9 CM

MÜTZE IN 2 GRÖSSEN

Ungefähres Alter	Garn	Nadeln	ca. Kopfumfang	Größe
1–2 JAHRE	BABYGARN/ DÜNNES GARN	2 ½–3	46–50 CM	KLEIN, 120 MASCHEN
3–5 JAHRE	DÜNNES GARN	3–3 ½	52–54 CM	GROSS, 120 MASCHEN
3–5 JAHRE	DICKES GARN	3	52–54 CM	KLEIN, 120 MASCHEN
6–8 JAHRE	DÜNNES GARN	3–3 ½	55–56 CM	GROSS, 120 MASCHEN

EMPFOHLENES GARN

Babygarn: Baby Panda von Rauma Garn (Garn (100% Wolle, Lauflänge 175 m/50 g) oder Baby Ull von Dale Garn (100% Wolle, Lauflänge 165 m/50 g).
Dünnes Garn: Nordlys (mehrfarbig und weiß) von Viking (75% Wolle, 25% Nylon, Lauflänge 350 m/100 g).
Dickes Garn: Drops Delight in vielen mehrfarbigen Varianten (75% Wolle, 25% Nylon, Lauflänge 175 m/50 g). Es kann mit einem weißen Garn gleicher Stärke verstrickt werden.

Die Kleidungsstücke werden auch mit einer dunklen Grundfarbe statt Weiß sehr hübsch, wie zum Beispiel bei den kleinen Fäustlingen mit Giraffen.

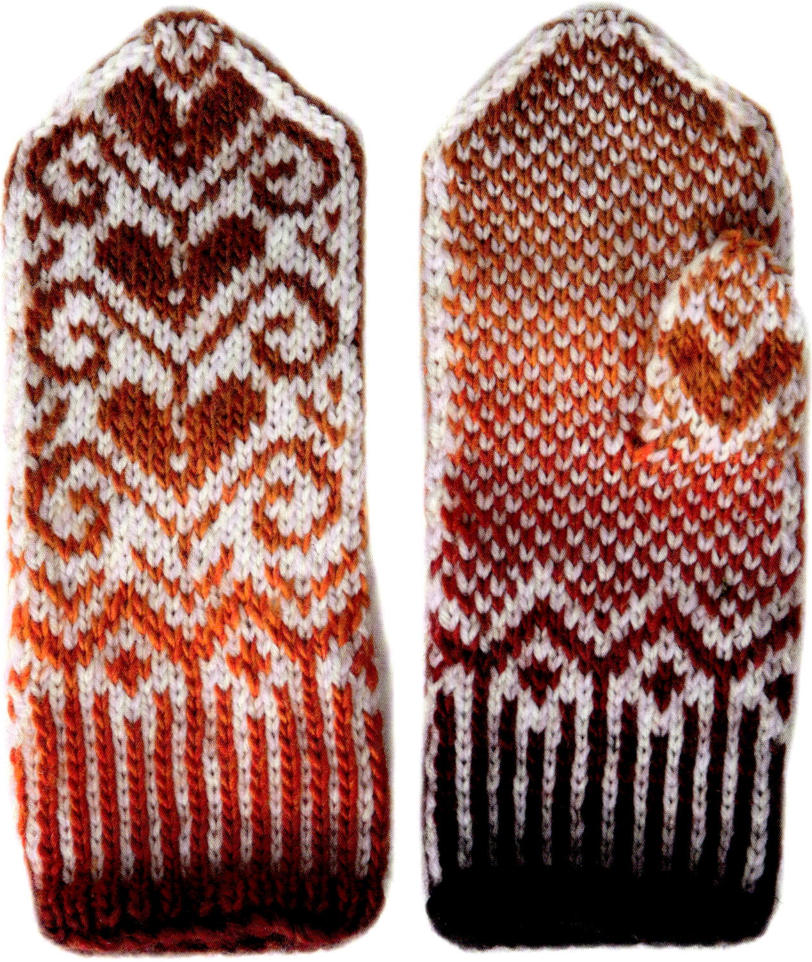

FLIEGENDE HERZEN

FÄUSTLINGE (KLEIN)

Die Modelle sind mit Nordlys von Viking mehrfarbig Nr. 964 gestrickt.
Das weiße Garn ist Sisu Superwash von Sandnes Garn.

Anleitung

Der rechte und der linke Fäustling werden gleich gestrickt, nur die Stelle für den Daumen variiert. Einen Fäustling mit dem Daumen links und einen Fäustling mit dem Daumen rechts stricken.

44 Maschen in der Musterfarbe mit dem Nadelspiel anschlagen, gleichmäßig auf 4 Nadeln verteilen und zu einem Ring schließen. Ein Rippenbündchen 1 Masche rechts, 1 Masche links über drei Runden stricken.

① Nach Diagramm 1 stricken. Erste Runde: auf jeder Nadel die erste Masche zunehmen auf 48 Maschen.

② Diese Runde 10-mal wiederholen.

③ Öffnung für den Daumen: einen losen Faden in einer anderen Farbe über die 9 markierten Maschen mitlaufen lassen. Die Maschen zurück auf die linke Nadel schieben und das Muster von der Markierung aus wiederholen.

④ Mit dem Abnehmen beginnen. An den Seiten nach Anleitung im Diagramm abnehmen.

⑤ Die letzten Maschen von Vorder- und Rückseite zusammennähen. Dazu den dunklen Faden verwenden und im Maschenstich nähen.

⑥ Daumen: den losen Faden herausziehen, die 9 Maschen auf die Nadeln aufnehmen und 9 Maschen auf der anderen Seite anschlagen. Nach Diagramm 2 stricken. Erste Runde: auf 22 Maschen zunehmen, indem auf jeder Seite 2 Maschen zugenommen werden, vgl. Diagramm.

⑦ Mit dem Abnehmen beginnen.

⑧ Faden abschneiden und durch die letzten Maschen ziehen.

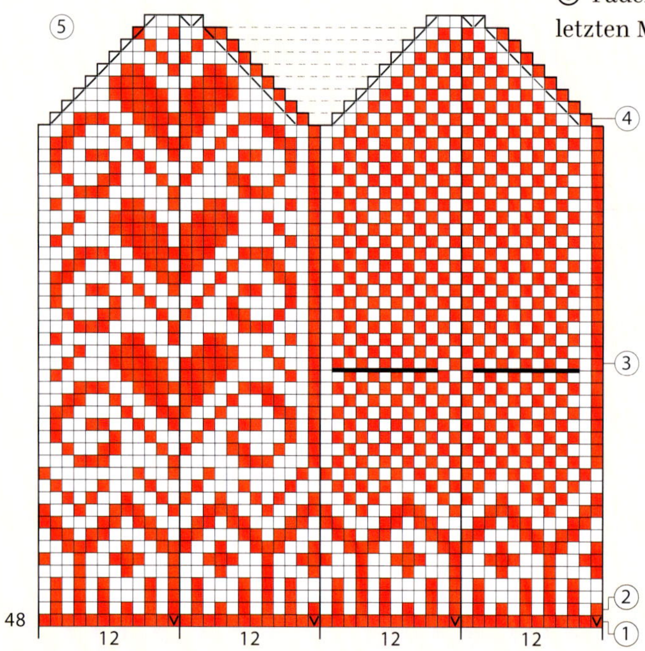

Diagramm 1
Rechter und linker Fäustling

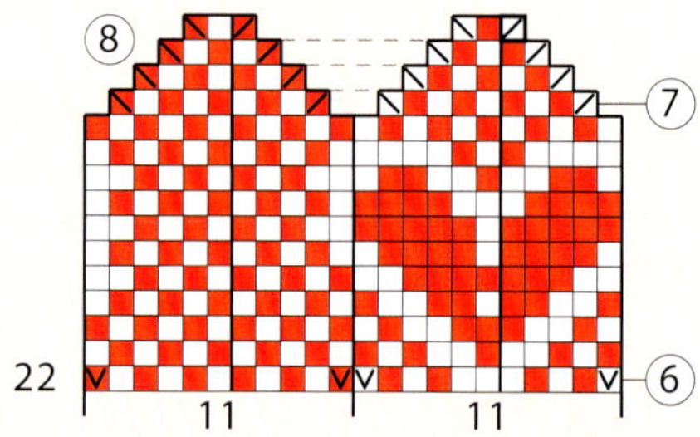

Diagramm 2
Daumen

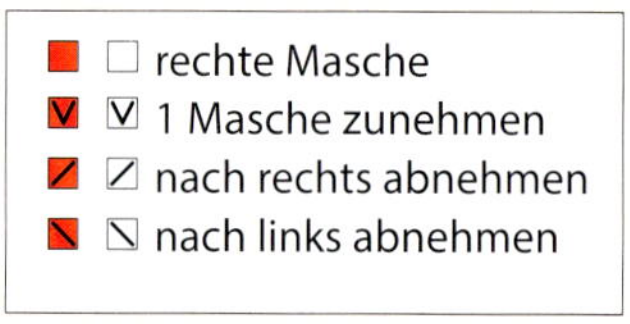

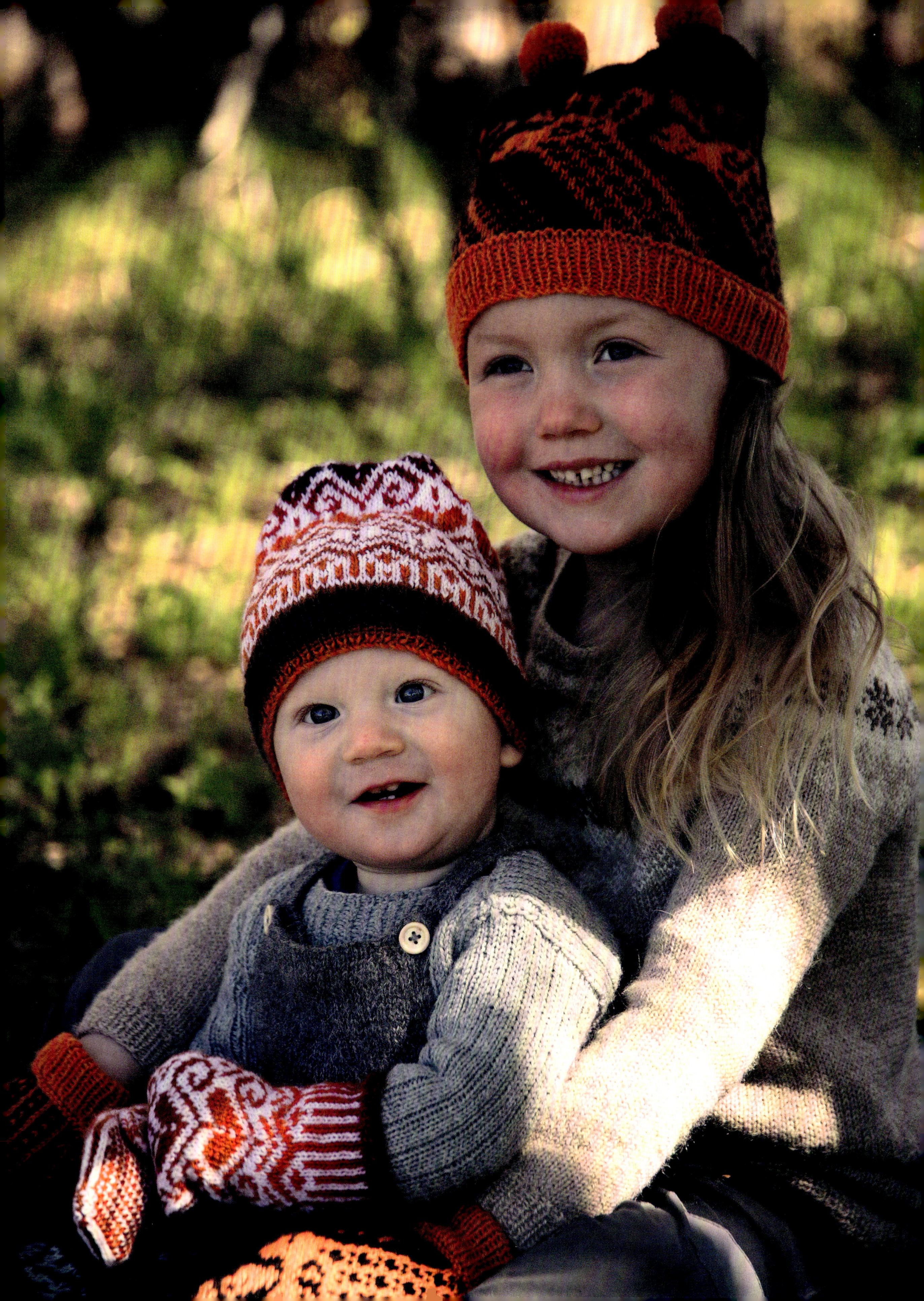

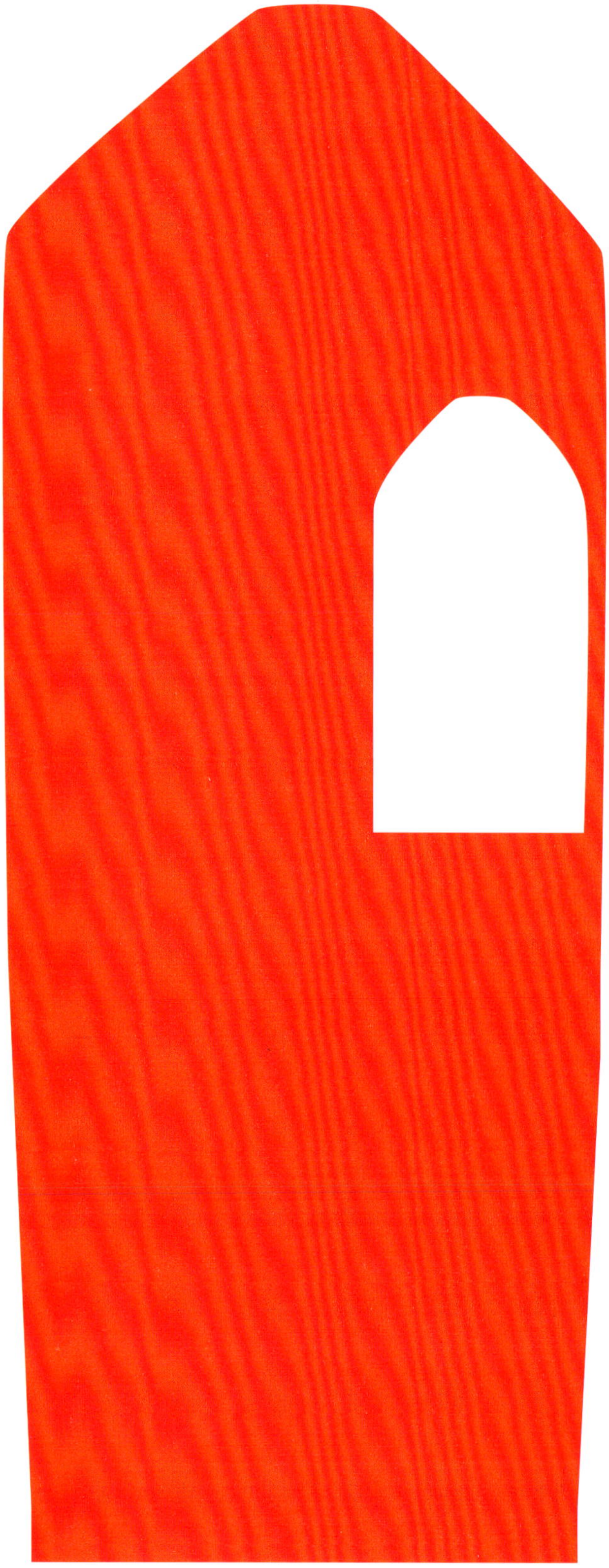

Fliegende Herzen, großer Fäustling

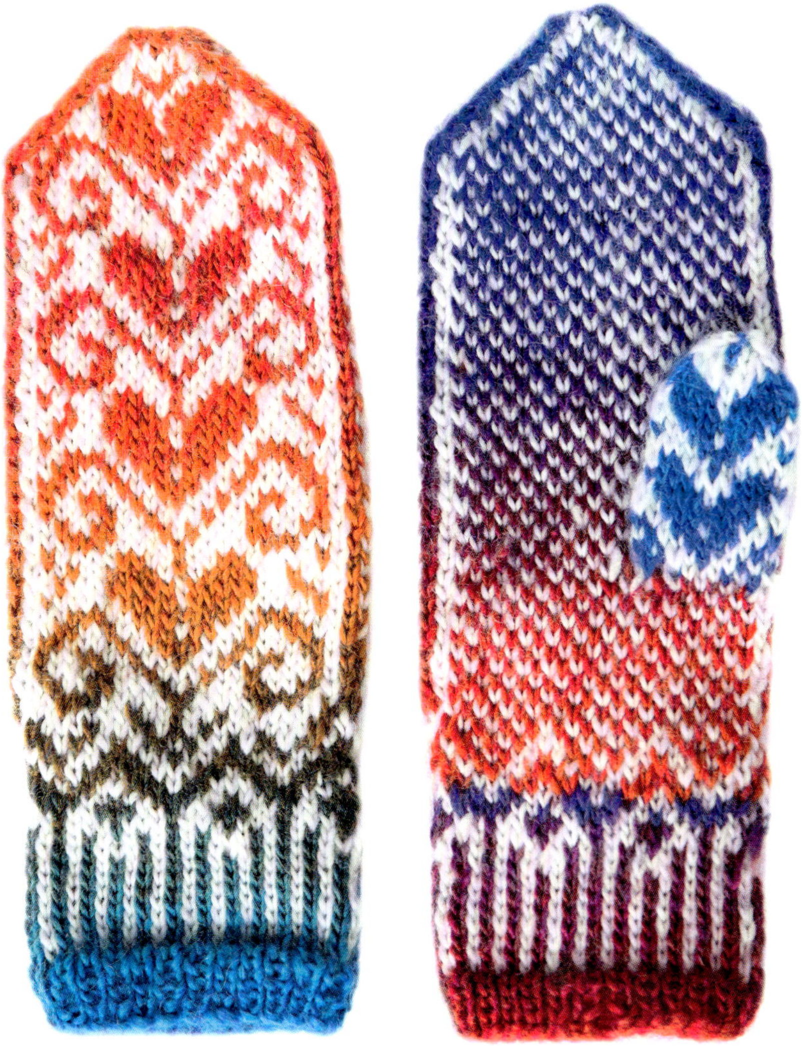

FLIEGENDE HERZEN

FÄUSTLINGE (GROSS)

Die Modelle sind mit Nordlys von Viking mehrfarbig Nr. 964 und Naturweiß gestrickt.

Anleitung

Der rechte und der linke Fäustling werden gleich gestrickt, nur die Stelle für den Daumen variiert. Einen Fäustling mit dem Daumen links und einen Fäustling mit dem Daumen rechts stricken.

44 Maschen in der Musterfarbe mit dem Nadelspiel anschlagen, gleichmäßig auf 4 Nadeln verteilen und zu einem Ring schließen. Ein Rippenbündchen 1 Masche rechts, 1 Masche links über 5 Runden stricken.

① Nach Diagramm 1 stricken. Erste Runde: auf jeder Nadel die erste Masche zunehmen auf 48 Maschen.

② Streifen: diese Runde 7-mal wiederholen.

③ Eine Masche auf jeder Seite nach Diagramm zunehmen auf 50 Maschen.

④ Eine Masche auf jeder Seite nach Diagramm zunehmen auf 52 Maschen.

⑤ Öffnung für den Daumen: einen losen Faden in einer anderen Farbe über die 10 markierten Maschen mitlaufen lassen. Die Maschen zurück auf die linke Nadel schieben und das Muster von der Markierung aus wiederholen.

⑥ Mit dem Abnehmen beginnen. An den Seiten nach Anleitung im Diagramm abnehmen.

⑦ Die letzten Maschen von Vorder- und Rückseite zusammennähen. Dazu den dunklen Faden verwenden und im Maschenstich nähen.

⑧ Daumen: den losen Faden herausziehen, die 10 Maschen auf die Nadeln aufnehmen und 10 Maschen auf der anderen Seite anschlagen. Nach Diagramm 2 stricken. Erste Runde: auf 22 Maschen zunehmen, indem auf jeder Seite 1 Masche zugenommen wird, vgl. Diagramm.

⑨ Mit dem Abnehmen beginnen.

⑩ Faden abschneiden und durch die letzten Maschen ziehen.

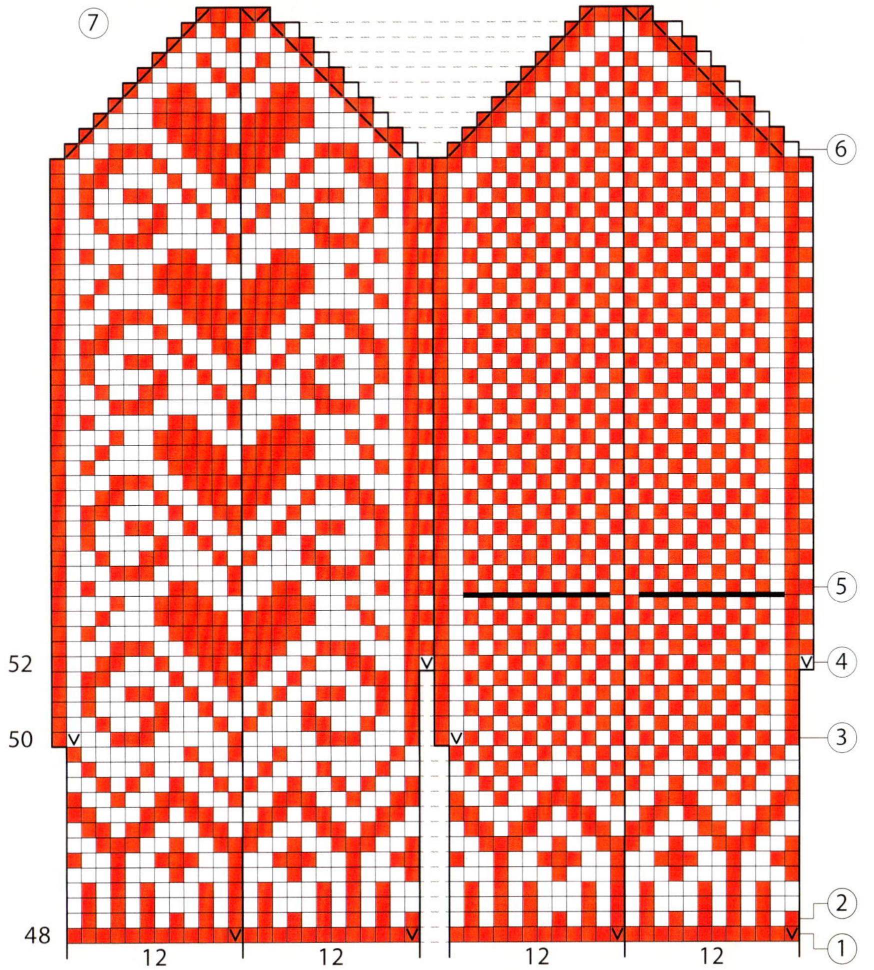

Diagramm 1
Rechter und linker Fäustling

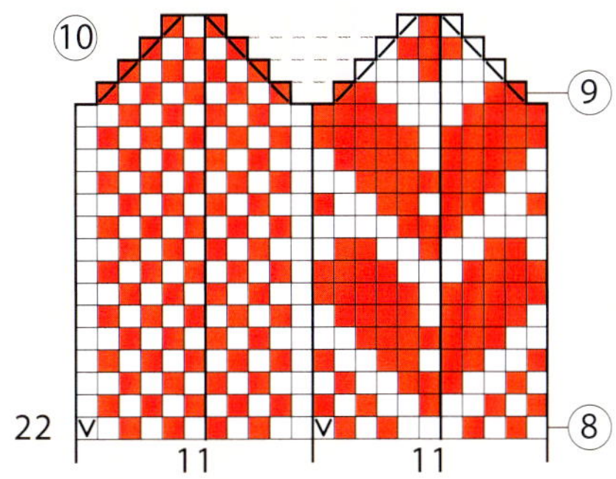

Diagramm 2
Rechter Fuß

- rechte Masche
- 1 Masche zunehmen
- nach rechts abnehmen
- nach links abnehmen

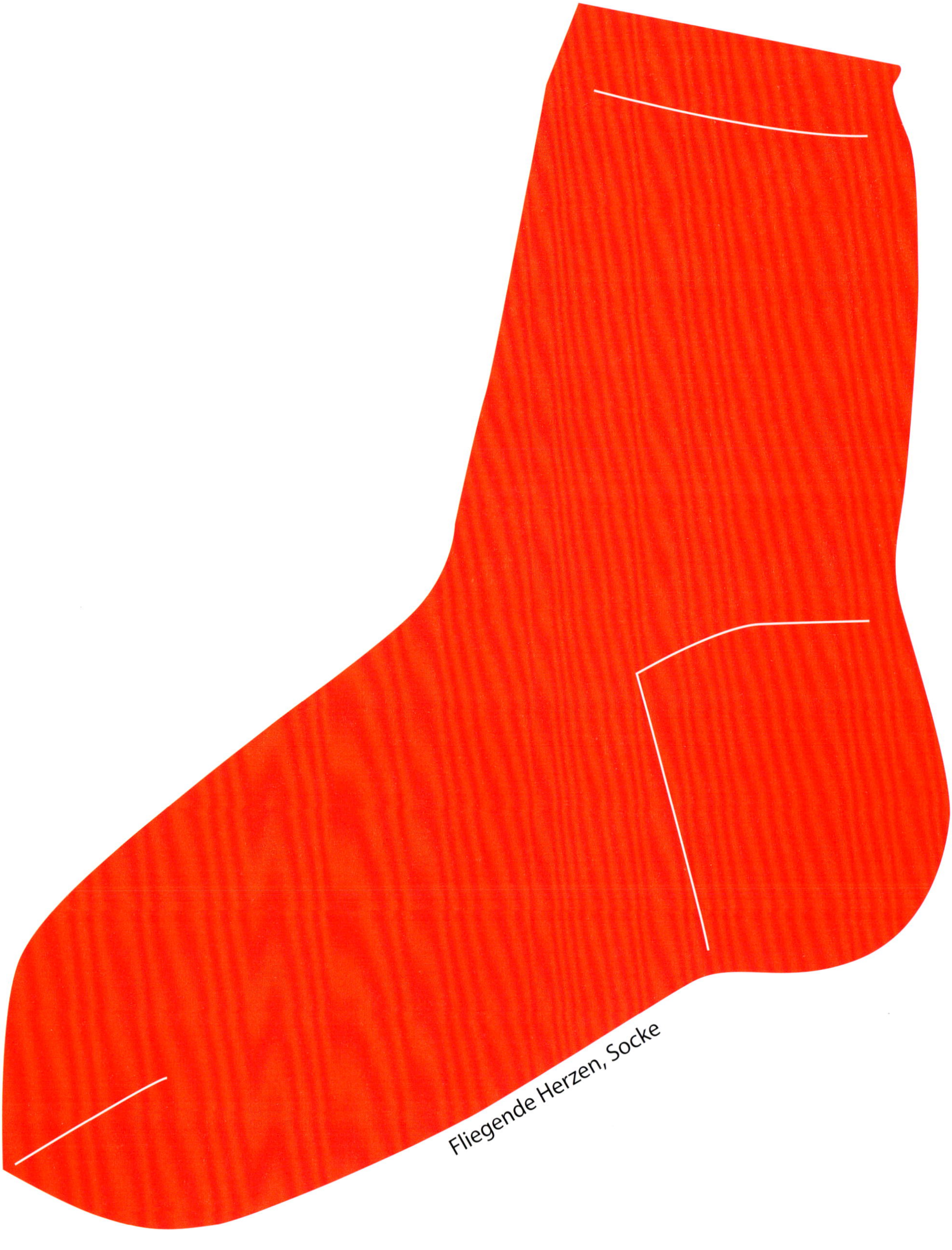
Fliegende Herzen, Socke

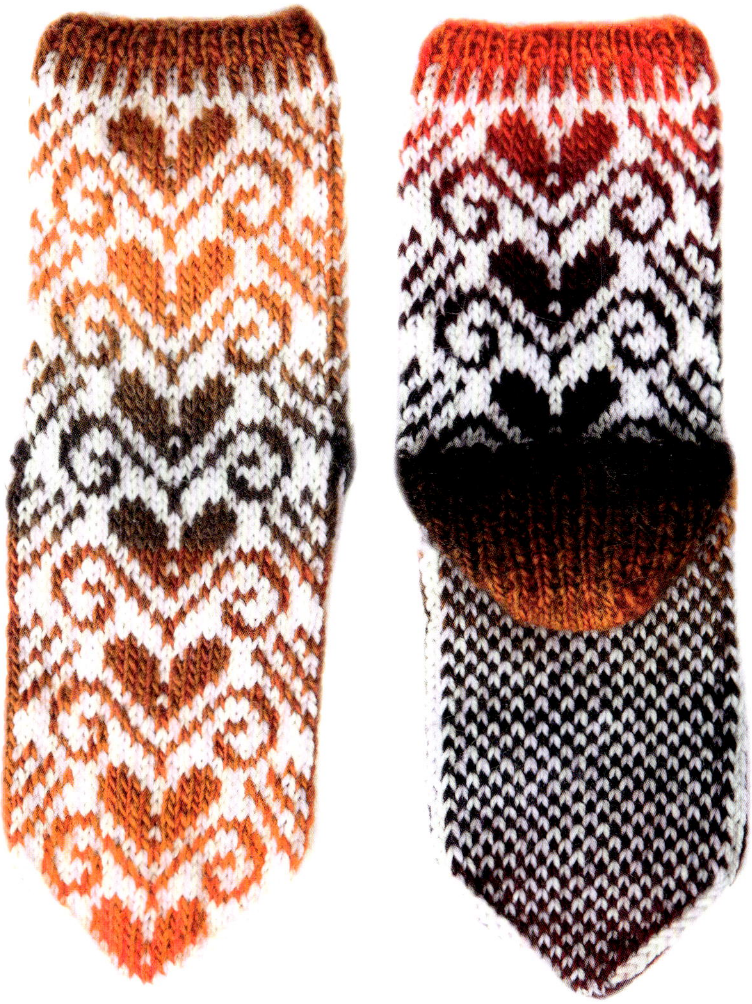

FLIEGENDE HERZEN

SOCKEN

Die Modelle sind mit Nordlys von Viking mehrfarbig Nr. 934 gestrickt.
Das weiße Garn ist Sisu Superwash von Sandnes Garn.

Anleitung

52 Maschen mit dem Nadelspiel in der Musterfarbe anschlagen, auf 4 Nadeln verteilen und zu einem Ring schließen.

① Nach Diagramm 1 stricken und das Muster in der ersten Runde fortlaufend wiederholen. Die Runde beginnt an der Seite.

② 4 Maschen zunehmen (immer die erste auf jeder Nadel) auf 56 Maschen.

③ 1 Masche der nächsten Runde stricken.

④ Nach Diagramm 2 die Ferse stricken: die Arbeit wenden und 29 linke Maschen mit der Musterfarbe über die 29 Maschen zurück stricken. Die 27 Maschen davor auf den Nadeln stilllegen, bis die Ferse fertig ist. Den zweiten Faden nicht abschneiden.

⑤ Diese 2 Reihen (hin und zurück) wiederholen, bis die Ferse insgesamt 21 Reihen in der Musterfarbe hoch ist.

⑥ Abnehmen: 18 Maschen stricken, dann 2 rechts verschränkt zusammenstricken. Wenden.

⑦ Diese 2 Reihen wiederholen, bis noch 11 Maschen auf den Nadeln sind. Nach rechts: 10 Maschen rechts stricken, 2 Maschen links verschränkt zusammenstricken. Wenden. Nach links: 10 Maschen links stricken, 2 Maschen rechts verschränkt zusammenstricken. Wenden.

⑧ Nach Diagramm 3 (Fuß) weiterarbeiten. Erste Runde: entlang der rechten Seitenkante der Ferse 11 Maschen aufnehmen, die 11 Maschen in der Fersenmitte stricken und entlang der anderen Seitenkante der Ferse 11 Maschen aufnehmen und stricken. Über die 27 Maschen, die stillgelegt sind, stricken.

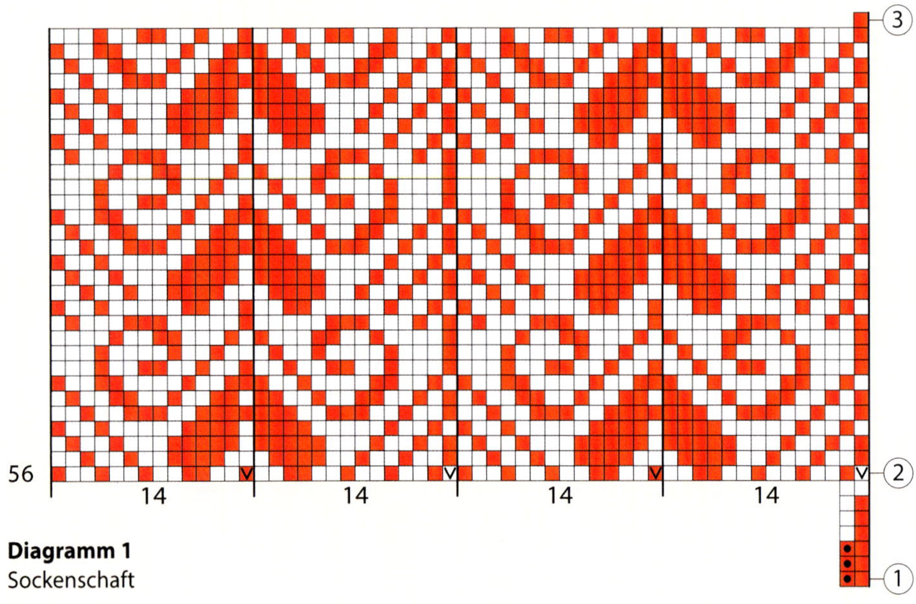

Diagramm 1
Sockenschaft

⑨ An jeder Seite eine Masche abnehmen wie im Diagramm gezeigt.

⑩ Abnehmen für die Zehen. Nach Diagramm abnehmen.

⑪ Die letzten 5 Maschen der Vorderseite mit den 5 Maschen der Unterseite der Socke zusammennähen. Die Musterfarbe verwenden und im Maschenstich nähen.

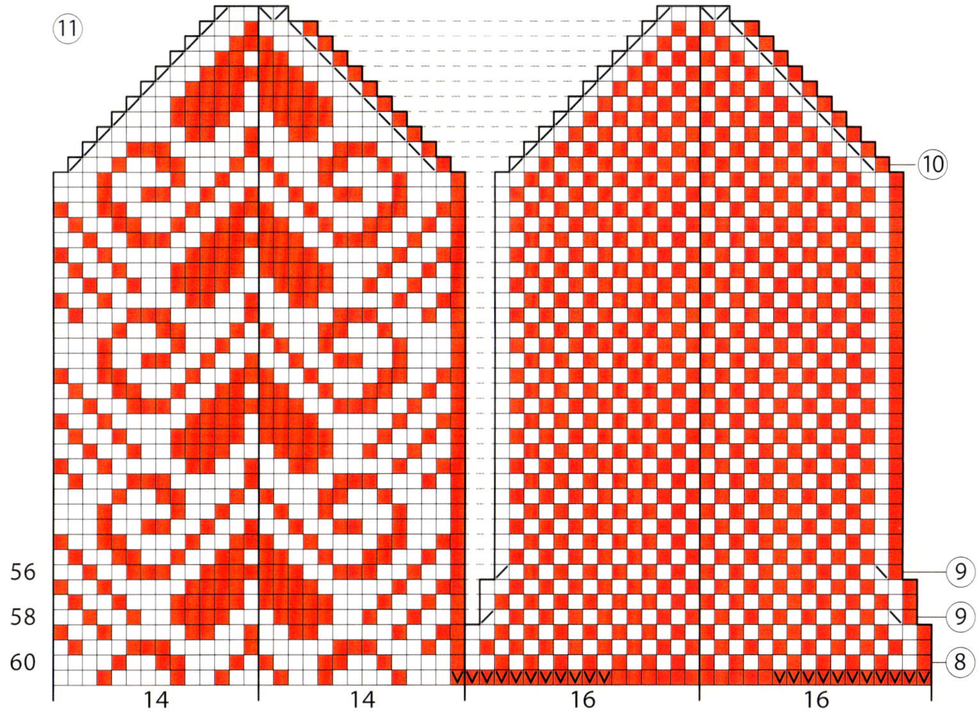

Diagramm 3
Fuß

- rechte Masche
- linke Masche
- 1 Masche zunehmen
- nach rechts abnehmen
- nach links abnehmen

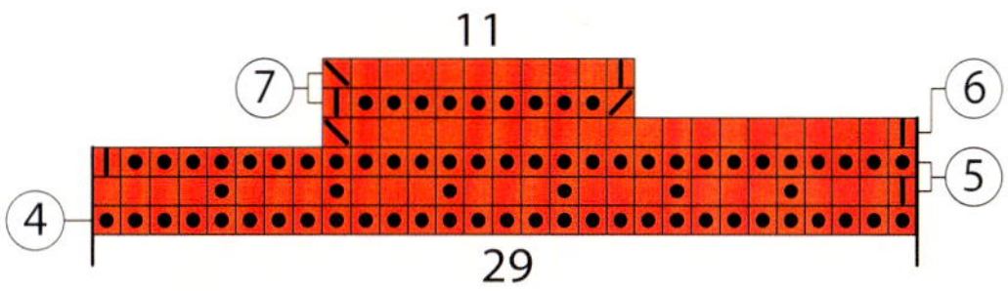

Diagramm 2
Ferse

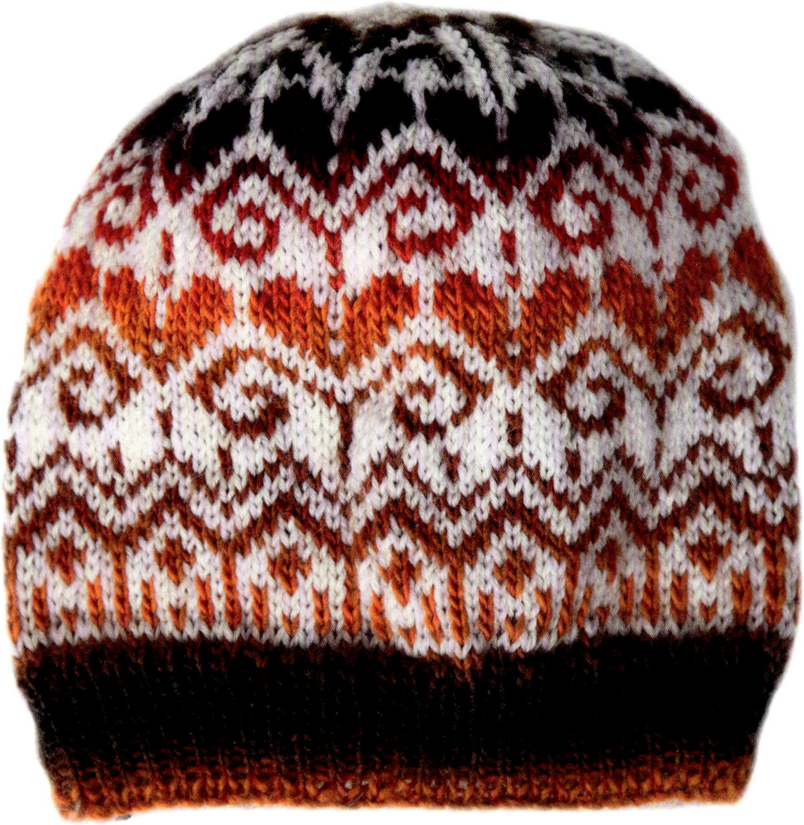

FLIEGENDE HERZEN

MÜTZE

Das Modell ist mit Nordlys von Viking mehrfarbig Nr. 934 gestrickt.
Das weiße Garn ist Sisu Superwash von Sandnes Garn.

Anleitung

Die Mütze wird mit der 40 cm langen Rundstricknadel gestrickt, die letzten Runden mit dem Nadelspiel.

Größe: Klein (Groß)

114 (136) Maschen in der Musterfarbe mit der Rundstricknadel anschlagen und zum Ring schließen.

① Nach Diagramm 1 stricken. Die erste Runde mit abwechselnd 1 Masche rechts, 1 Masche links über 12 (15) Runden wiederholen.

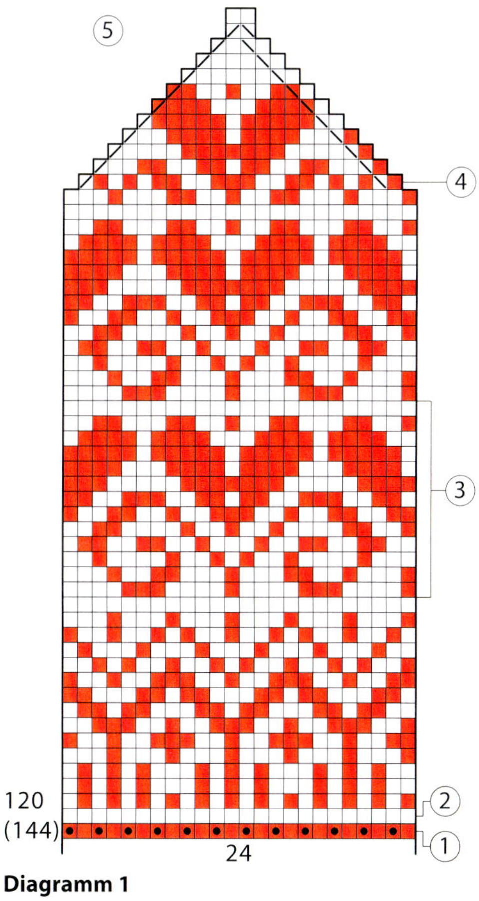

Diagramm 1
Mütze

② 6 (8) Maschen gleichmäßig verteilt zunehmen auf 120 (144) Maschen. Nach jeweils 24 Maschen einen Maschenmarkierer einhängen. Das Muster wird 5 (6) -mal in der Runde wiederholt.

③ Große Mütze: die Musterbordüre 2-mal wiederholen.

④ Mit dem Abnehmen beginnen wie im Diagramm angegeben. Zum Nadelspiel wechseln, wenn die Rundstricknadel zu lang ist.

⑤ Den Faden abschneiden und durch die letzten Maschen ziehen. Auf der Rückseite gut vernähen.

■ □	rechte Masche
●	linke Masche
⟋	nach rechts abnehmen
⟍	nach links abnehmen

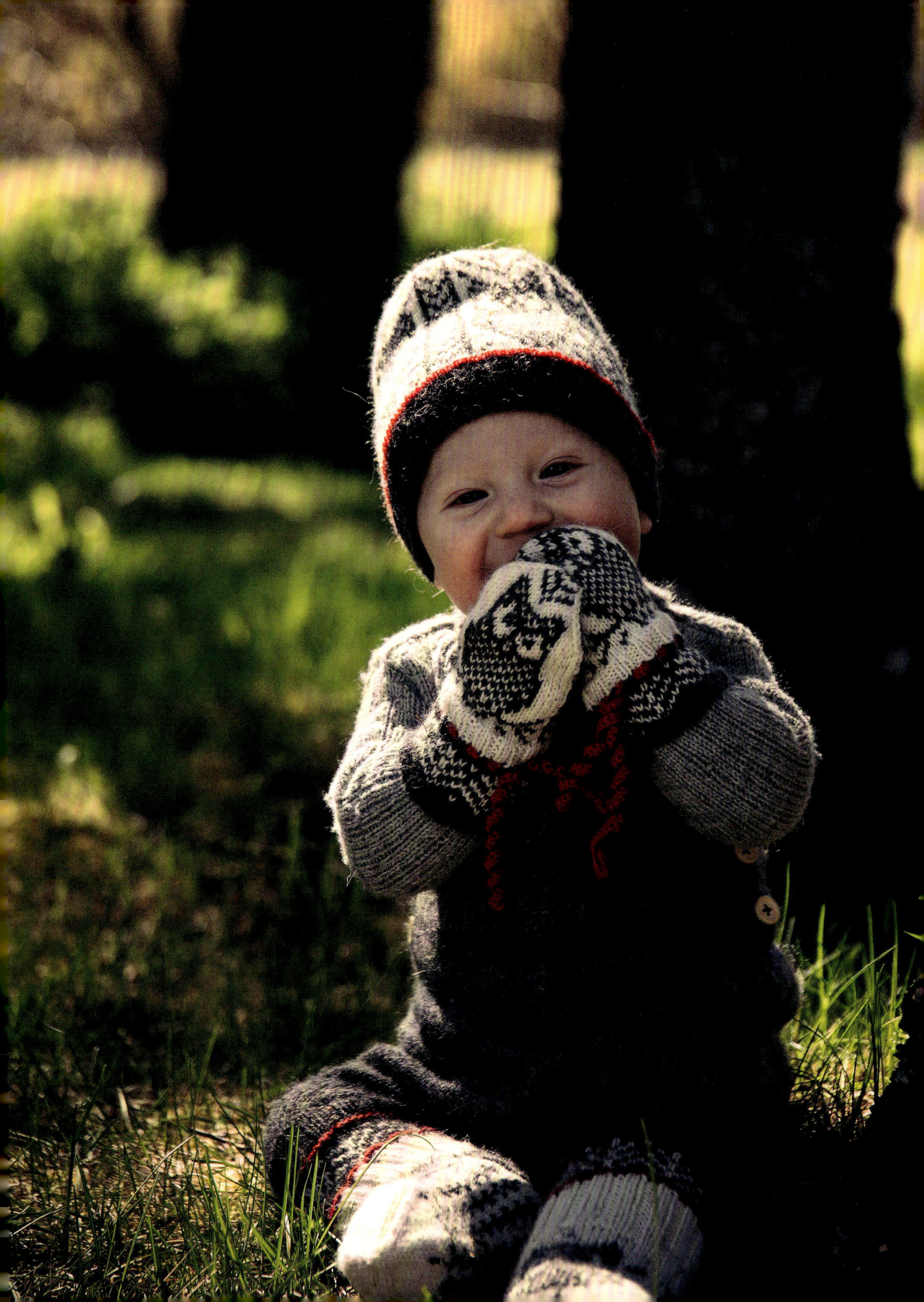

EULENKIND

Die kleinen Eulenkinder sitzen verwundert oben im Baum und schauen die Welt um sich herum mit großen Augen an. Eines Tages hüpfen sie plötzlich aus ihrem Nest in die Welt. Die Eulenkinder auf den Socken breiten ihre kleinen Flügel aus, aber die auf den Fäustlingen und der Mütze sitzen noch mit eng angelegten Flügeln im Nest.

Für diese Kleidungsstücke wird weißes und graues Garn verwendet mit einem roten Streifen als Kontrastfarbe.

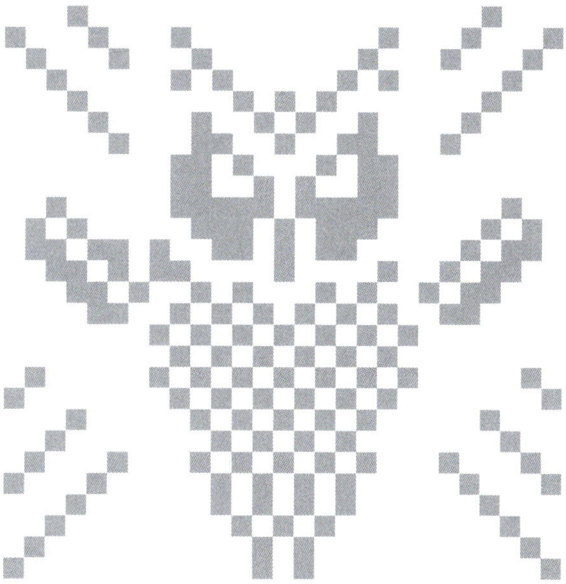

KLEINE FÄUSTLINGE

Die Fäustlinge haben eine Lochrunde für ein Band. Statt einen roten Streifen einzustricken, wurde ein langes Spiralband in Rot eingezogen.

Ungefähres Alter	*Garn*	*Nadeln*	*Breite*
1–2 JAHRE	BABYGARN	2½	6,5 CM
3–5 JAHRE	DÜNNES GARN	2½–3	7–7½ CM

GROSSE FÄUSTLINGE

Ungefähres Alter	*Garn*	*Nadeln*	*Breite*
3–5 JAHRE	DÜNNES GARN	2 ½–3	7,5–8 CM
6–8 JAHRE	DICKES GARN	3	8–8,5 CM

SOCKEN

Die endgültige Fußlänge wird bei der Abnahme für die Zehen festgelegt.
Tipp: Orientiere dich an einer Socke, die gut passt.

Ungefähres Alter	*Garn*	*Nadeln*	*Breite vom Schaft/Fuß*
3–5 JAHRE	DÜNNES GARN	2 ½–3	7,5–8 CM
6 - 8 JAHRE	DICKES GARN	2 ½–3	8,5–9 CM

MÜTZE IN 2 GRÖSSEN

Ungefähres Alter	*Garn*	*Nadeln*	*ca. Kopfumfang*	*Größe*
1–2 JAHRE	BABYGARN/ DÜNNES GARN	2 ½–3	46–50 CM	KLEIN
3–5 JAHRE	DÜNNES GARN	3	52–54 CM	GROSS
3–5 JAHRE	DICKES GARN	3–3 ½	52–54 CM	KLEIN
6–8 JAHRE	DICKES GARN	3–3 ½	56–58 CM	GROSS

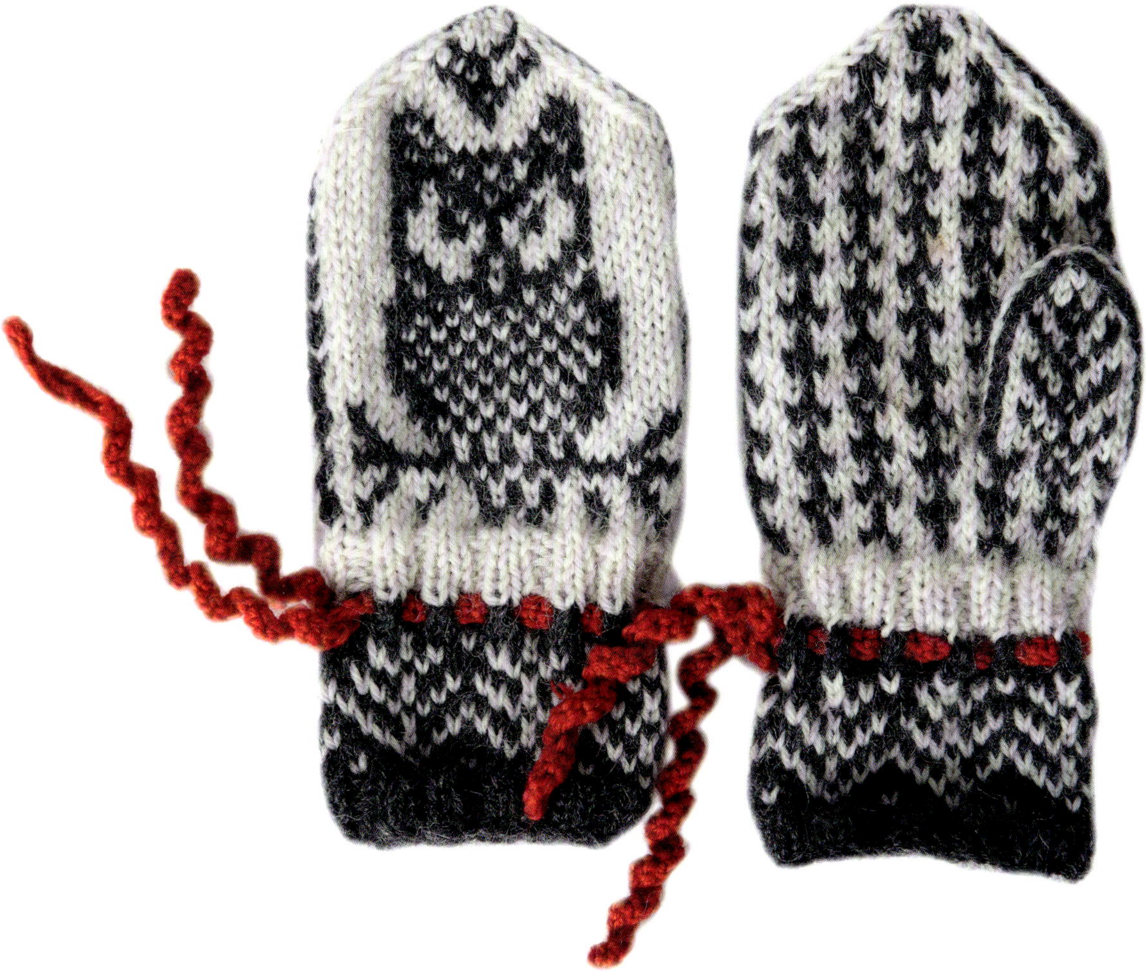

EULENKIND FÄUSTLINGE

(KLEIN)

Die Modelle sind mit Mini Sterk von Du Store Alpakka in Grau und Natur gestrickt. Das rote Garn ist ein Rest in einer ähnlichen Qualität.

Anleitung

Der rechte und der linke Fäustling werden gleich gestrickt, nur die Stelle für den Daumen variiert. Einen Fäustling mit dem Daumen links und einen Fäustling mit dem Daumen rechts stricken.

44 Maschen in der Musterfarbe mit dem Nadelspiel in Grau anschlagen, gleichmäßig auf 4 Nadeln verteilen und zu einem Ring schließen. Ein Rippenbündchen 2 Maschen rechts, 2 Maschen links über 4 Runden stricken.

① Nach Diagramm 1 stricken. Erste Runde: auf jeder Nadel 1 Masche zunehmen auf 48 Maschen.

② Lochrunde für Band.

③ Öffnung für den Daumen: einen losen Faden in einer anderen Farbe über die 9 markierten Maschen mitlaufen lassen. Die Maschen zurück auf die linke Nadel schieben und das Muster von der Markierung aus wiederholen.

④ Mit dem Abnehmen beginnen. An den Seiten nach Anleitung im Diagramm abnehmen.

⑤ Die letzten Maschen von Vorder- und Rückseite zusammennähen. Dazu den dunklen Faden verwenden und im Maschenstich nähen.

⑥ Daumen: den losen Faden herausziehen, die 9 Maschen auf die Nadeln aufnehmen und 9 Maschen auf der anderen Seite anschlagen. Nach Diagramm 2 stricken. Erste Runde: auf 22 Maschen zunehmen, indem auf jeder Seite 2 Maschen zugenommen werden, vgl. Diagramm.

⑦ Mit dem Abnehmen beginnen.

⑧ Faden abschneiden und durch die letzten Maschen ziehen.

Ein Band in rotem Garn häkeln und durch die Lochrunde ziehen. Für dieses Modell wird ein Band gehäkelt, vgl. S. 20.

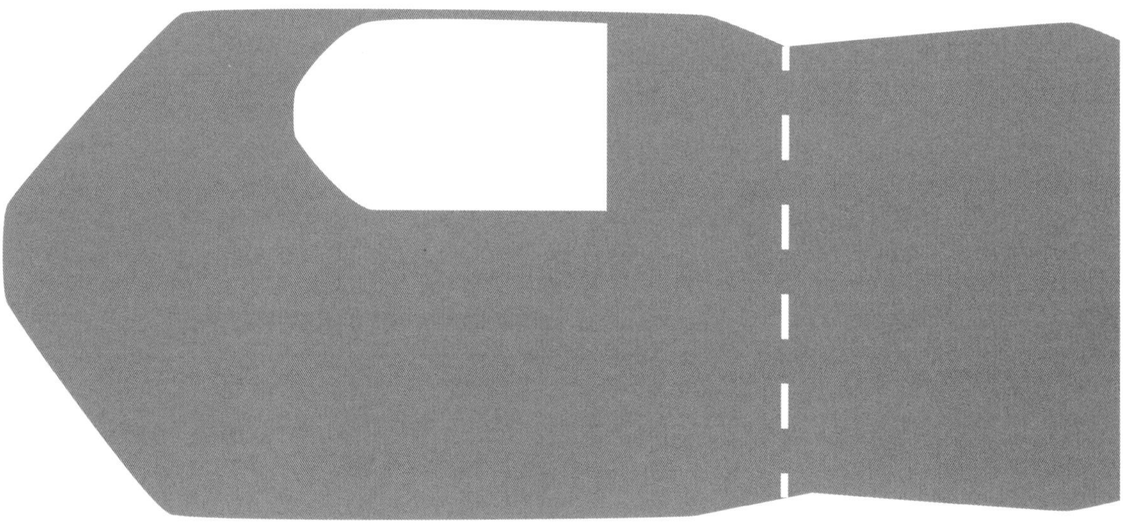

Eulenkind, Fäustling (Klein)

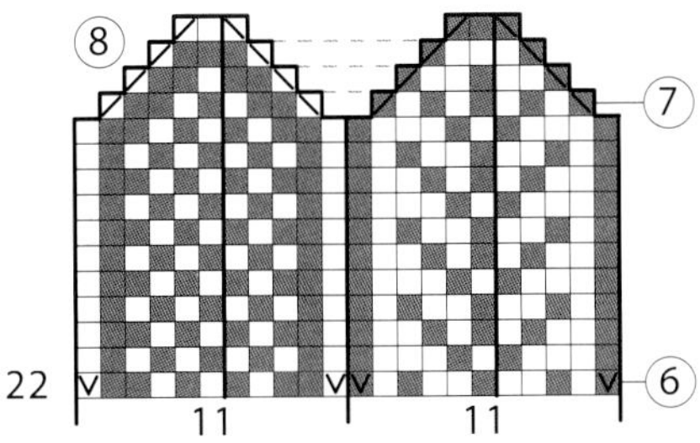

Diagramm 2
Daumen

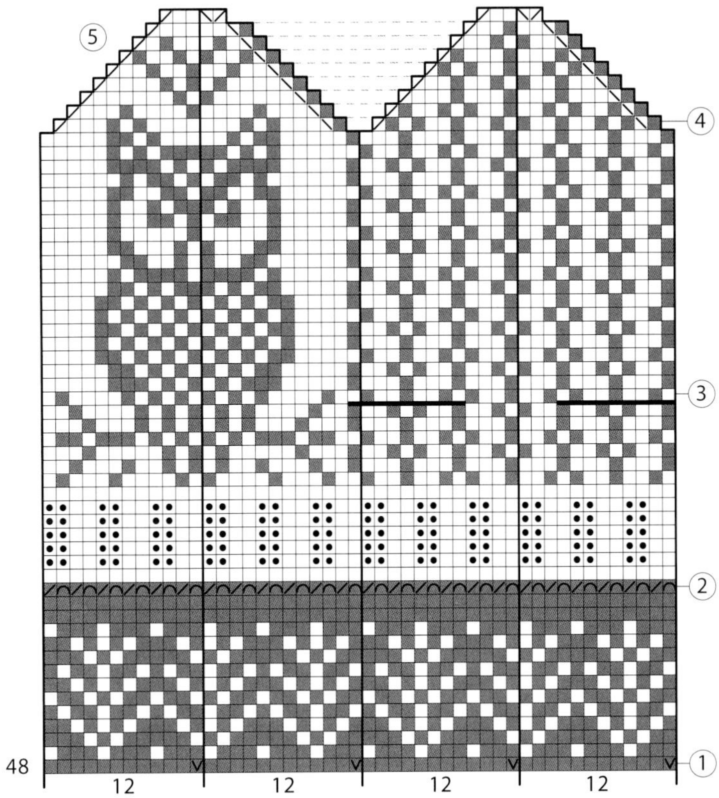

Diagramm 1
Rechter oder linker Fäustling

- rechte Masche
- linke Masche
- 1 Masche zunehmen
- nach rechts abnehmen
- nach links abnehmen
- Umschlag

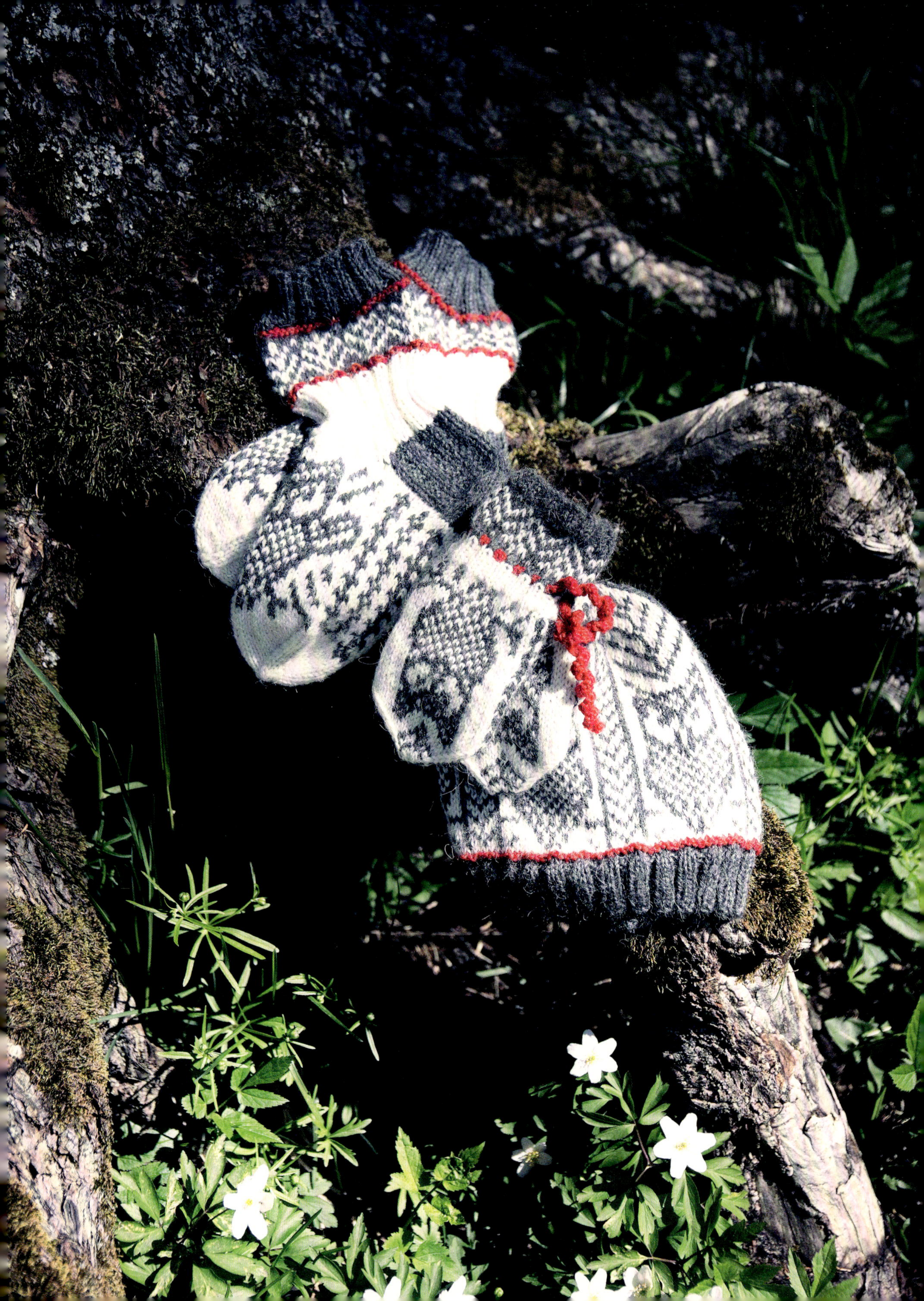

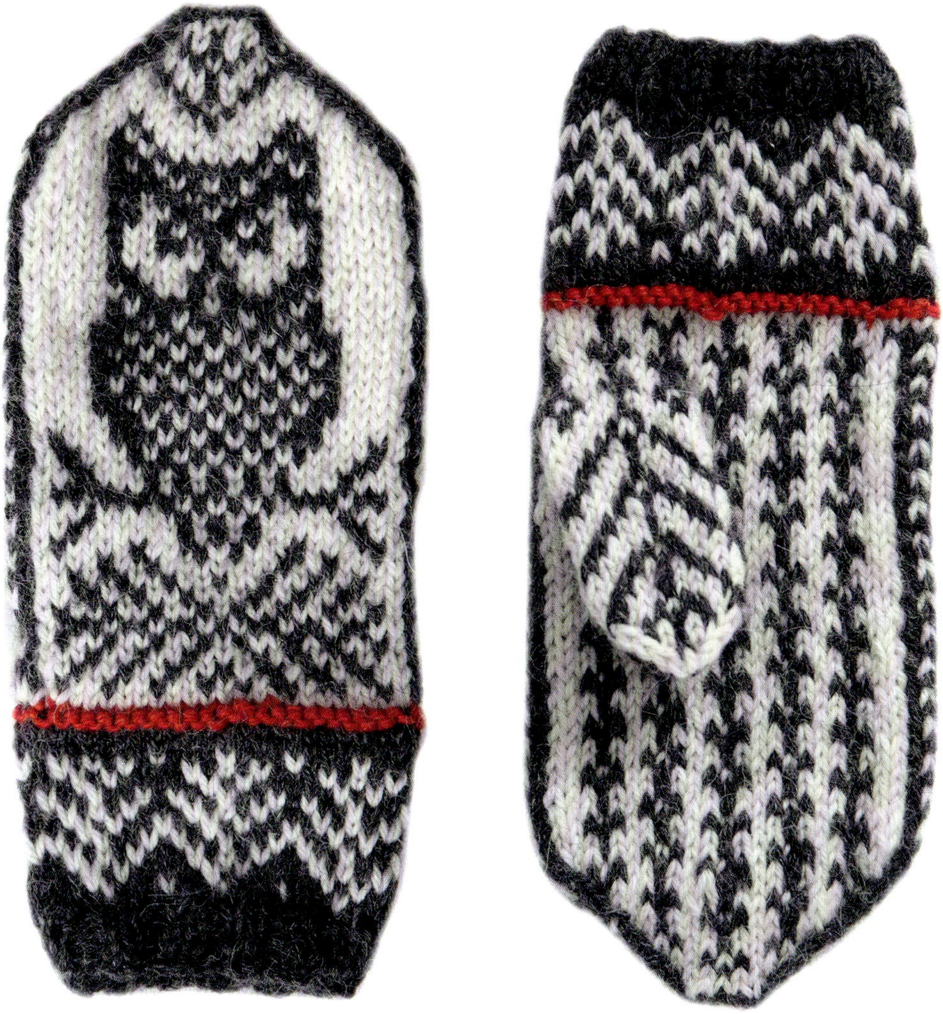

EULENKIND FÄUSTLINGE (GROSS)

Die Modelle sind mit Mini Sterk von Du Store Alpakka in Grau und Natur gestrickt. Das rote Garn ist ein Rest in einer ähnlichen Qualität.

Anleitung

Der rechte und der linke Fäustling/Fausthandschuh werden gleich gestrickt, nur die Stelle für den Daumen variiert. Einen Fäustling mit dem Daumen links und einen Fäustling mit dem Daumen rechts stricken.

44 Maschen in der Musterfarbe mit dem Nadelspiel in Grau anschlagen, gleichmäßig auf 4 Nadeln verteilen und zu einem Ring schließen. Ein Rippenbündchen 2 Maschen rechts, 2 Maschen links über 4 Reihen stricken.

① Nach Diagramm 1 stricken. Erste Runde: auf jeder Nadel 1 Masche zunehmen auf 48 Maschen.

② Auf jeder Seite 2 Maschen zunehmen, vgl. Diagramm.

③ Öffnung für den Daumen: einen losen Faden in einer anderen Farbe über die 10 markierten Maschen mitlaufen lassen. Die Maschen zurück auf die linke Nadel schieben und das Muster von der Markierung aus wiederholen.

④ Mit dem Abnehmen beginnen. An den Seiten nach Anleitung im Diagramm abnehmen.

⑤ Die letzten Maschen von Vorder- und Rückseite zusammennähen. Dazu den dunklen Faden verwenden und im Maschenstich nähen.

⑥ Daumen: den losen Faden herausziehen, die 10 Maschen auf die Nadeln aufnehmen und 10 Maschen auf der anderen Seite anschlagen. Nach Diagramm 2 (Daumen) stricken. Erste Runde: auf 22 Maschen zunehmen, indem auf jeder Seite 1 Masche zugenommen wird, vgl. Diagramm.

⑦ Mit dem Abnehmen beginnen.

⑧ Faden abschneiden und durch die letzten Maschen ziehen.

Eulenkind, Fäustling (groß)

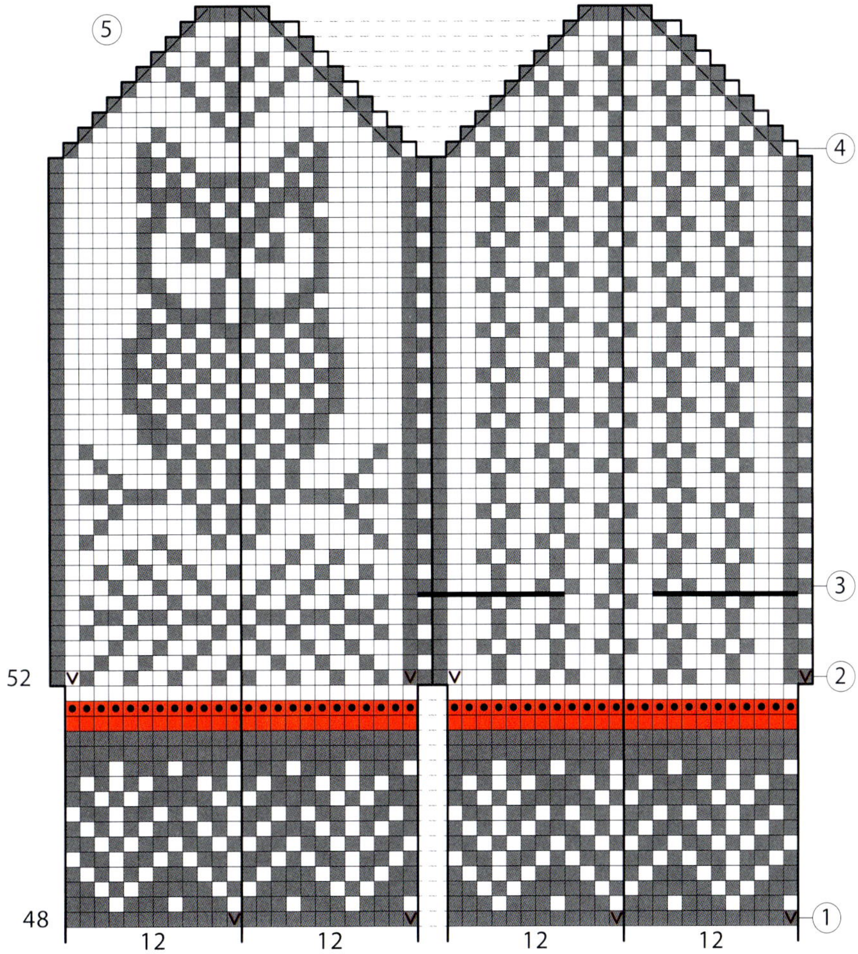

Diagramm 1
Rechter und linker Fäustling

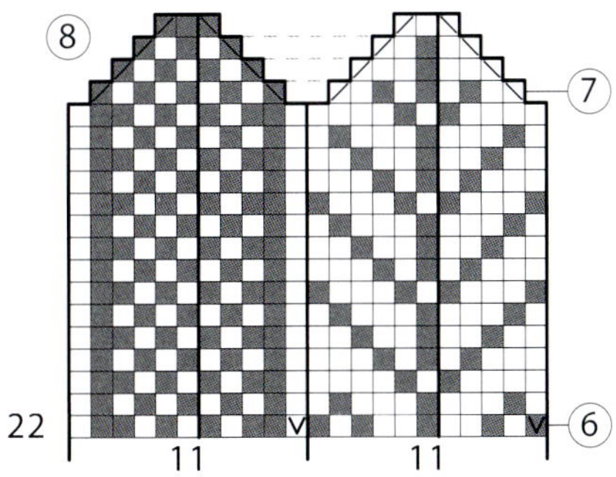

Diagramm 2
Daumen

- rechte Masche
- linke Masche
- 1 Masche zunehmen
- nach rechts abnehmen
- nach links abnehmen

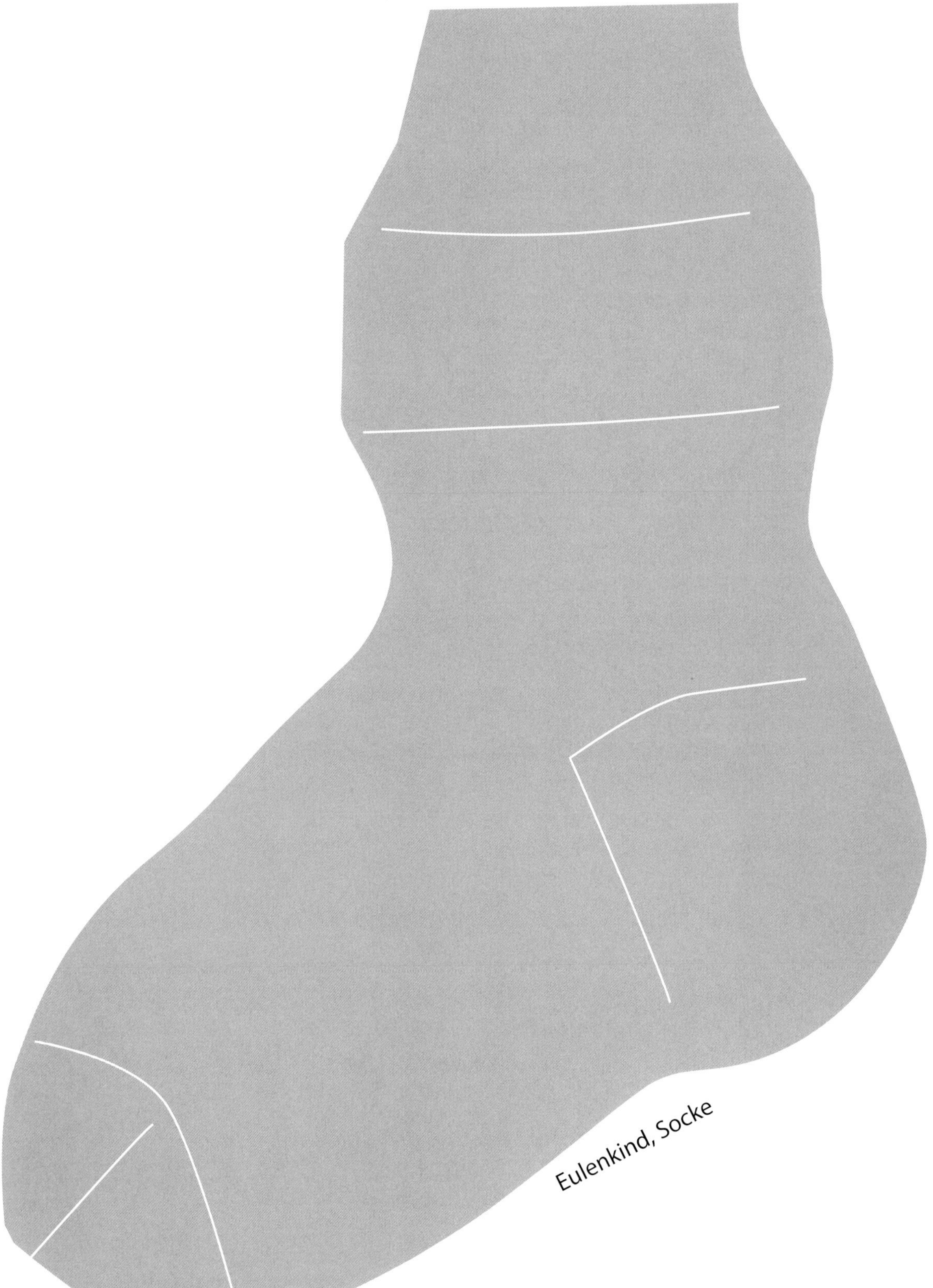
Eulenkind, Socke

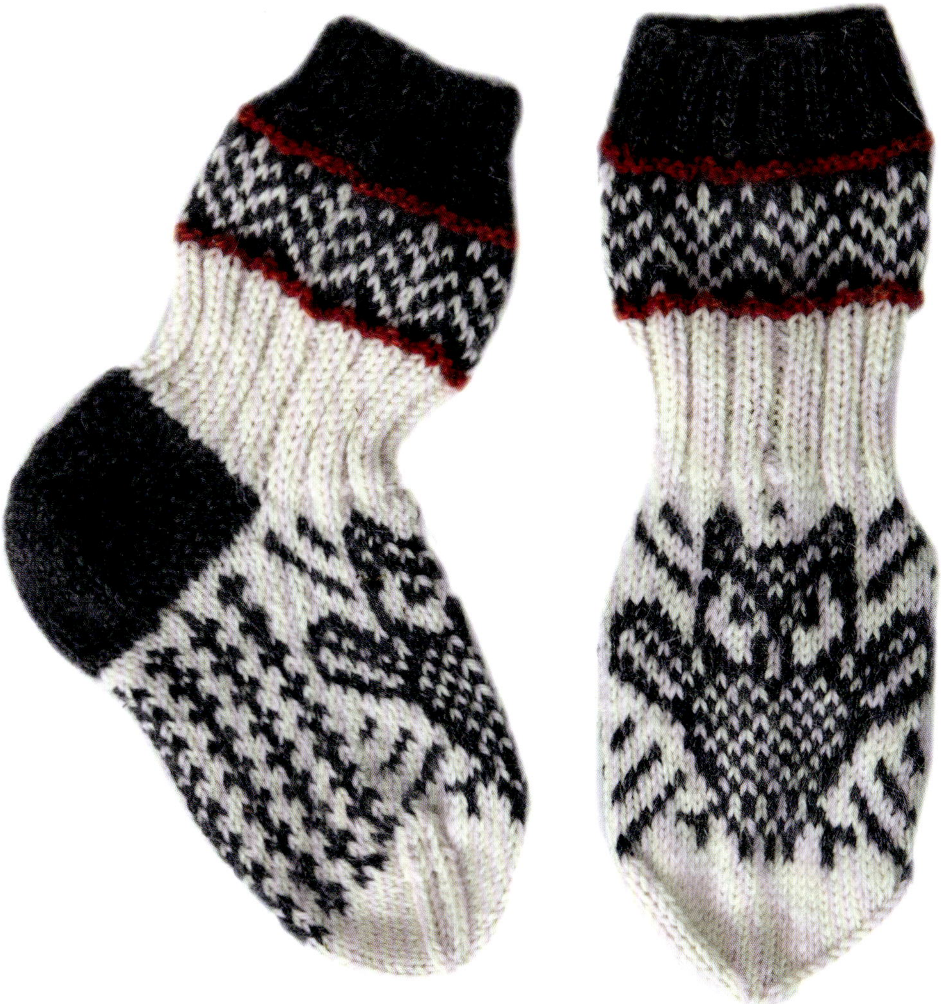

EULENKIND
SOCKEN

Die Modelle sind mit Ministerk von Du Store Alpakka in Grau und Natur gestrickt.
Das rote Garn ist ein Rest in einer ähnlichen Qualität.

Anleitung

Wenn die Socken eng anliegen sollen, kann man für die Teile, die mit nur einem Faden gestrickt werden, eine Nadel verwenden, die eine halbe Nummer kleiner ist.

① 52 Maschen mit der Rundstricknadel in Grau anschlagen und zu einem Ring schließen. Nach Diagramm 1 stricken und das Muster in der ersten Runde fortlaufend wiederholen. Die erste Runde mit 2 Maschen rechts, 2 Maschen links 12 Runden wiederholen. Die Runde beginnt in der Mitte hinten.

② 4 Maschen zunehmen (immer die erste auf jeder Nadel) auf 56 Maschen.

③ Ein Bündchen stricken, die Runde 15-mal wiederholen.

④ Nach Diagramm 2 die Ferse stricken: zu Natur wechseln, den grauen Faden aber nicht abschneiden.

⑤ Die Arbeit wenden und 30 linke Maschen mit Grau zurück stricken. Die 26 Maschen davor auf den Nadeln stilllegen, bis die Ferse fertig ist.

⑥ Diese 2 Reihen (hin und zurück) wiederholen, bis die Ferse insgesamt 21 Reihen in Grau hoch ist.

⑦ Abnehmen: die erste Masche locker abheben, 19 Maschen stricken, dann 2 rechts verschränkt zusammenstricken. Wenden.

⑧ Diese 2 Reihen wiederholen, bis noch 12 Maschen auf den Nadeln sind. Nach links: die erste Masche locker abheben, 10 Maschen links stricken, 2 Maschen links zusammenstricken. Wenden. Nach rechts: die erste Masche locker abheben, 10 Maschen rechts stricken, 2 Maschen rechts verschränkt zusammenstricken.

⑨ Nach Diagramm 3 (Fuß) weiterarbeiten. Mit den Maschen beginnen, die stillgelegt wurden. Eine Masche zunehmen, über die stillgelegten 26 Maschen der Fersenmitte stricken, 1 Masche zunehmen. Entlang der Seitenkante der Ferse 10 Maschen aufnehmen und stricken, die 12 Maschen in der Fersenmitte stricken und entlang der anderen Seitenkante der Ferse 10 Maschen aufnehmen und stricken. Rund weiterstricken.

⑩ An jeder Seite eine Masche abnehmen wie im Diagramm gezeigt.

⑪ Nach Diagramm 4 für die Zehen abnehmen. Das Diagramm 2-mal pro Runde wiederholen.

⑫ In diesem Diagramm wird in jeder Runde abgenommen. Dadurch beginnen 3 cm nach der Abnahme die Zehenspitzen.

Wenn man nur in jeder zweiten Runde abnimmt, wird die Abnahme schmaler und es sind 6 cm bis zu den Zehenspitzen. Fäden abschneiden und durch die letzten Maschen ziehen.

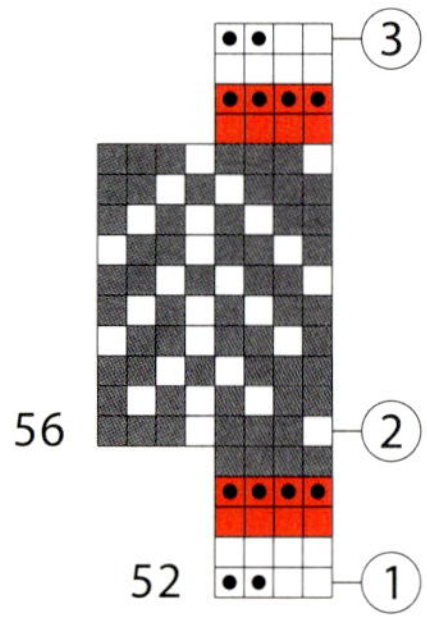

Diagramm 1

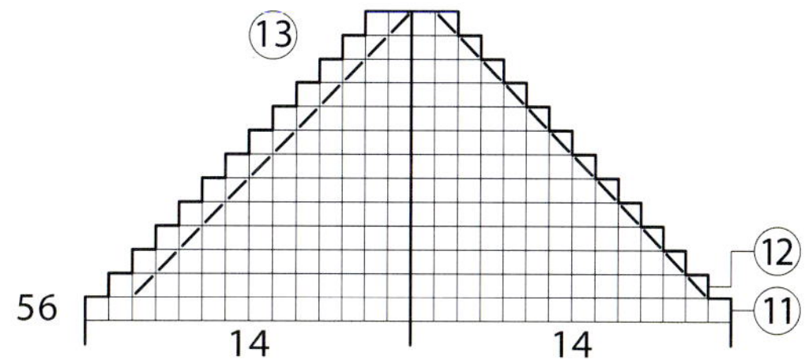

Diagramm 4
Zehenabnahme

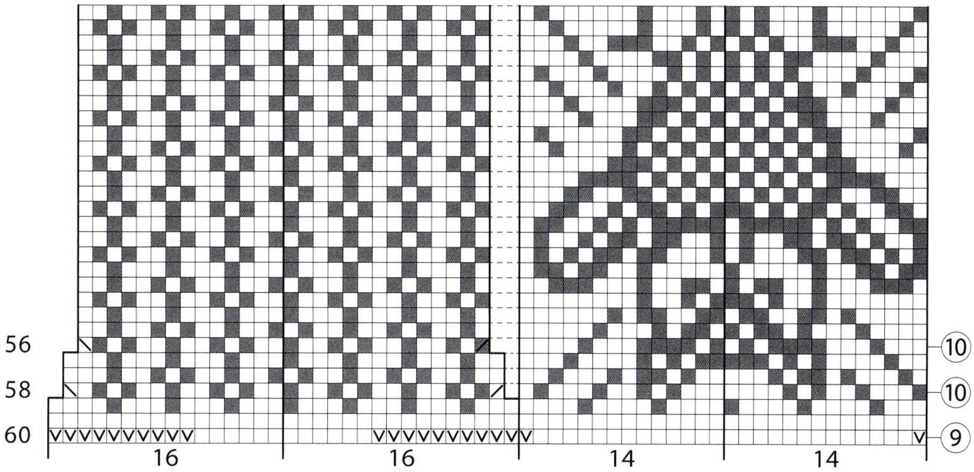

Diagramm 3
Rechter Fuß

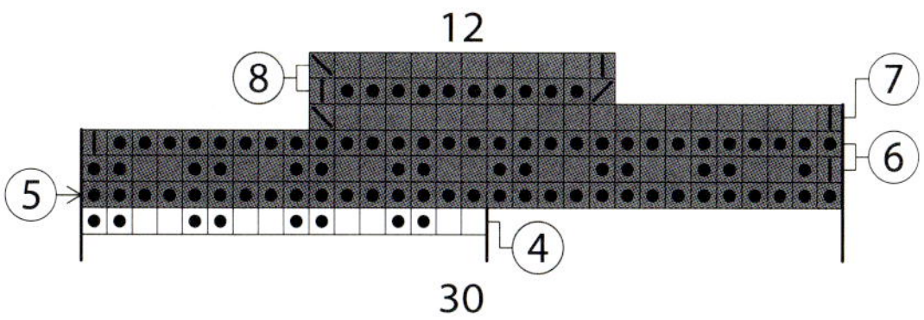

Diagramm 2
Ferse

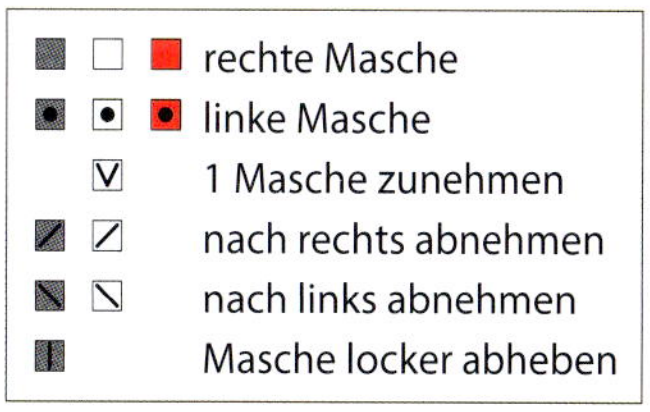

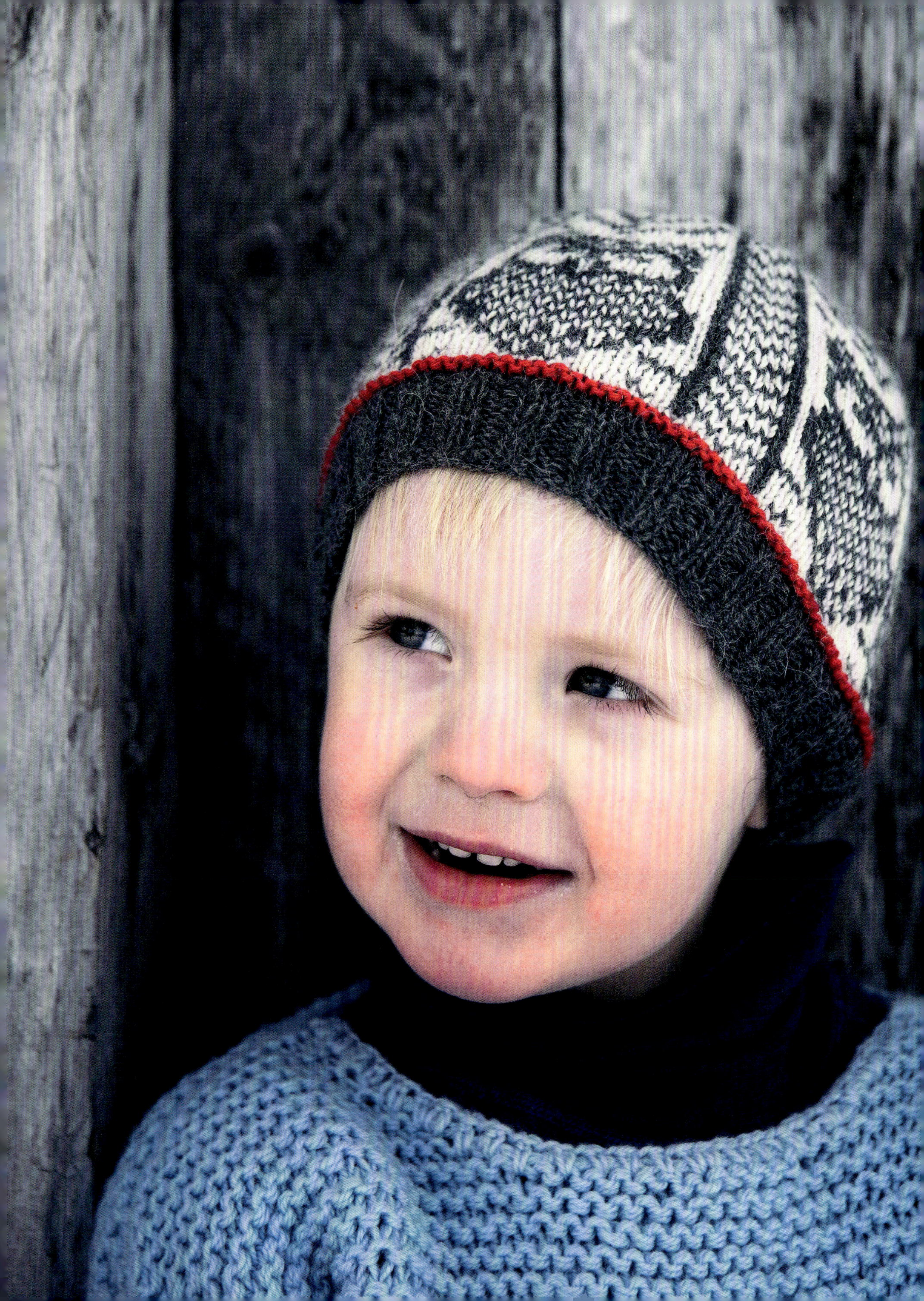

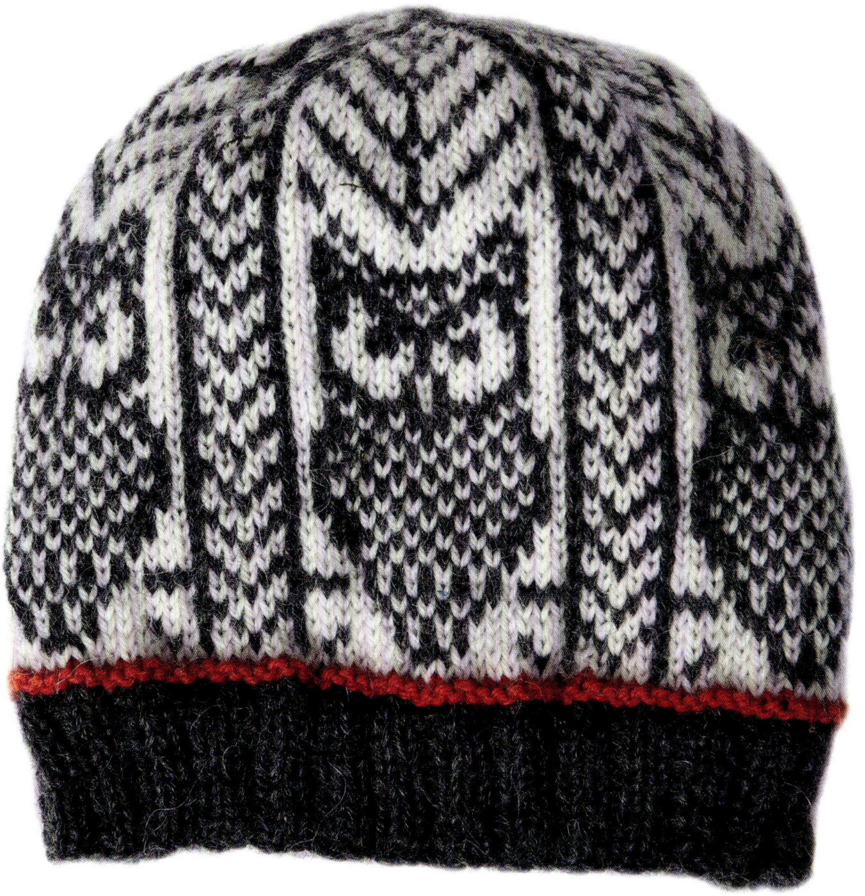

EULENKIND
MÜTZE

Die Modelle sind mit Ministerk von Du Store Alpakka in Grau und Natur gestrickt. Das rote Garn ist ein Rest in einer ähnlichen Qualität.

Anleitung

Die Mütze wird mit der 40 cm langen Rundstricknadel gestrickt, die letzten Runden mit dem Nadelspiel.

Größe: Klein (Groß)

116(124) Maschen in Grau mit der Rundstricknadel anschlagen und zum Ring schließen.

① Nach Diagramm Mütze klein oder Mütze groß stricken. Die erste Runde mit abwechselnd 2 Maschen rechts, 2 Maschen links über 10 (14) Runden wiederholen.

② 4 (6) Maschen gleichmäßig verteilt zunehmen auf 120 (130) Maschen. Mit rotem Garn eine Rippe (1 Runde rechts, 1 Runde links) stricken. Nach jeweils 24 (26) Maschen einen Maschenmarkierer einhängen. Das Muster wird 5-mal in der Runde wiederholt.

③ Mit dem Abnehmen beginnen wie im Diagramm angegeben. Zum Nadelspiel mit 5 Nadeln wechseln, wenn die Rundstricknadel zu lang ist.

④ Folgendermaßen abnehmen (X): die erste Masche locker abheben, 2 Maschen rechts zusammenstricken und die abgehobene Masche darüber ziehen. 1 rechte Masche stricken, in der Runde fortlaufend wiederholen.

⑤ Den Faden abschneiden und durch die letzten Maschen ziehen.

- rechte Masche
- linke Masche
- nach rechts abnehmen
- nach links abnehmen

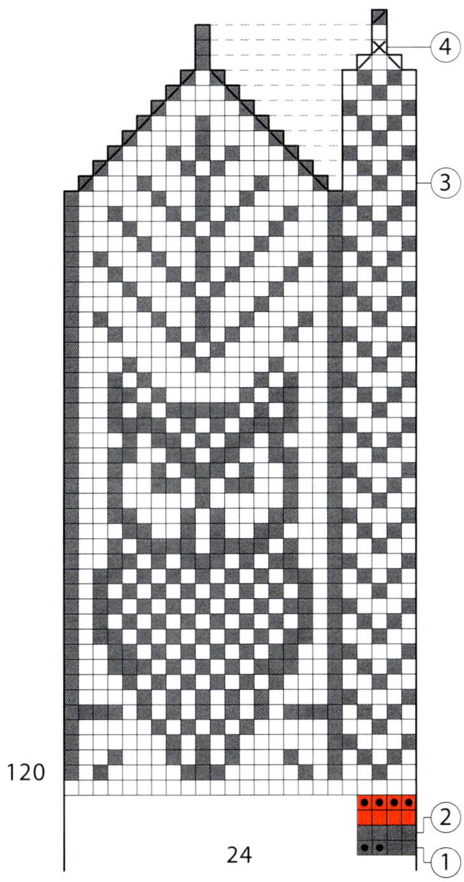

Kleine Mütze

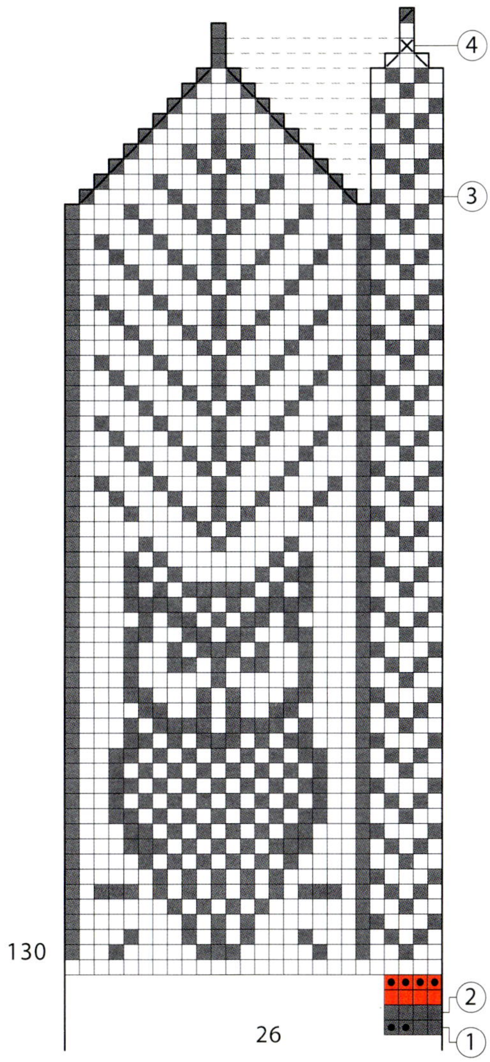

Große Mütze

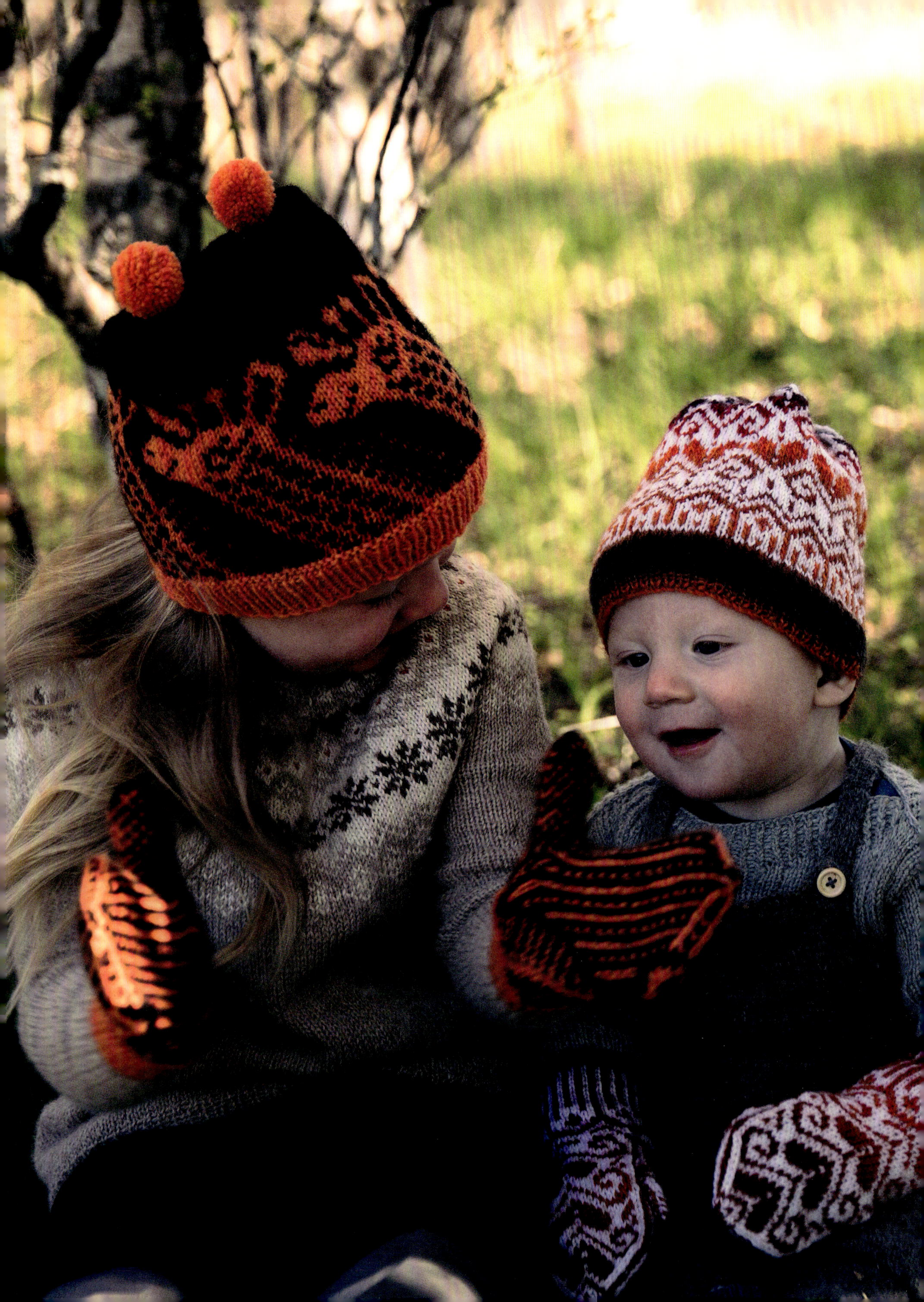

GIRAFFEN

Diese großen und interessanten Tiere können sowohl süß als auch etwas unheimlich wirken, aber als Motiv auf Fäustlingen, Socken oder Mütze sind sie einfach nur schön und vollkommen ungefährlich. Die Giraffen werden in Orange oder einem Garn mit Farbverlauf vor einem schwarzen Hintergrund gestrickt. Hier kannst du dich aber auch mit allen Farben, die das Garngeschäft zu bieten hat, austoben, denn den Giraffen steht jede erdenkliche Farbe gleich gut.

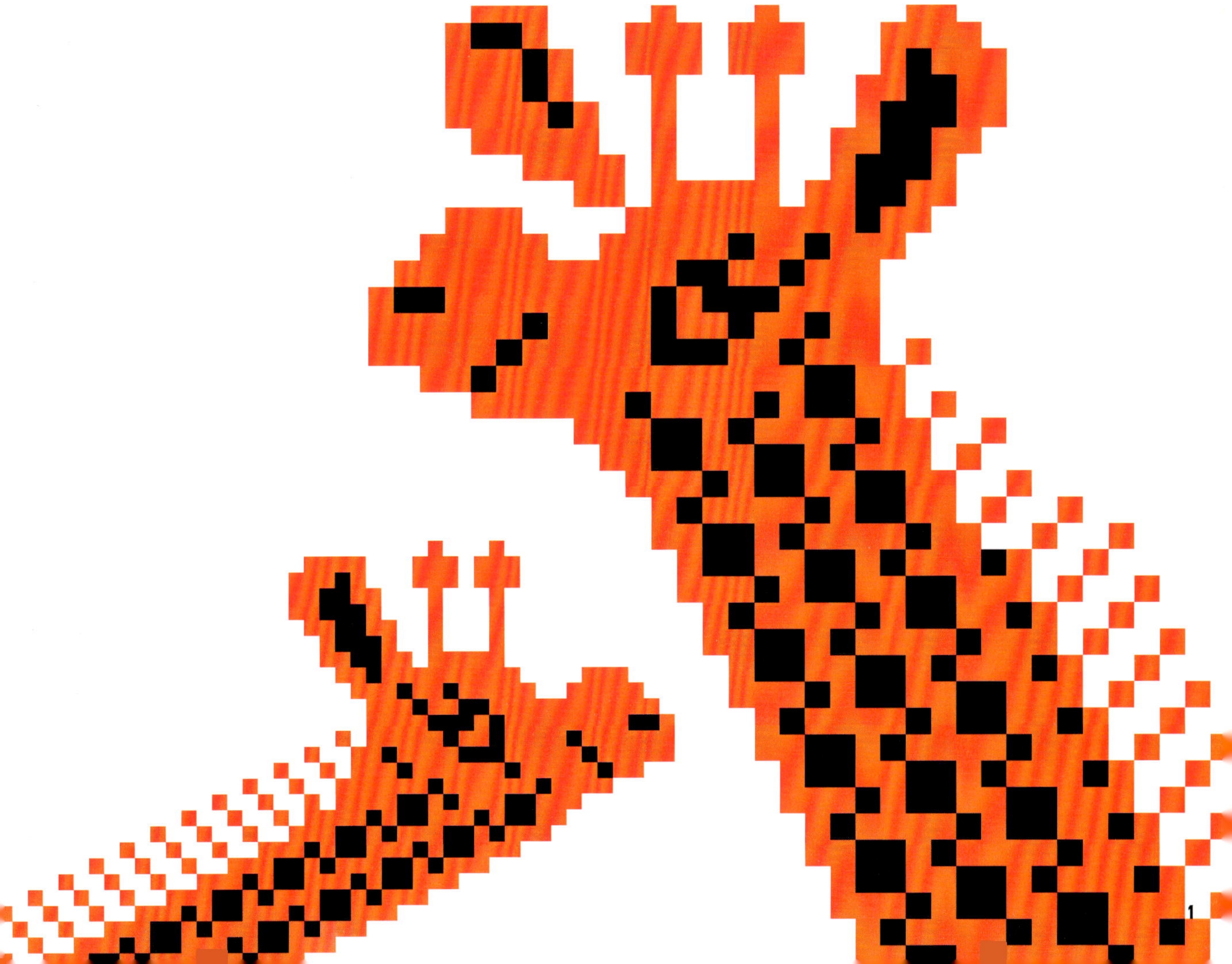

KLEINE FÄUSTLINGE

Ungefähres Alter	*Garn*	*Nadeln*	*Breite*
1–2 JAHRE	BABYGARN	2½	6,5 CM
3–5 JAHRE	DÜNNES GARN	2½–3	7–7½ CM

GROSSE FÄUSTLINGE

Ungefähres Alter	*Garn*	*Nadeln*	*Breite*
3–5 JAHRE	DÜNNES GARN	2 ½–3	7,5–8 CM
6–8 JAHRE	DICKES GARN	3	8–8,5 CM

SOCKEN

Die endgültige Fußlänge wird bei der Abnahme für die Zehen festgelegt.
Tipp: Orientiere dich an einer Socke, die gut passt.

Ungefähres Alter	*Garn*	*Nadeln*	*Breite vom Schaft/Fuß*
3–5 JAHRE	DÜNNES GARN	2 ½–3	7,5–8 CM
6–8 JAHRE	DICKES GARN	2 ½–3	8,5–9 CM

MÜTZE IN 2 GRÖSSEN

Die Anleitung für zusätzliche Ohrenklappen und Bommel findest du auf S. 20 und 19.

Ungefähres Alter	*Garn*	*Nadeln*	*ca. Kopfumfang*
1–2 JAHRE	BABYGARN	2 ½–3	46–50 CM
3–5 JAHRE	DÜNNES GARN	3	52–54 CM
6–8 JAHRE	DICKES GARN	3–3 ½	55–56 CM

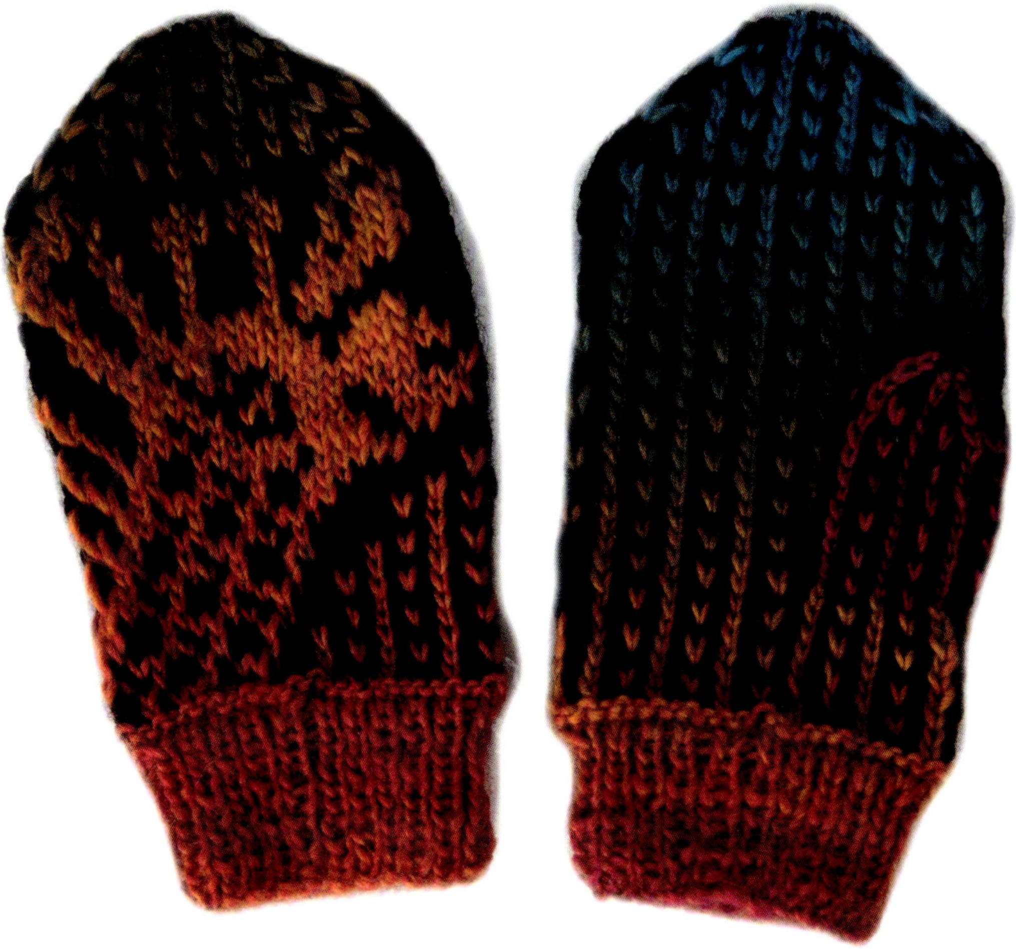

GIRAFFEN-FÄUSTLINGE (KLEIN)

Die Modelle sind mit Baby Panda von Rauma Garn in Schwarz und Nordlys von Viking mehrfarbig Nr. 964, gestrickt.

Anleitung

44 Maschen in der Musterfarbe mit dem Nadelspiel anschlagen, gleichmäßig auf 4 Nadeln verteilen und zu einem Ring schließen. 12 Runden 1 Masche rechts, 1 Masche links stricken.

① Nach Diagramm 1 (rechter Fäustling) oder Diagramm 2 (linker Fäustling) stricken. Erste Runde: nach Diagramm auf 48 Maschen zunehmen.

② Öffnung für den Daumen: einen losen Faden in einer anderen Farbe über die 9 markierten Maschen mitlaufen lassen. Die Maschen zurück auf die linke Nadel schieben und das Muster von der Markierung aus wiederholen.

③ Mit dem Abnehmen beginnen. An den Seiten nach Anleitung im Diagramm abnehmen.

④ Die letzten Maschen von Vorder- und Rückseite zusammennähen. Dazu den dunklen Faden verwenden und im Maschenstich nähen.

⑤ Daumen: den losen Faden herausziehen, die 9 Maschen auf die Nadeln aufnehmen und 9 Maschen auf der anderen Seite anschlagen. Nach Diagramm 3 (Daumen) stricken. Erste Runde: auf 22 Maschen zunehmen, indem auf jeder Seite 1 Masche zugenommen wird, vgl. Diagramm.

⑥ Mit dem Abnehmen beginnen.

⑦ Faden abschneiden und durch die letzten 6 Maschen ziehen.

- □ ■ rechte Masche
- ⊡ linke Masche
- V V 1 Masche zunehmen
- ⁄ ⁄ nach rechts abnehmen
- ⍀ ⍀ nach links abnehmen

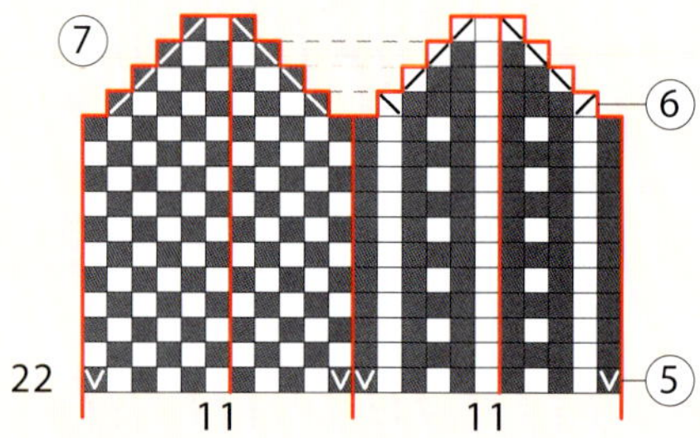

Diagramm 3
Daumen

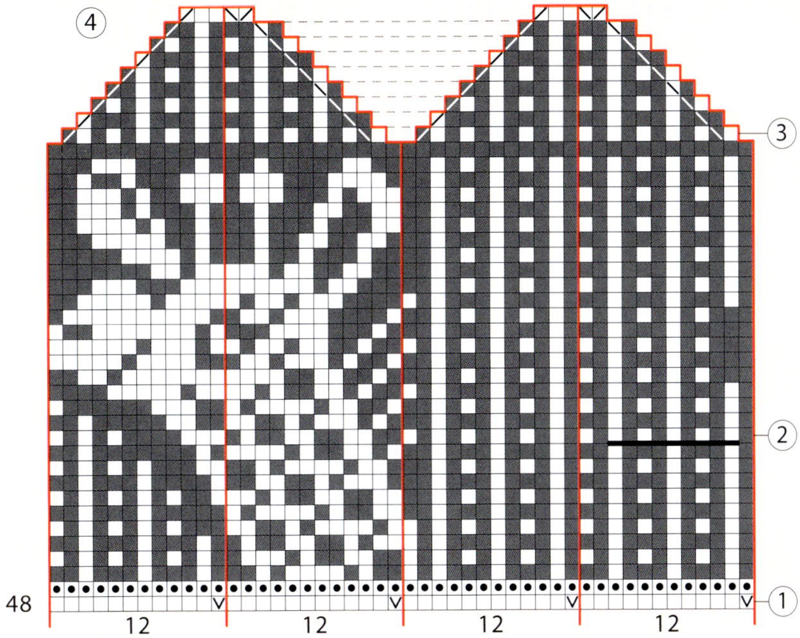

Diagramm 1
Rechter Fäustling

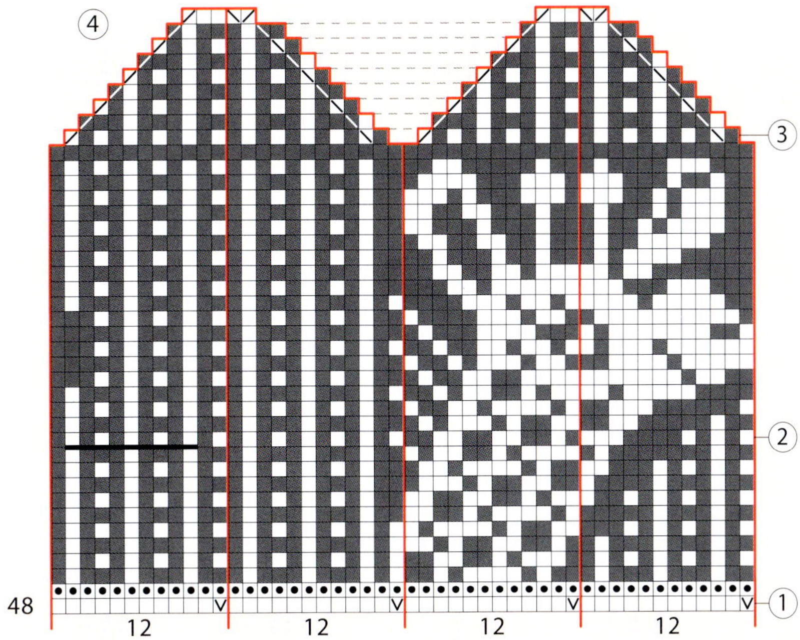

Diagramm 2
Linker Fäustling

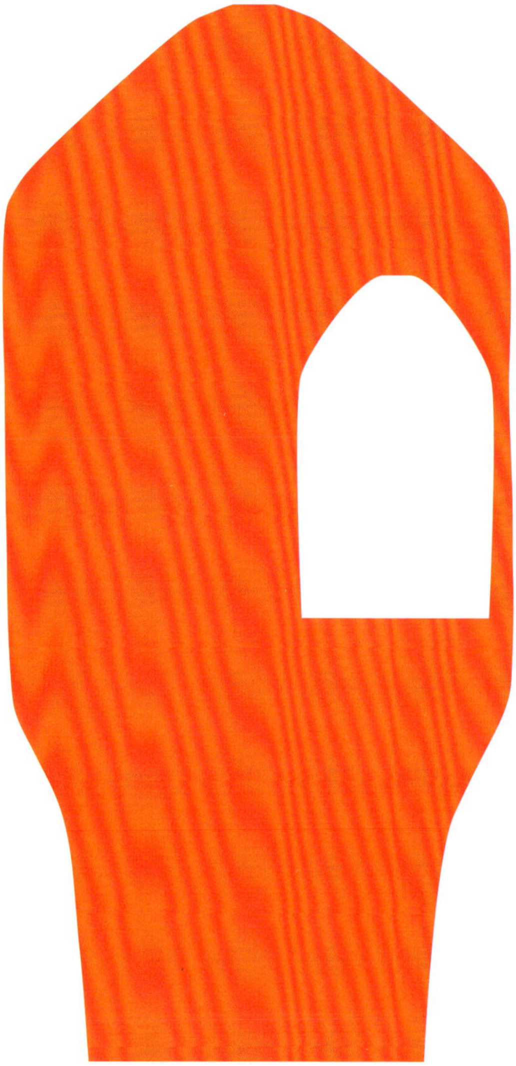

Giraffen-Fäustling (klein)

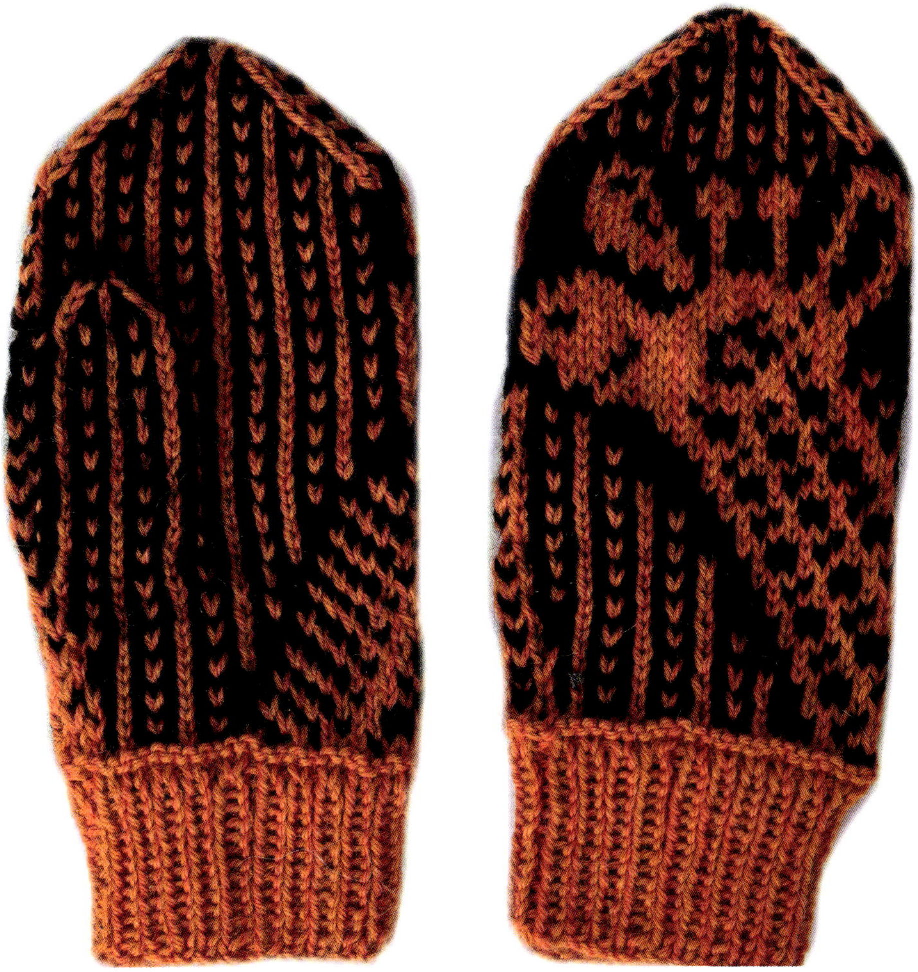

GIRAFFEN-FÄUSTLINGE (GROSS)

Die Modelle sind mit Mini Sterk von Du Store Alpakka in Orange und Schwarz gestrickt.

Anleitung

44 Maschen in der Musterfarbe mit dem Nadelspiel anschlagen, gleichmäßig auf 4 Nadeln verteilen und zu einem Ring schließen. 14 Runden 1 Masche rechts, 1 Masche links stricken.

① Nach Diagramm 1 (rechter Fäustling) oder Diagramm 2 (linker Fäustling) stricken. Erste Runde: nach Diagramm auf 48 Maschen zunehmen.

② 1 Masche zu Beginn und 1 Masche am Ende der Runde zunehmen, vgl. Diagramm.

③ Öffnung für den Daumen: einen losen Faden in einer anderen Farbe über die 9 markierten Maschen mitlaufen lassen. Die Maschen zurück auf die linke Nadel schieben und das Muster von der Markierung aus wiederholen.

④ Mit dem Abnehmen beginnen. An den Seiten nach Anleitung im Diagramm abnehmen.

⑤ Die letzten Maschen von Vorder- und Rückseite zusammennähen. Dazu den dunklen Faden verwenden und im Maschenstich nähen.

⑥ Daumen: den losen Faden herausziehen, die 9 Maschen auf die Nadeln aufnehmen und 9 Maschen auf der anderen Seite anschlagen. Nach Diagramm 3 (Daumen) stricken. Erste Runde: auf 22 Maschen zunehmen, indem auf jeder Seite 2 Maschen zugenommen werden, vgl. Diagramm.

⑦ Mit dem Abnehmen beginnen.

⑧ Faden abschneiden und durch die letzten 6 Maschen ziehen.

- □ ■ rechte Masche
- • linke Masche
- V V 1 Masche zunehmen
- ⁄ ⁄ nach rechts abnehmen
- ⧵ ⧵ nach links abnehmen

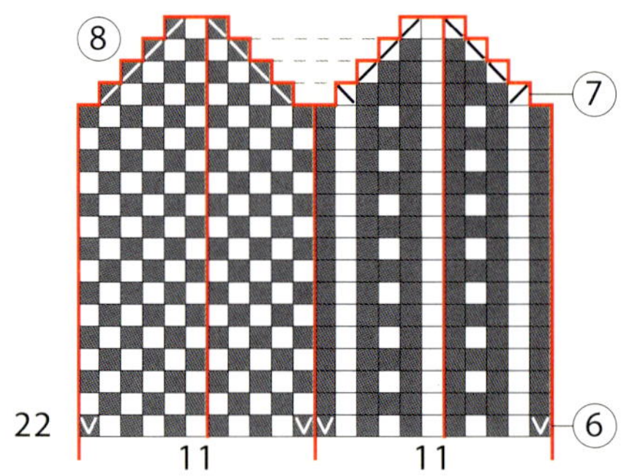

Diagramm 3
Daumen

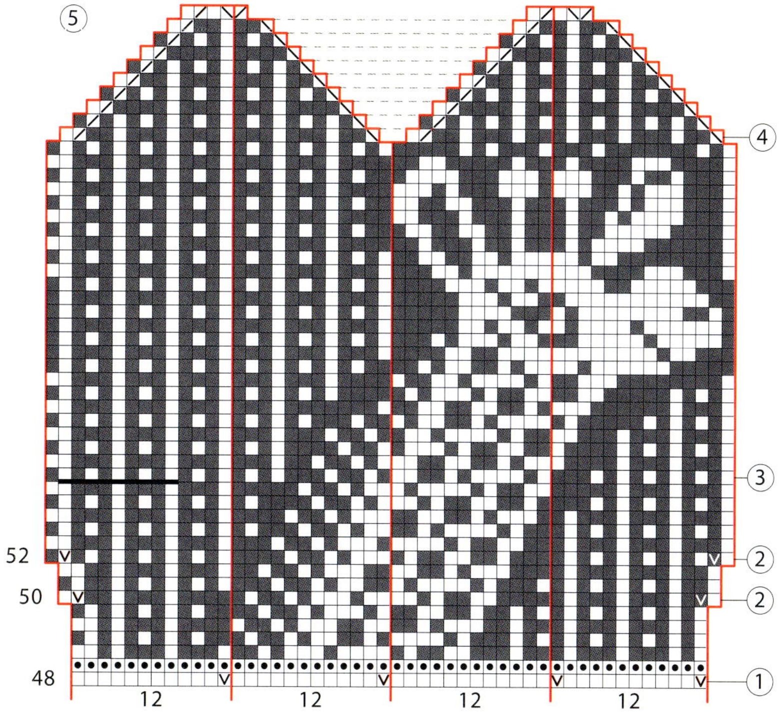

Diagramm 2
Linker Fäustling

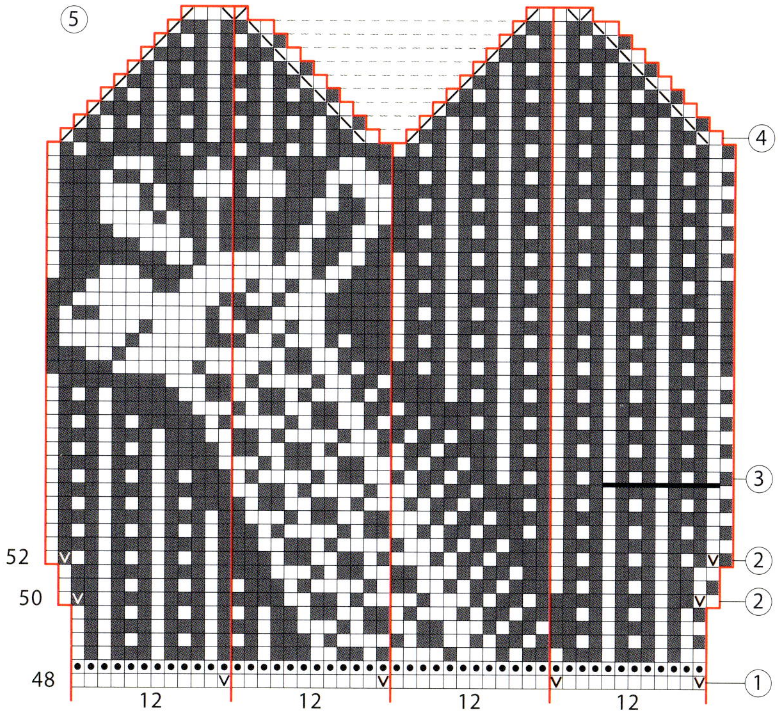

Diagramm 1
Rechter Fäustling

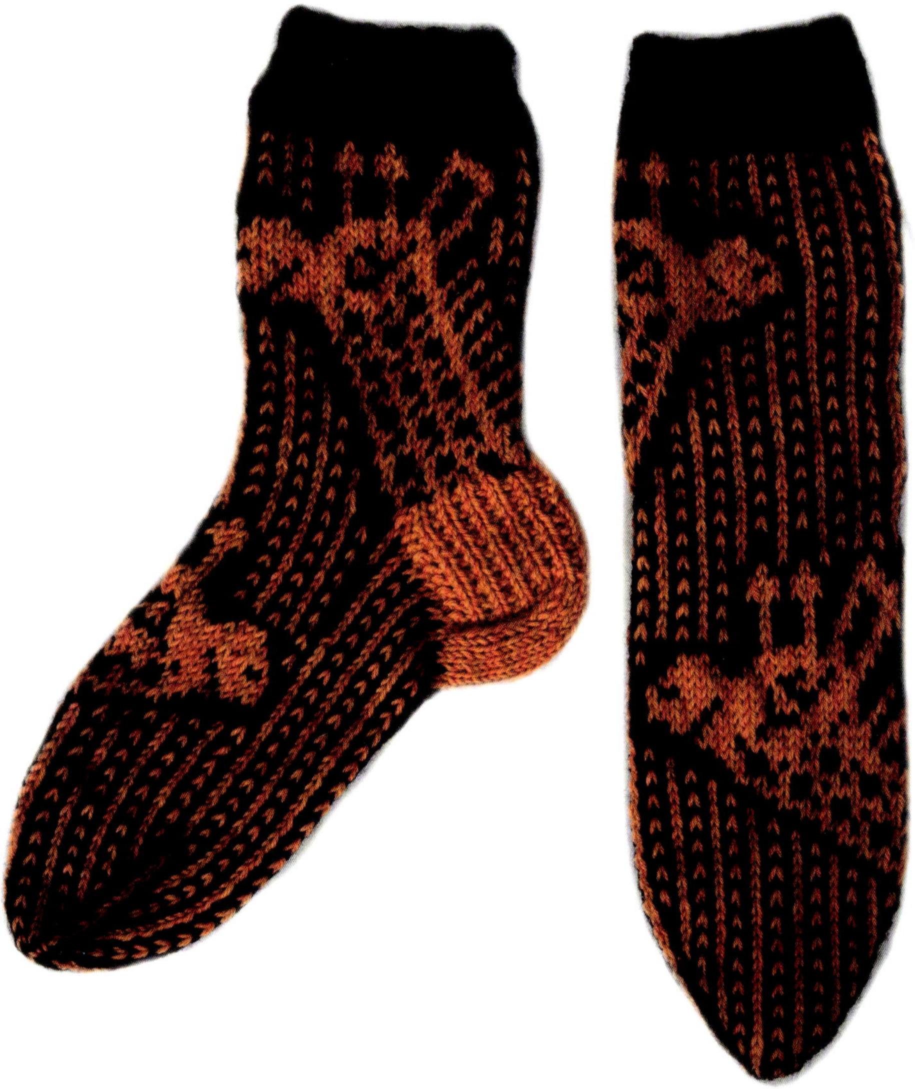

GIRAFFEN-SOCKEN

Die Modelle sind mit Mini Sterk von Du Store Alpakka in Orange und Schwarz gestrickt.

Anleitung

52 Maschen mit dem Nadelspiel in Schwarz anschlagen, auf 4 Nadeln verteilen und zu einem Ring schließen.

① Nach Diagramm 1 (rechte Socke) oder Diagramm 2 (linke Socke) stricken. Bündchen: die erste Runde mit 1 Masche rechts, 1 Masche links 10 Runden wiederholen.

② 1 Masche auf jeder Nadel zunehmen (immer die erste auf jeder Nadel) auf 56 Maschen.

③ Rechte Socke: 29 linke Maschen ab Beginn der Reihe stricken. Linke Socke: die Arbeit wenden und 29 linke Maschen stricken.

④ Diese 2 Reihen (hin und zurück) wiederholen, bis die Ferse insgesamt 21 Reihen in orange hoch ist.

⑤ Abnehmen: die erste Masche locker abheben, 18 Maschen stricken, dann 2 rechts verschränkt zusammenstricken. Wenden.

⑥ Diese 2 Reihen wiederholen, bis noch 11 Maschen auf den Nadeln sind. Nach links: die erste Masche locker abheben, 9 Maschen links stricken, dann 2 links zusammenstricken. Nach rechts: die erste Masche locker abheben, 9 Maschen rechts stricken, dann 2 rechts verschränkt zusammenstricken.

⑦ Nach Diagramm 2 (Fuß) weiterarbeiten. Entlang der Seitenkante der Ferse 11 Maschen aufnehmen, die 11 Maschen in der Fersenmitte stricken und entlang der anderen Seitenkante der Ferse 11 Maschen aufnehmen und stricken. Über die 27 Maschen, die stillgelegt sind, in Runden weiterstricken.

⑧ An jeder Seite eine Masche abnehmen wie im Diagramm gezeigt.

⑨ Abnehmen für die Zehen: nach Diagramm abnehmen.

⑩ Die letzten Maschen der Vorderseite mit den Maschen der Unterseite der Socke zusammennähen. Orange verwenden und im Maschenstich nähen.

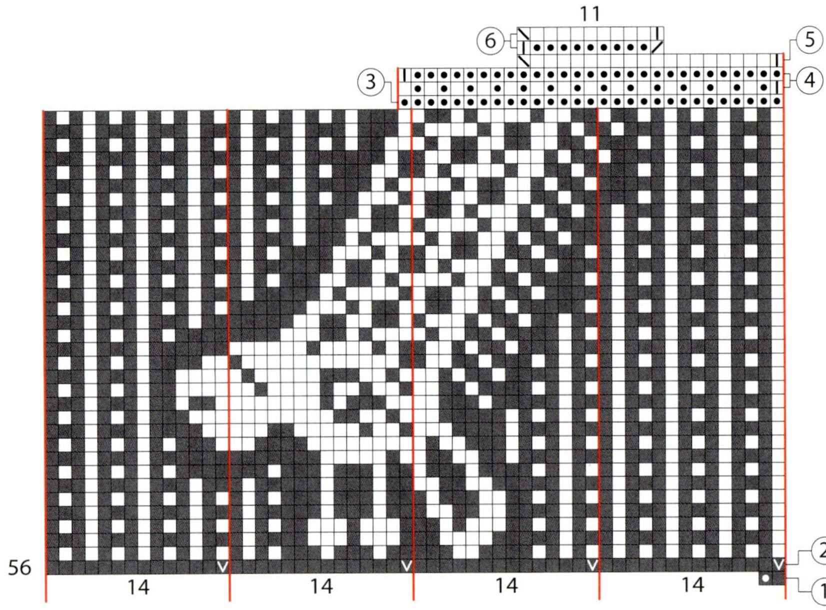

Diagramm 1
Rechte Socke

- rechte Masche
- linke Masche
- 1 Masche zunehmen
- 1 Masche locker abheben
- nach rechts abnehmen
- nach links abnehmen

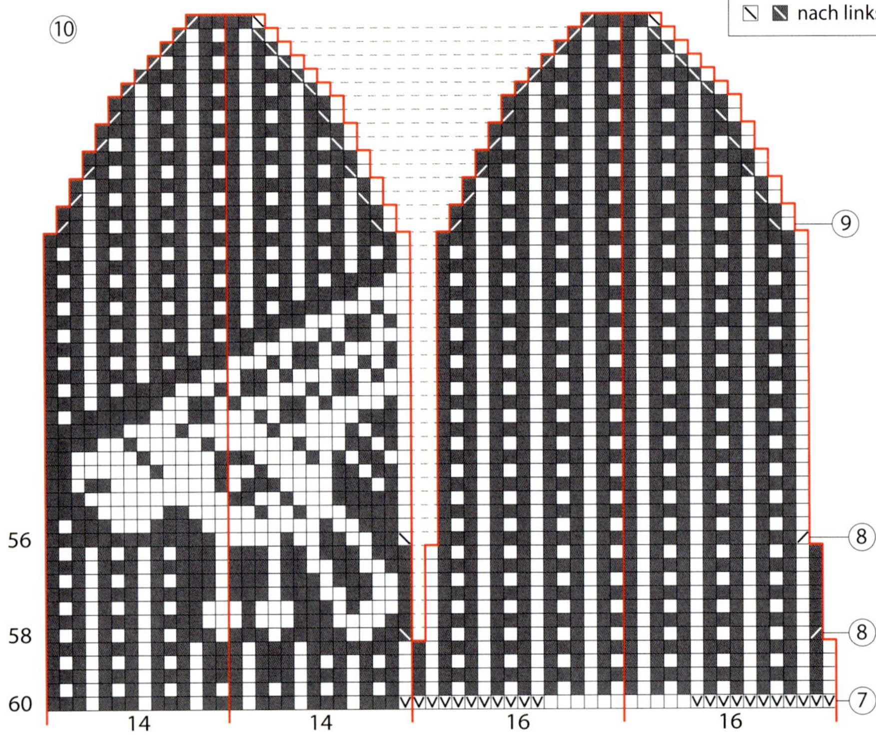

Diagramm 2
Rechter Fuß

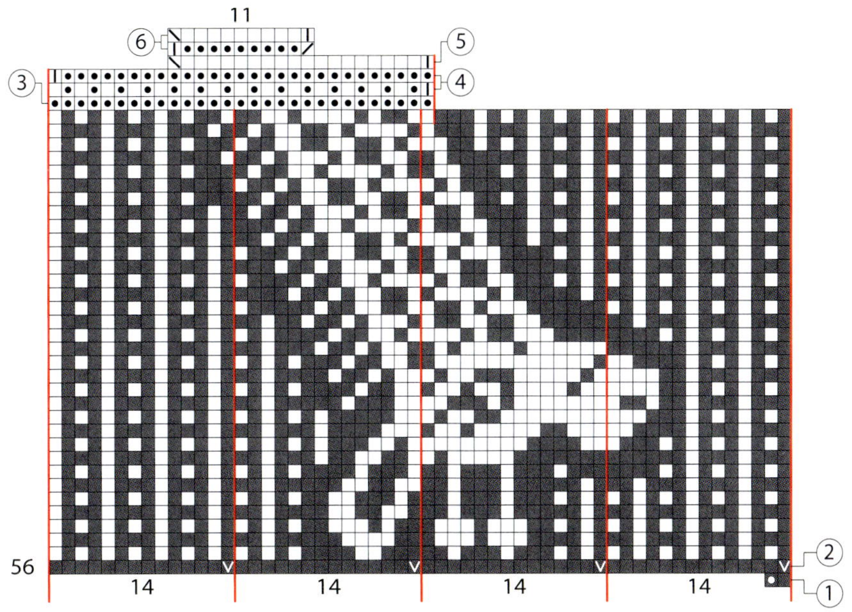

Diagramm 3
Linke Socke

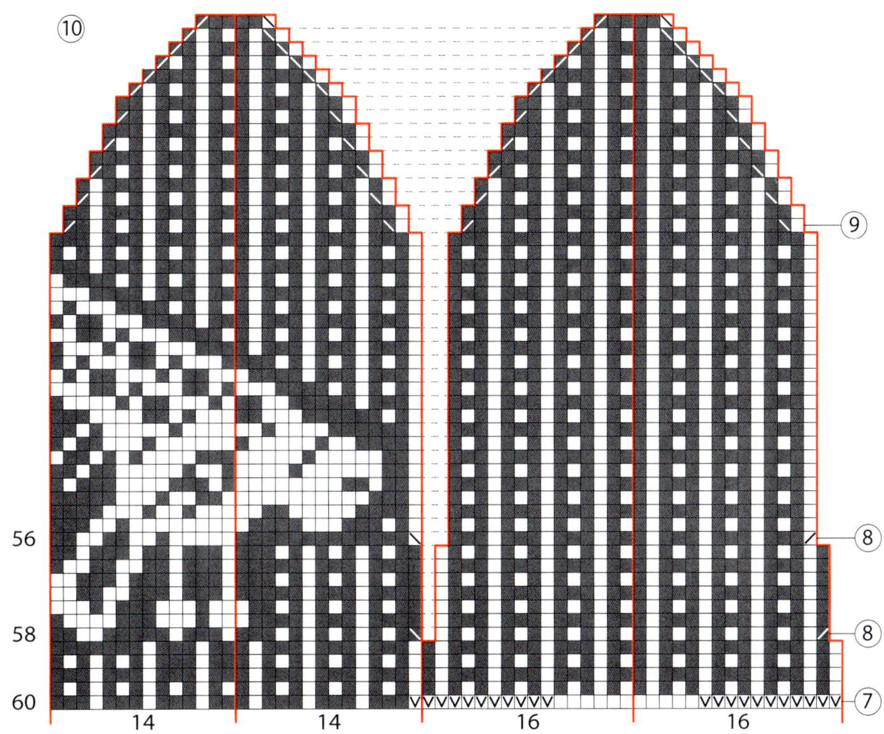

Diagramm 4
Linker Fuß

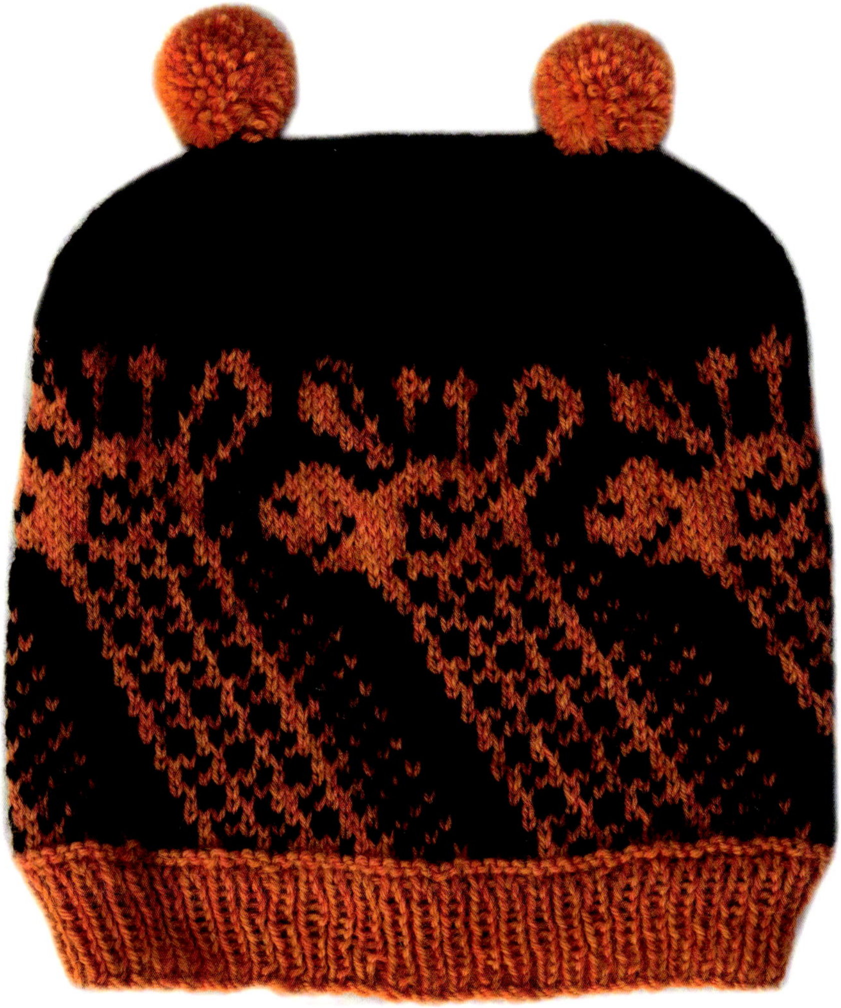

GIRAFFEN-MÜTZE

Das Modell ist mit Mini Sterk von Du Store Alpakka in Orange und Schwarz gestrickt.

Anleitung

114 Maschen in Orange mit der Rundstricknadel anschlagen und zum Ring schließen.

① Nach Diagramm 1 stricken und das Muster in der Runde fortlaufend wiederholen. Die erste Runde mit abwechselnd 1 Masche rechts, 1 Masche links über 10 Runden wiederholen.

② 6 Maschen gleichmäßig verteilt zunehmen auf 120 Maschen. Nach jeweils 24 Maschen einen Maschenmarkierer einhängen. Das Muster wird in der Runde 5-mal wiederholt.

③ Das Muster fertig stricken, den orangefarbenen Faden abschneiden und mit schwarzem Garn weiterstricken. Zwei neue Maschenmarkierer einhängen, einen zu Beginn der Runde, den zweiten nach 60 Maschen. Weiter abnehmen (in jeder Runde) auf jeder Seite der Maschenmarkierer: bis zu 3 Maschen vor dem Maschenmarkierer stricken, dann 2 Maschen rechts zusammen, 1 Masche rechts. Nach dem Maschenmarkierer: 1 Masche rechts, 2 Maschen rechts verschränkt zusammenstricken. So weiterstricken, bis insgesamt 17 Runden mit Schwarz gestrickt sind. Den Faden abschneiden, aber genug zum Vernähen übriglassen. Die Mütze rechts auf rechts übereinanderlegen und die obere Kante mit Maschenstich zusammennähen.

Zwei kleine Bommel in Orange herstellen und einen an jeder Mützenecke annähen.

120

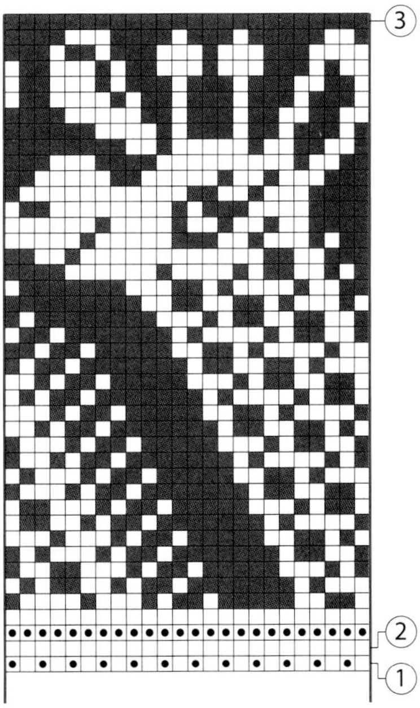

Diagramm 3
Mütze

□ ■	rechte Masche
⊡	linke Masche

BÄR AUF SKIERN

Auch wenn der Bär noch klein ist, kann er schon Ski fahren. Die kleinen Fäustlinge und Socken passen gut zu Kindern, die gerne im Schnee spielen. Oder zu Kindern, die im Wagen oder auf dem Schlitten sitzen und den Großen auf der Skipiste zusehen.

Der Bär wird in Rot, Weiß und Blau gestrickt und der rote Schal wird auf die fertigen Kleidungsstücke gestickt.

FÄUSTLINGE

Ungefähres Alter	*Garn*	*Nadeln*	*Breite*
1–2 JAHRE	BABYGARN	2½	6,5 CM
3–4 JAHRE	DÜNNES GARN	2½–3	7–7,5 CM

SOCKEN

Die endgültige Fußlänge wird bei der Abnahme für die Zehen festgelegt.
Tipp: Orientiere dich an einer Socke, die gut passt.

Ungefähres Alter	*Garn*	*Nadeln*	*Breite*
1–2 JAHRE	BABYGARN	2½	7 CM
3–4 JAHRE	DÜNNES GARN	2½–3	7,5–8 CM

EMPFOHLENES GARN

Babygarn: Baby Ull von Viking (100 % Wolle, Lauflänge 175 m/50 g) und Baby Panda von Rauma garn. Garn (100 % Wolle, Lauflänge 175 m/50 g).
Dünnes Garn: Sisu von Sandnes Garn (80 % Wolle, 20 % Nylon, Lauflänge 175 m/50 g) und Finullgarn von Rauma Garn (100 % Wolle, Lauflänge 175 m/50 g).

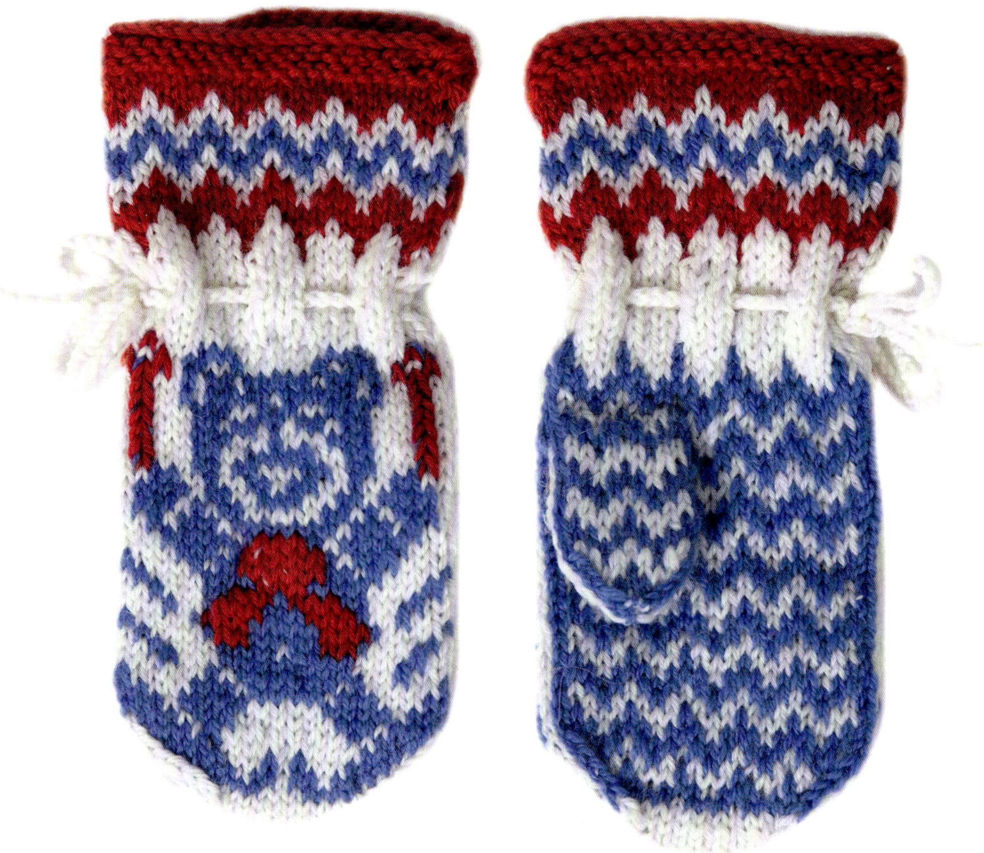

BÄR AUF SKIERN

FÄUSTLINGE

Die Modelle sind mit Baby Ull von Viking in Rot, Blau und Weiß gestrickt.

Anleitung

Der rechte und der linke Fäustling/Fausthandschuh werden gleich gestrickt, nur die Stelle für den Daumen variiert. Einen Fäustling mit dem Daumen links und einen Fäustling mit dem Daumen rechts stricken.

44 Maschen in Rot mit der Rundstricknadel anschlagen. Rechte Maschen hin und zurück über 4 Reihen stricken.

① Nach Diagramm 1 stricken. Erste Runde: jetzt mit dem Nadelspiel weiterstricken und nach Diagramm auf 48 Maschen zunehmen.

② Diese Runde 2-mal wiederholen.

③ Lochrunde für das Band.

④ Diese Runde 2-mal wiederholen.

⑤ Öffnung für den Daumen: einen losen Faden in einer anderen Farbe über die 9 markierten Maschen mitlaufen lassen. Die Maschen zurück auf die linke Nadel schieben und das Muster von der Markierung aus wiederholen.

⑥ Mit dem Abnehmen beginnen. An den Seiten nach Anleitung im Diagramm abnehmen.

⑦ Die letzten 9 Maschen von Vorder- und Rückseite zusammennähen. Dazu den dunklen Faden verwenden und im Maschenstich nähen.

⑧ Daumen: den losen Faden herausziehen, die 9 Maschen auf die Nadeln aufnehmen und 9 Maschen auf der anderen Seite anschlagen. Nach Diagramm 2 (Daumen) stricken. Erste Runde: auf 22 Maschen zunehmen, indem auf jeder Seite 2 Maschen zugenommen werden, vgl. Diagramm.

⑨ Mit dem Abnehmen beginnen.

⑩ Faden abschneiden und durch die letzten Maschen ziehen.

Den Schal und die Skier in Rot im Maschenstich aufsticken. Ein Band herstellen und durch die Lochrunde ziehen.

Ida, bald 2 Jahre

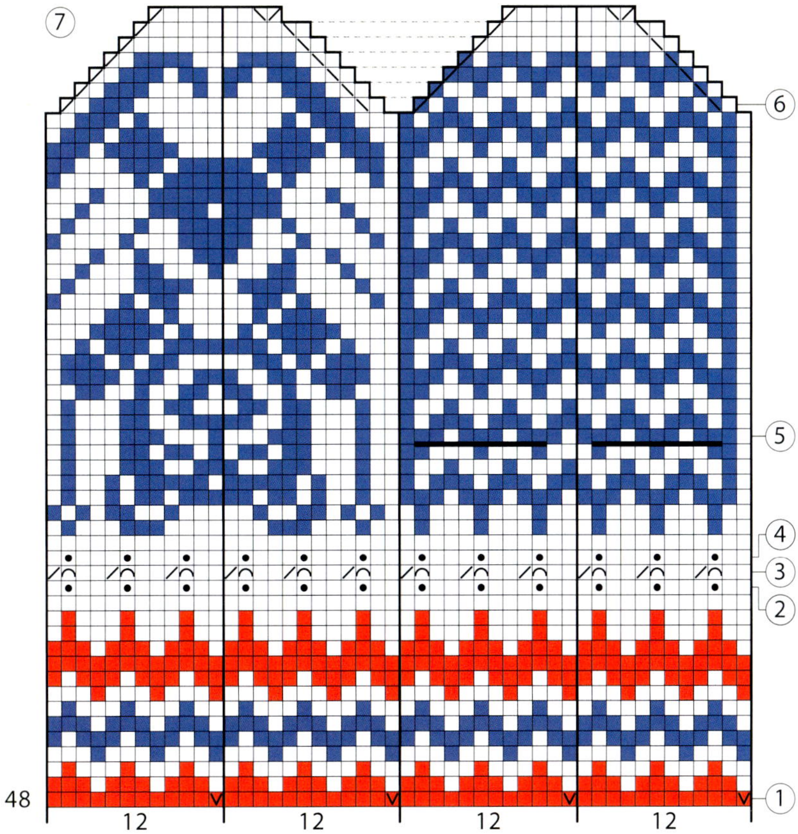

Diagramm 1
Rechter und linker Fäustling

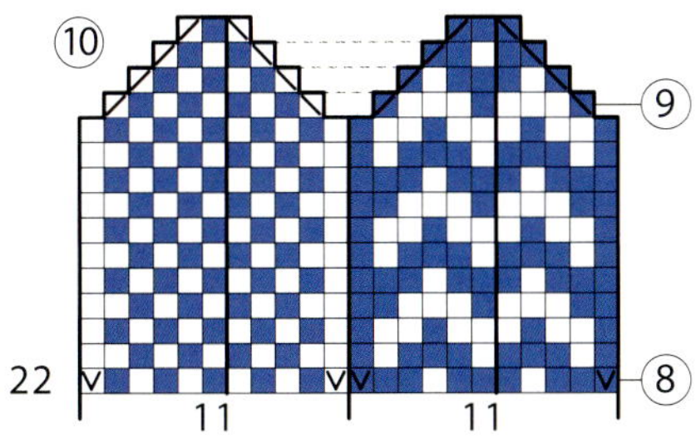

Diagramm 2
Daumen

- rechte Masche
- linke Masche
- 1 Masche zunehmen
- nach rechts abnehmen
- nach links abnehmen
- Umschlag

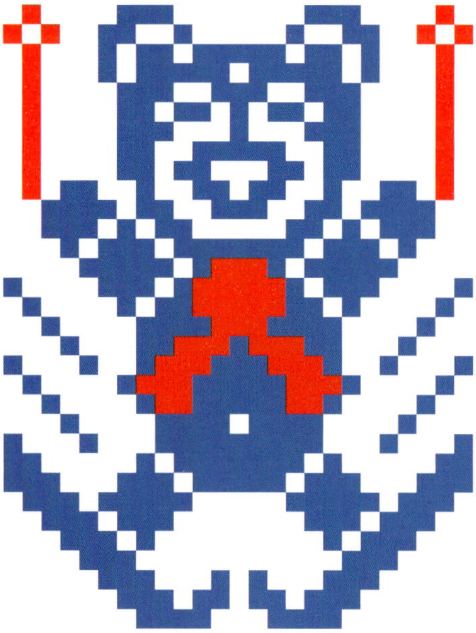

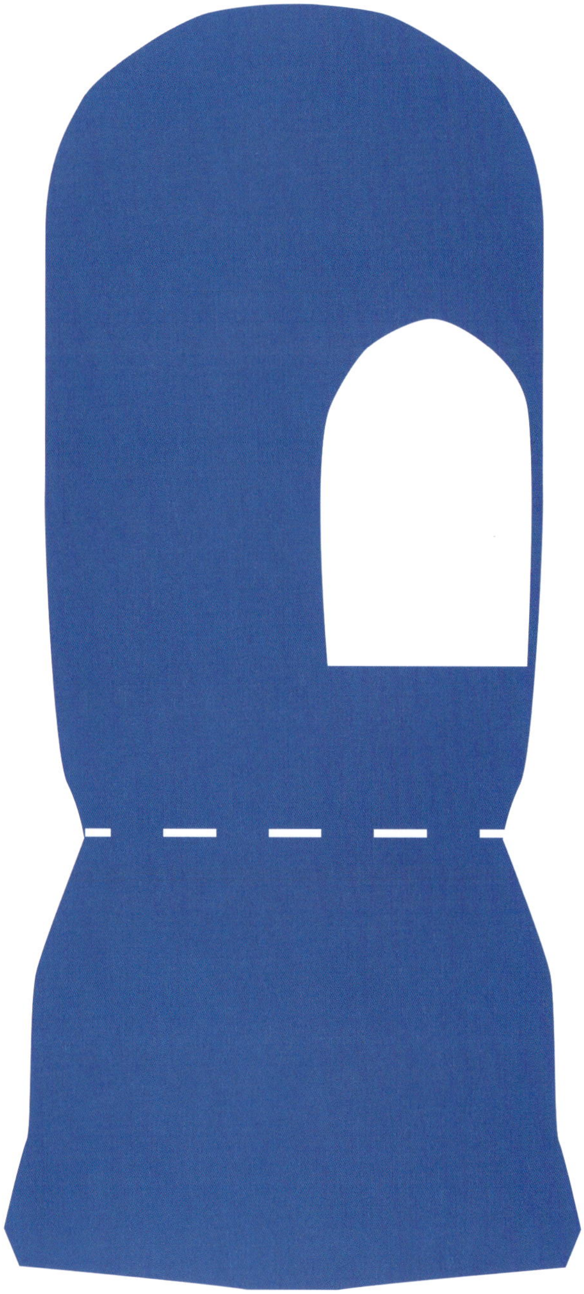

Fäustling mit Bär auf Skiern

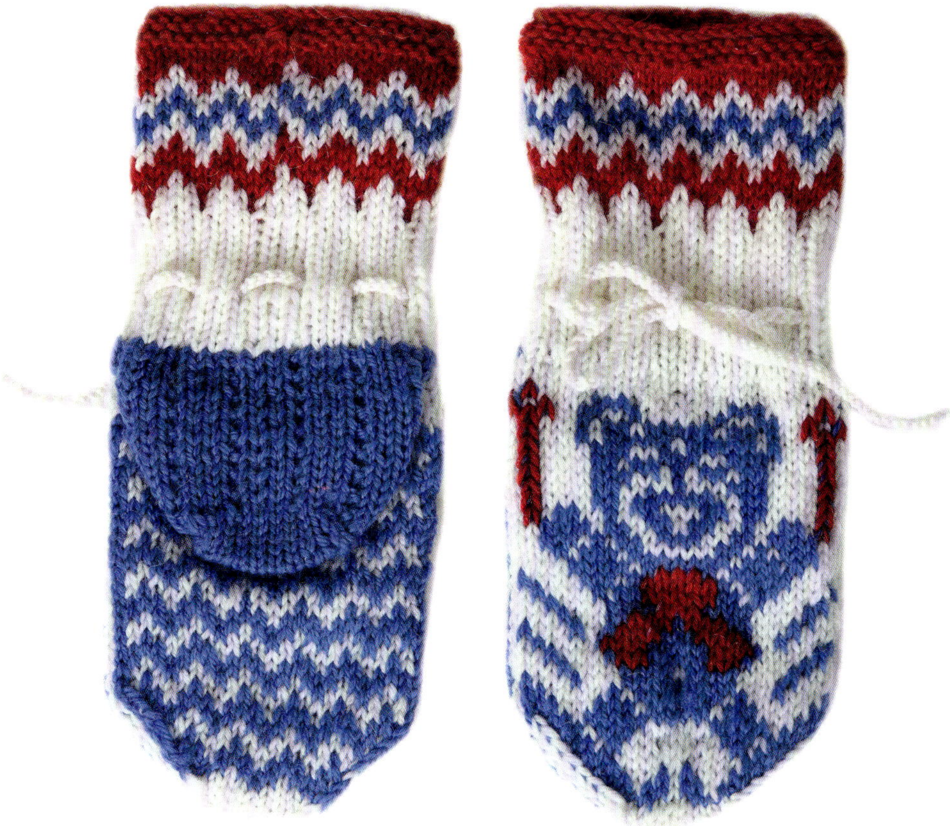

BÄR AUF SKIERN
SOCKEN

Die Modelle sind mit Baby Ull von Viking in Rot, Blau und Weiß gestrickt.

Anleitung

44 Maschen in Rot mit der Rundstricknadel anschlagen. Rechte Maschen hin und zurück über 4 Reihen stricken. Die Maschen auf ein Nadelspiel verteilen, je 11 Maschen auf eine Nadel, und weiter rund stricken.

① Nach Diagramm 1 stricken. Erste Runde: eine Masche auf jeder Nadel zunehmen auf 48 Maschen insgesamt.

② Diese Runde 7-mal wiederholen.

③ Lochrunde für das Band.

④ Diese Runde 7-mal wiederholen.

⑤ Ferse: den weißen Faden abschneiden. Die Ferse mit Blau stricken. Mit einer linken Reihe beginnen, 13 Maschen nach Beginn der Reihe. Die erste Reihe links stricken, 25 Maschen.

⑥ Diese 2 Reihen (hin und zurück) wiederholen, bis die Ferse insgesamt 17 Reihen hoch ist.

⑦ Abnehmen: die erste Masche locker abheben, 15 Maschen stricken, dann 2 rechts verschränkt zusammenstricken. Wenden.

⑧ Diese 2 Reihen wiederholen, bis noch 9 Maschen auf den Nadeln sind. Nach links: die erste Masche locker abheben, 7 Maschen links stricken, 2 Maschen links zusammenstricken. Nach rechts: die erste Masche locker abheben, 8 Maschen rechts stricken, 2 Maschen rechts verschränkt zusammenstricken.

⑨ Nach Diagramm 3 (Fuß) weiterarbeiten. Entlang der Seitenkante der Ferse 10 Maschen aufnehmen und stricken, die 9 Maschen in der Fersenmitte stricken und entlang der anderen Seitenkante der Ferse 10 Maschen aufnehmen und stricken. Über die 25 Maschen, die stillgelegt sind, stricken. Die letzte Masche der Runde an der Fersenkante aufnehmen. Weiter rund stricken.

⑩ An jeder Seite 1 Masche abnehmen wie im Diagramm gezeigt.

⑪ Wenn der Abstand zur Abnahme für die Zehen länger sein soll, die Socke nach Diagramm 4 weiterstricken. Die letzte Runde vor dem Abnehmen bis zur gewünschten Länge wiederholen. Vom Beginn der Abnahme bis zur fertigen Socke sind es ca. 4 cm.

⑫ Abnehmen für die Zehen. Nach Diagramm in jeder Runde abnehmen.

⑬ Die letzten Maschen der Vorderseite mit den Maschen der Unterseite der Socke im Maschenstich zusammennähen.

Ein Band herstellen und durch die Lochrunde ziehen. Den Schal und die Skier in Rot im Maschenstich aufsticken.

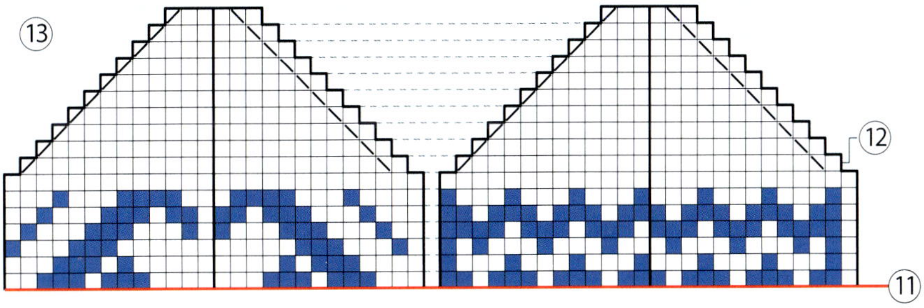

Diagramm 4
Längerer Fuß

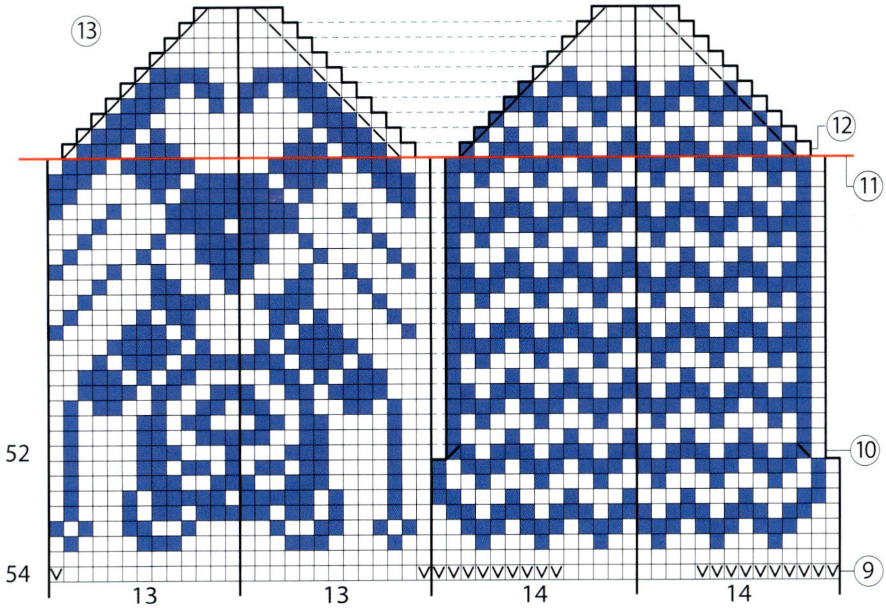

Diagramm 3
Fuß

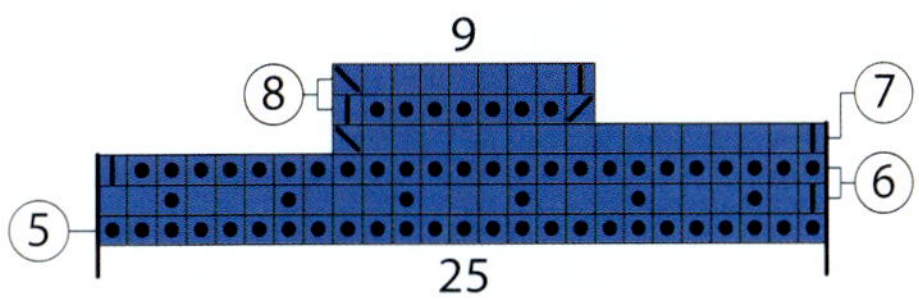

Diagramm 2
Ferse

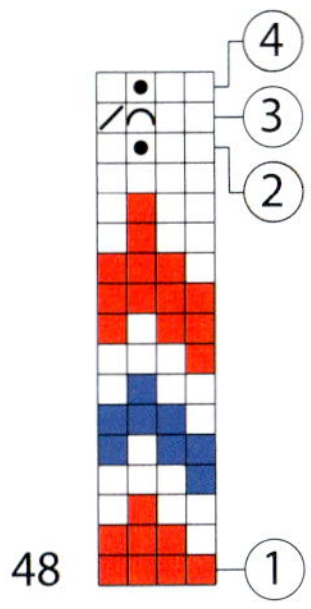

Diagramm 1

- rechte Masche
- linke Masche
- 1 Masche zunehmen
- nach rechts abnehmen
- nach links abnehmen
- Umschlag

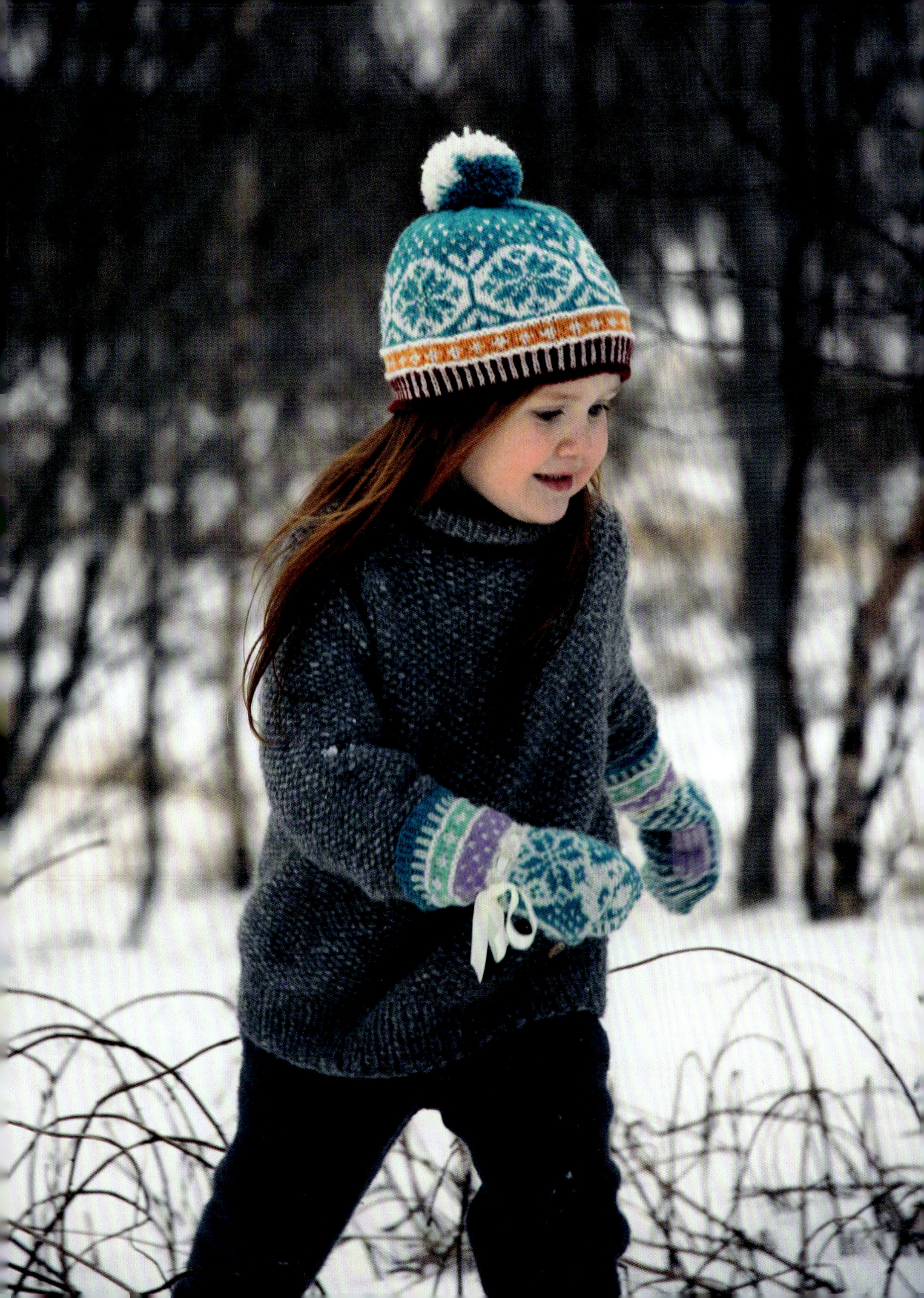

KÄTZCHEN UND MÄUSCHEN

Eine Katze und eine Maus passen eigentlich nicht so gut zusammen, deshalb sind sie hier auch mit reichlich Abstand voneinander platziert. Diese Kleidungsstücke gefallen vor allem denjenigen, die Katzen mögen, und sie sind auch perfekt für Kinder, die gerne Katz‘ und Maus spielen.

Fäustlinge, Socken und Mütze haben Bordüren, die in verschiedenen Farben gestrickt werden können. Dafür lassen sich sehr gut Garnreste in passenden Farben verwenden.

FÄUSTLINGE

Ungefähres Alter	*Garn*	*Nadeln*	*Breite*
1–2 JAHRE	BABYGARN	2½	6,5 CM
3–4 JAHRE	DÜNNES GARN	2½–3	7–7,5 CM

SOCKEN

Die Socke wird mit klassischer Abnahme gestrickt, durch die sich das Streifenmuster einfach stricken lässt. Die endgültige Fußlänge wird bei der Abnahme für die Zehen festgelegt. *Tipp:* Orientiere dich an einer Socke, die gut passt.

Ungefähres Alter	*Garn*	*Nadeln*	*Breite*
1–2 JAHRE	BABYGARN	2½	7 CM
3–4 JAHRE	DÜNNES GARN	2½–3	7,5–8 CM

MÜTZE

Ungefähres Alter	*Garn*	*Nadeln*	*ca. Kopfumfang*
1–2 JAHRE	BABYGARN	2½–3	46–50 CM
3–4 JAHRE	DÜNNES GARN	3	52–54 CM

EMPFOHLENES GARN

Babygarn: Baby Panda von Rauma Garn (100 % Wolle, Lauflänge 175 m/50 g) gibt es in zahlreichen schönen Farben. Statt das Babygarn für die kleine Größe zu verwenden, kann man auch Finullgarn von Rauma Garn (100 % Wolle, Lauflänge 175 m/50 g) nehmen und dann verfilzen, damit die Fäustlinge kleiner werden.
Dünnes Garn: Finullgarn von Rauma Garn für Mütze und Fäustlinge, Sisu von Sandnes Garn (80 % Wolle, 20 % Nylon, Lauflänge 175 m/50 g) für die Socken.

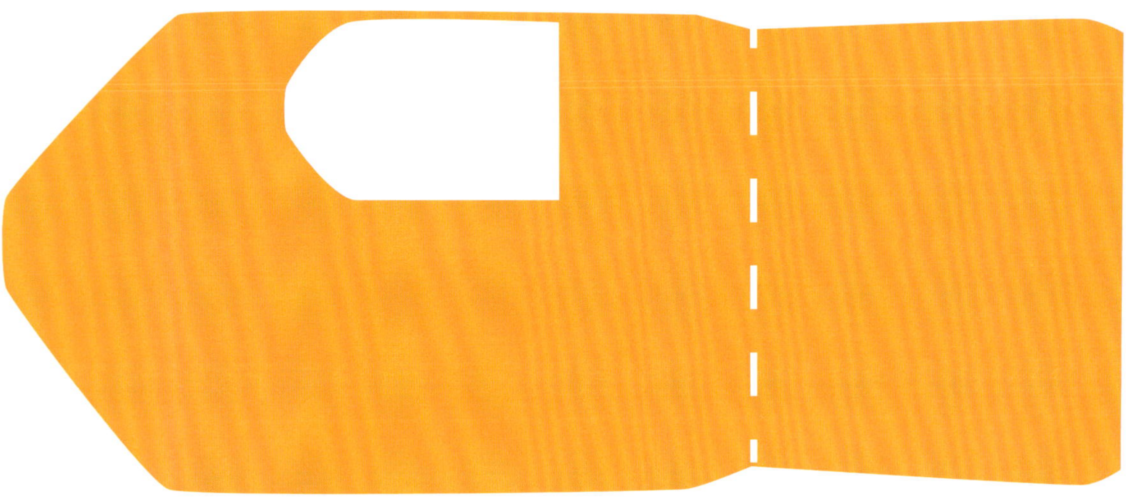

Kätzchen und Mäuschen, Fäustling

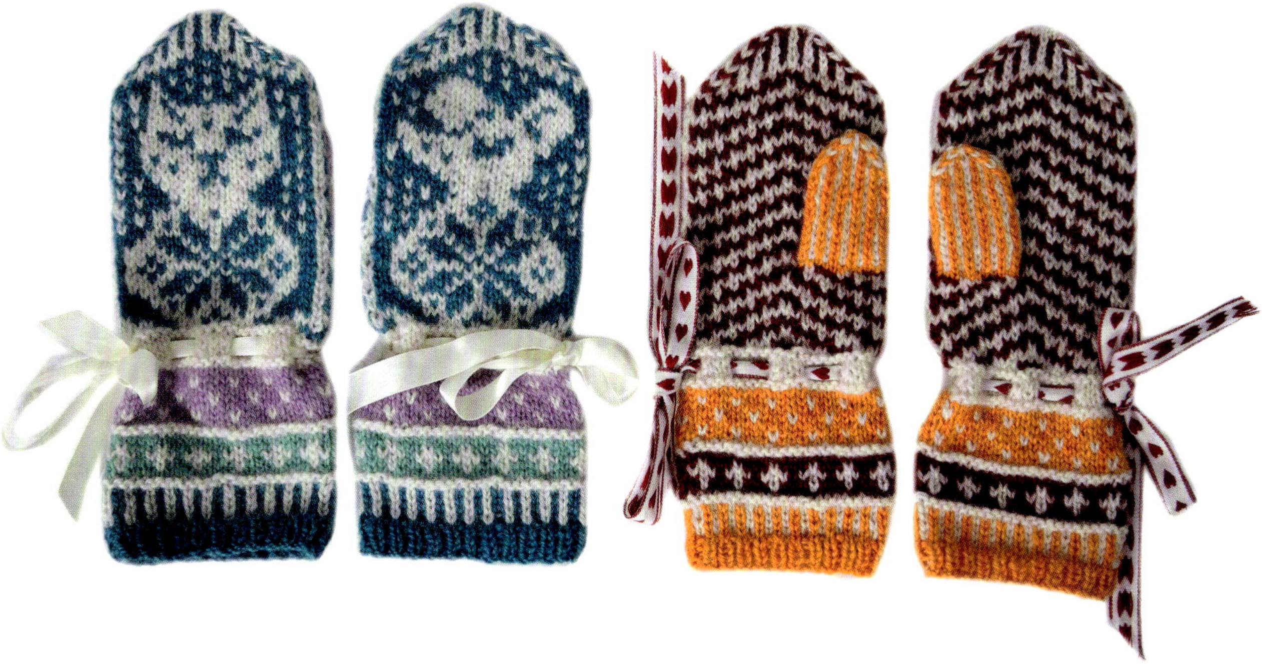

KÄTZCHEN UND MÄUSCHEN
FÄUSTLINGE

Die Modelle sind mit Finullgarn von Rauma Garn gestrickt.

Anleitung

48 Maschen in Goldgelb mit dem Nadelspiel anschlagen, gleichmäßig auf 4 Nadeln verteilen und zu einem Ring schließen.

① Nach Diagramm 1 stricken. Das Muster in der Runde fortlaufend wiederholen.

② Lochrunde für Band.

③ Nach Diagramm 1 (rechter Fäustling/Fausthandschuh) oder Diagramm 2 (linker Fäustling) stricken.

④ Öffnung für den Daumen: einen losen Faden in einer anderen Farbe über die 9 markierten Maschen mitlaufen lassen. Die Maschen zurück auf die linke Nadel schieben und das Muster von der Markierung aus wiederholen.

⑤ Mit dem Abnehmen beginnen. An den Seiten nach Anleitung im Diagramm abnehmen.

⑥ Die letzten 5 Maschen der Vorderseite mit den 5 Maschen der Rückseite zusammennähen. Dazu den dunklen Faden verwenden und im Maschenstich nähen.

⑦ Daumen: den losen Faden herausziehen, die 9 Maschen auf die Nadeln aufnehmen und 9 Maschen auf der anderen Seite anschlagen. Erste Runde: auf 22 Maschen zunehmen, indem auf jeder Seite 2 Maschen zugenommen werden, vgl. Diagramm.

⑧ Mit dem Abnehmen beginnen.

⑨ Faden abschneiden und durch die letzten 6 Maschen ziehen.

Ein Band herstellen und durch die Lochrunde ziehen.

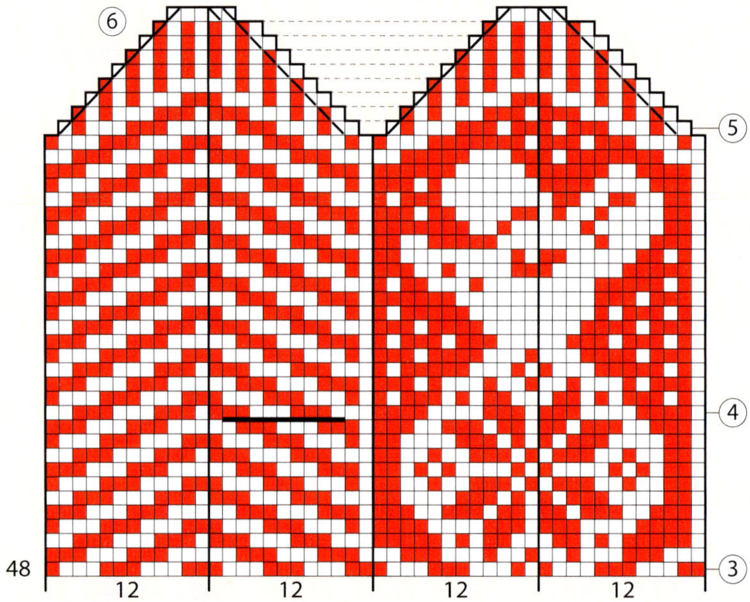

Diagramm 3
Rechter Fäustling

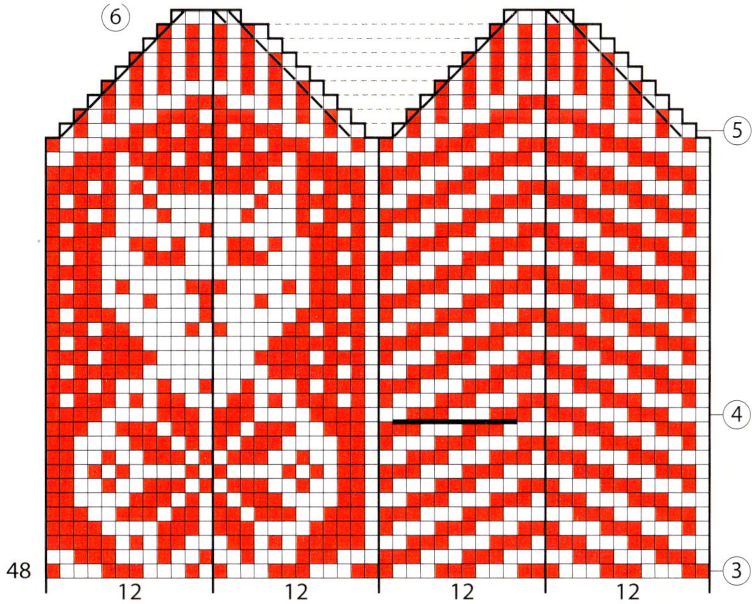

Diagramm 2
Linker Fäustling

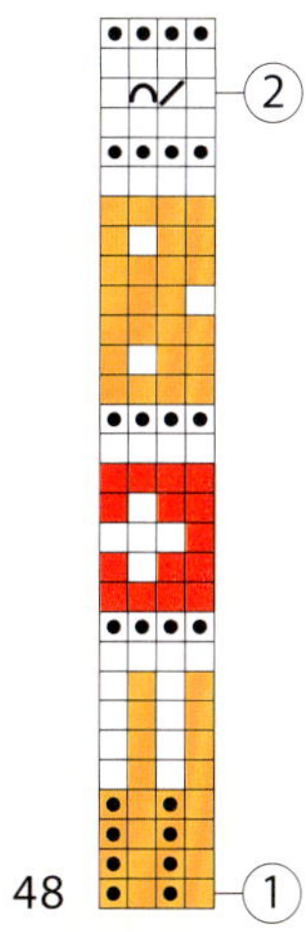

Diagramm 1
Manschette

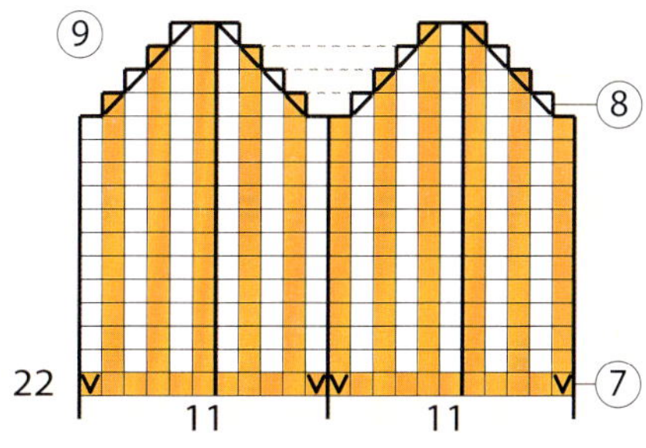

Diagramm 4
Daumen

- rechte Masche
- linke Masche
- 1 Masche zunehmen
- nach rechts abnehmen
- nach links abnehmen
- Umschlag

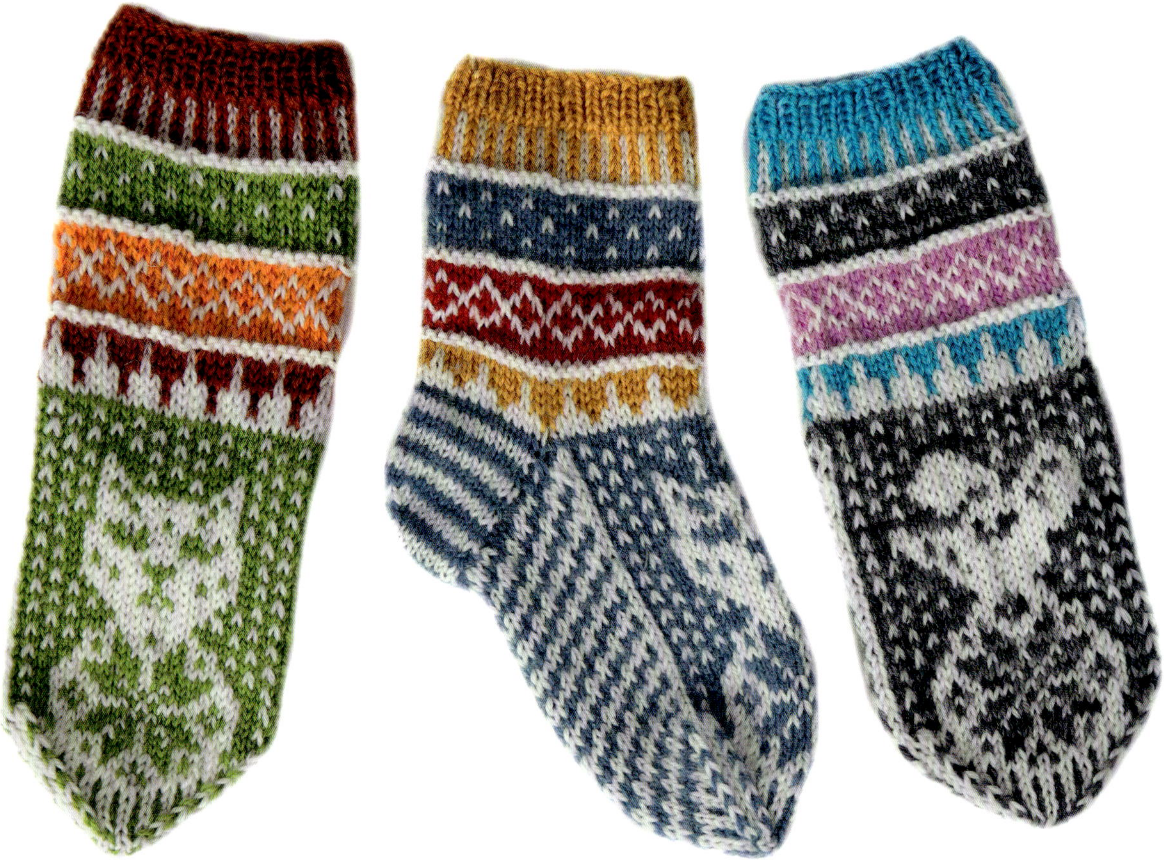

KÄTZCHEN UND MÄUSCHEN SOCKEN

Die Modelle sind mit Sisu Superwash von Sandnes Garn gestrickt.

Anleitung

52 Maschen anschlagen und zu einem Ring schließen.

① Nach Diagramm 1 stricken. Das Muster in der Runde fortlaufend wiederholen. Die Runde beginnt hinten in der Mitte.

② Faden der Bündchenfarbe abschneiden. Nach Diagramm 2 (Ferse) weiterstricken. 13 Maschen vor dem Beginn der Runde stricken, damit der Übergang der Runden in der Mitte hinten sitzt. 26 Maschen stricken. Wenden und linke Maschen über die nächsten 26 Maschen zurück stricken. Die ersten 26 Maschen stilllegen, bis die Ferse fertig ist. Weiter Streifen glatt rechts hin und zurück stricken nach Diagramm.

③ 2 Maschen in der hinteren Mitte der Ferse in jeder zweiten (rechten) Reihe abnehmen nach Diagramm.

④ Letzte Reihe Ferse: 6 Maschen stricken, 2-mal abnehmen. Faden abschneiden und ein langes Stück zum Vernähen behalten.

Die Ferse zusammenfalten und die Maschen an jeder Seite mit Maschenstich zusammennähen.

⑤ Nach Diagramm 3 oder 4 (Fuß) weiterarbeiten. Erste Reihe: über die 26 Maschen, die stillgelegt sind, stricken. Je 1 Masche vor der ersten und nach der letzten Masche zunehmen. 16 Maschen auf jeder Seite der Ferse aufnehmen.

⑥ An jeder Seite eine Masche abnehmen wie im Diagramm gezeigt.

⑦ Die Länge des Fußes kontrollieren. Wenn der Fuß etwas länger sein soll, die Socken nach Diagramm stricken.

⑧ An den Seiten in jeder Runde nach Diagramm 5 abnehmen.

⑨ Faden abschneiden und die letzten Maschen der Vorderseite mit den Maschen der Unterseite der Socke im Maschenstich zusammennähen.

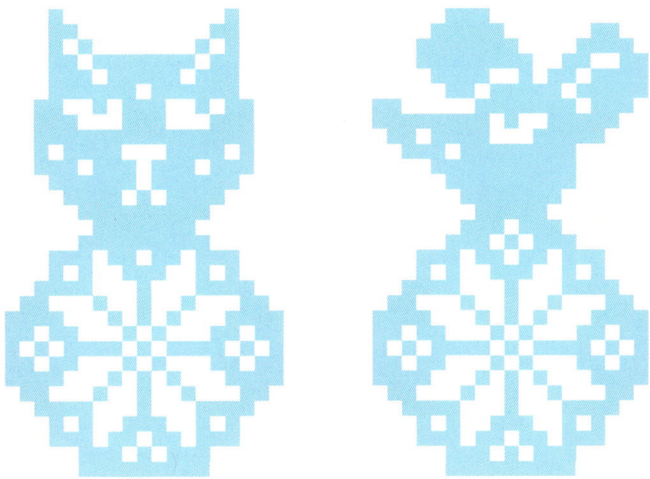

- rechte Masche
- linke Masche
- 1 Masche zunehmen
- nach rechts abnehmen
- nach links abnehmen
- 1 Masche locker abheben

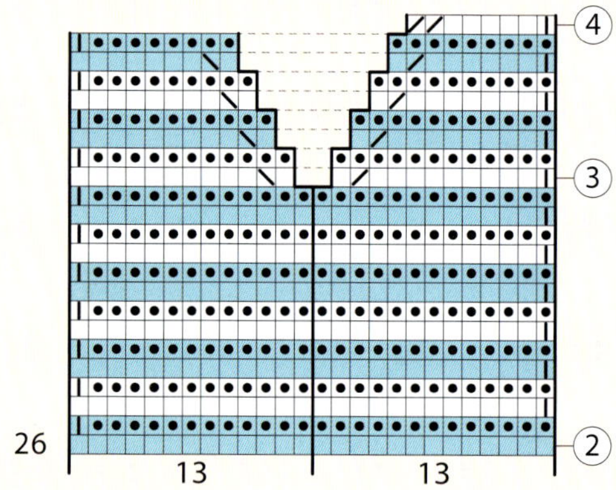

Diagramm 2
Ferse

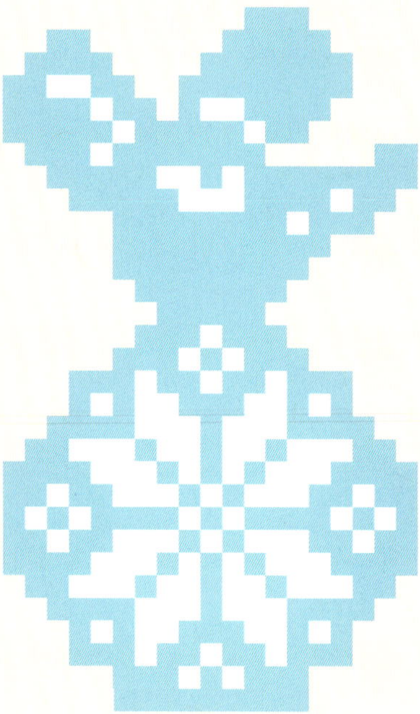

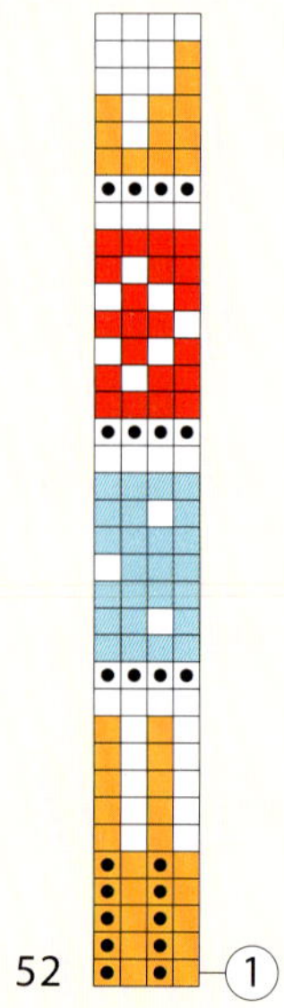

Diagramm 1
Rechter Fuß

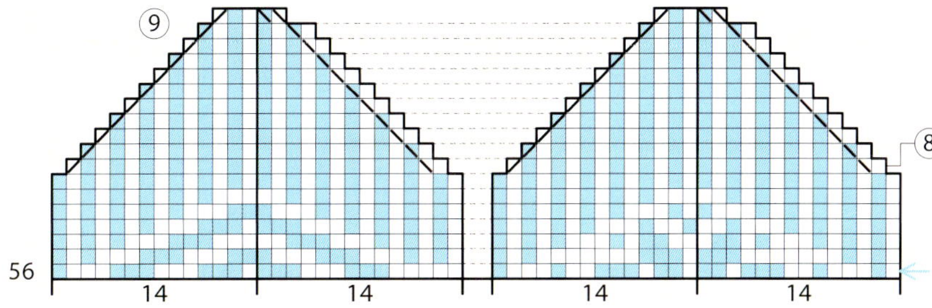

Diagramm 5
Verlängerung, Fuß

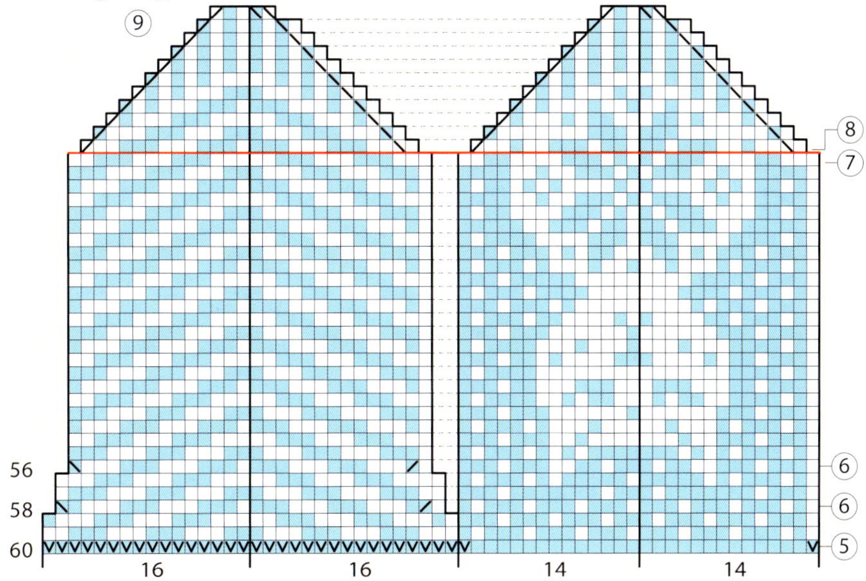

Diagramm 4
Fuß mit Kätzchen

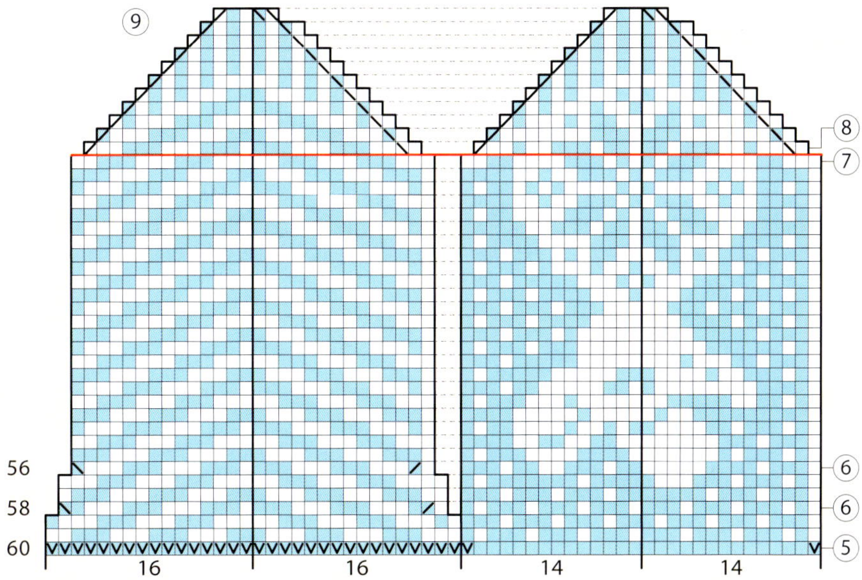

Diagramm 3
Fuß mit Mäuschen

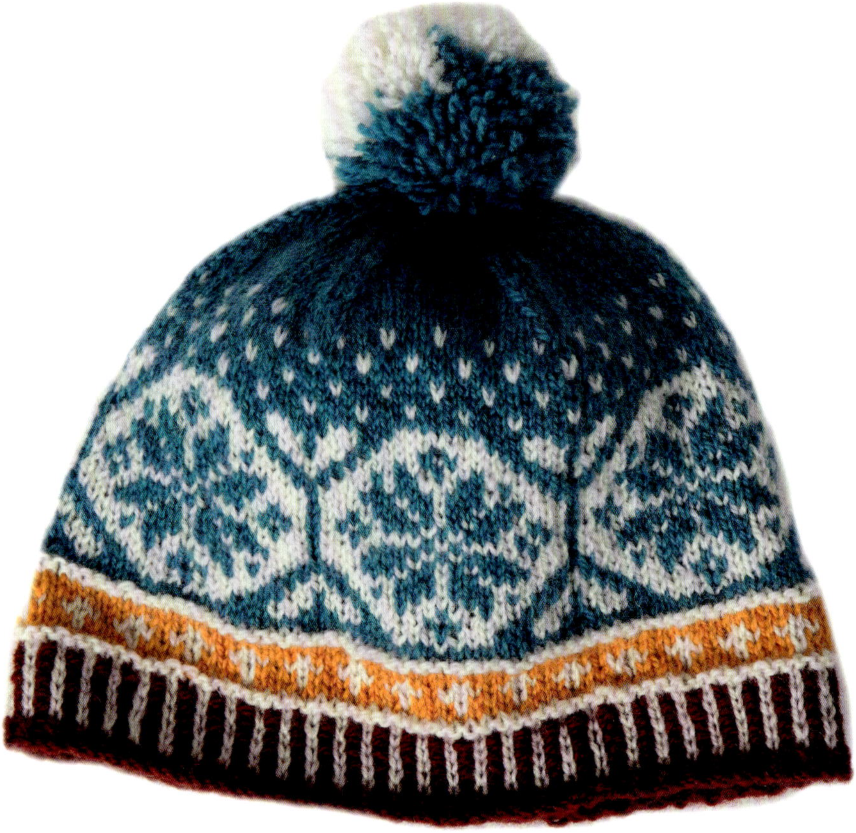

KÄTZCHEN UND MÄUSCHEN
MÜTZE

Das Modell ist mit Finullgarn von Rauma Garn gestrickt.

Anleitung

120 Maschen mit rotem Garn auf der Rundstricknadel anschlagen und zum Ring schließen.

① Nach Diagramm 1 stricken. Das Muster in der Runde fortlaufend wiederholen. Das Muster kommt in einer Runde 6-mal vor. Im blau-weißen Musterteil nach jeweils 20 Maschen einen Maschenmarkierer einhängen, dann lässt sich das Muster leichter stricken.

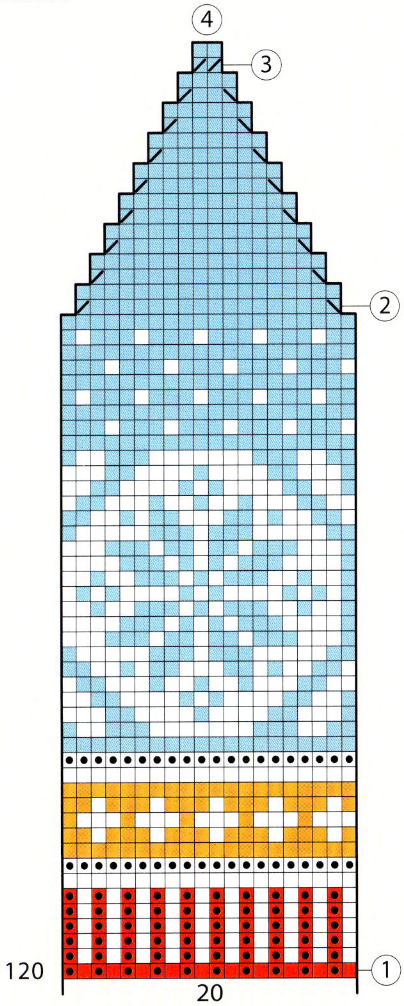

Diagramm 1
Mütze

② In jeder zweiten Runde abnehmen nach Diagramm. Zum Nadelspiel mit 5 Nadeln wechseln, wenn die Rundstricknadel zu lang ist.

③ Letzte Runde der Abnahmen: immer 2 Maschen zusammenstricken, bis noch 12 Maschen in der Runde sind.

④ Faden abschneiden und durch die letzten 12 Maschen ziehen. Den Faden vorsichtig anziehen und gut vernähen.

rechte Masche
linke Masche
nach rechts abnehmen
nach links abnehmen

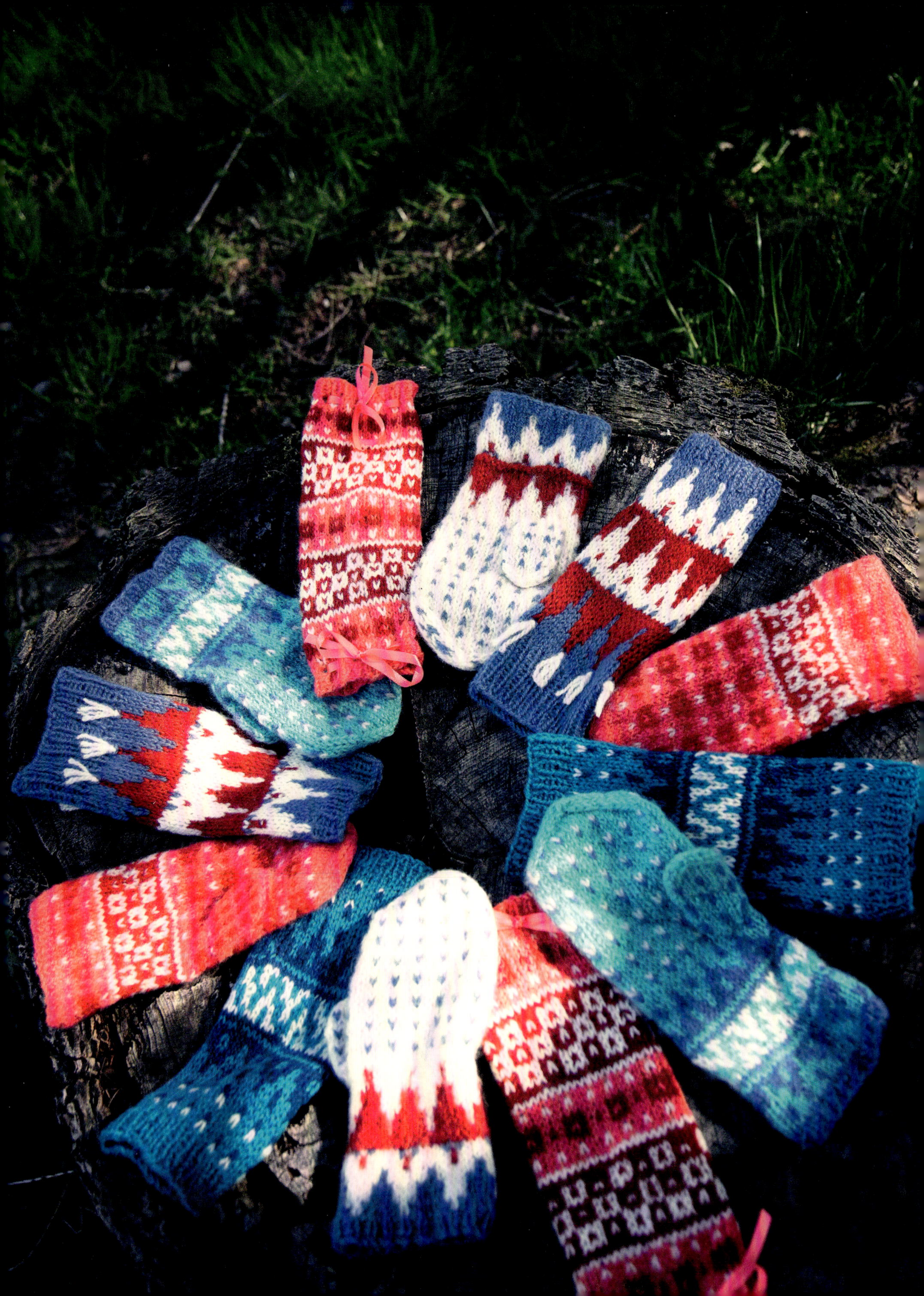

GEFILZTES

Mit diesen Kleidungsstücken in fröhlichen Farben fallen die Kinder wirklich auf. Sie haben einfache Muster, die leicht zu stricken sind, und mit so wenig Maschen in einer Runde sind sie schnell fertig.

Die Kleidungsstücke werden etwas größer gestrickt und dann auf die passende Größe gefilzt. Vor dem Filzen müssen alle Fäden gut vernäht werden. Alle Modelle sind von Hand gefilzt, denn dabei ist es einfacher, die Größe zu kontrollieren und darauf zu achten, dass sie nicht zu klein werden. Die Mützen und Beinstulpen werden vorsichtig mit einer farblosen Handseife gefilzt. Lauwarmes bis warmes Wasser verwenden (nicht so heiß, dass man sich verbrennt) und die Kleidungsstücke mit Seife und Wasser einreiben. Eine Weile filzen, bis die richtige Größe erreicht ist oder sie eine dichte Oberfläche bekommen haben. Das Seifenwasser abgießen, die Kleidungsstücke in Form ziehen und dann auf einer flachen Unterlage trocknen lassen.

Die Fäustlinge werden extra groß gestrickt, damit sie stärker gefilzt werden können. Sie können auch in der Waschmaschine gefilzt werden, zusammen mit einem Handtuch. Wollwaschmittel verwenden und das Programm 30 °C Feinwäsche einstellen. Wenn sie zum Spielen im Schnee benutzt werden sollen, werden sie sich fast von selbst verfilzen und dann durch die Wärme der Hand die richtige Form erhalten.

EMPFOHLENES GARN

Für die Modelle wurde Tove von Sandnes Garn (100 % Schurwolle, Lauflänge 160 m/50 g) verwendet. Das Garn ist relativ fest und ein Knäuel von jeder Farbe reicht für Fäustlinge und Beinstulpen. Mit einem zusätzlichen Knäuel in der Grundfarbe reicht es auch noch für eine Mütze.

Alternatives Garn: Finullgarn von Rauma Garn (100 % Wolle, Lauflänge 175 m/50 g).

ZWERGE-, ZICKZACK- UND PARADIES-FÄUSTLINGE

Ungefähres Alter	*Nadeln*
3–5 JAHRE	3 ½
6–8 JAHRE	4

ZWERGE-, ZICKZACK- UND PARADIES-MÜTZE

Ungefähres Alter	*Nadeln*	*Größe*
3–5 JAHRE	3 ½	KLEIN
6–8 JAHRE	4	GROSS

ZWERGE-, ZICKZACK- UND PARADIES-BEINSTULPEN

Die Länge ist ca. 22 cm mit Nadeln Nummer 3 ½. Man kann die Länge leicht anpassen, indem einige Runden mehr oder weniger gestrickt werden. Die Paradies-Beinstulpen haben oben und unten eine Lochrunde für ein Band.

Ungefähres Alter	*Nadeln*
3–5 JAHRE	3 ½
6–8 JAHRE	4

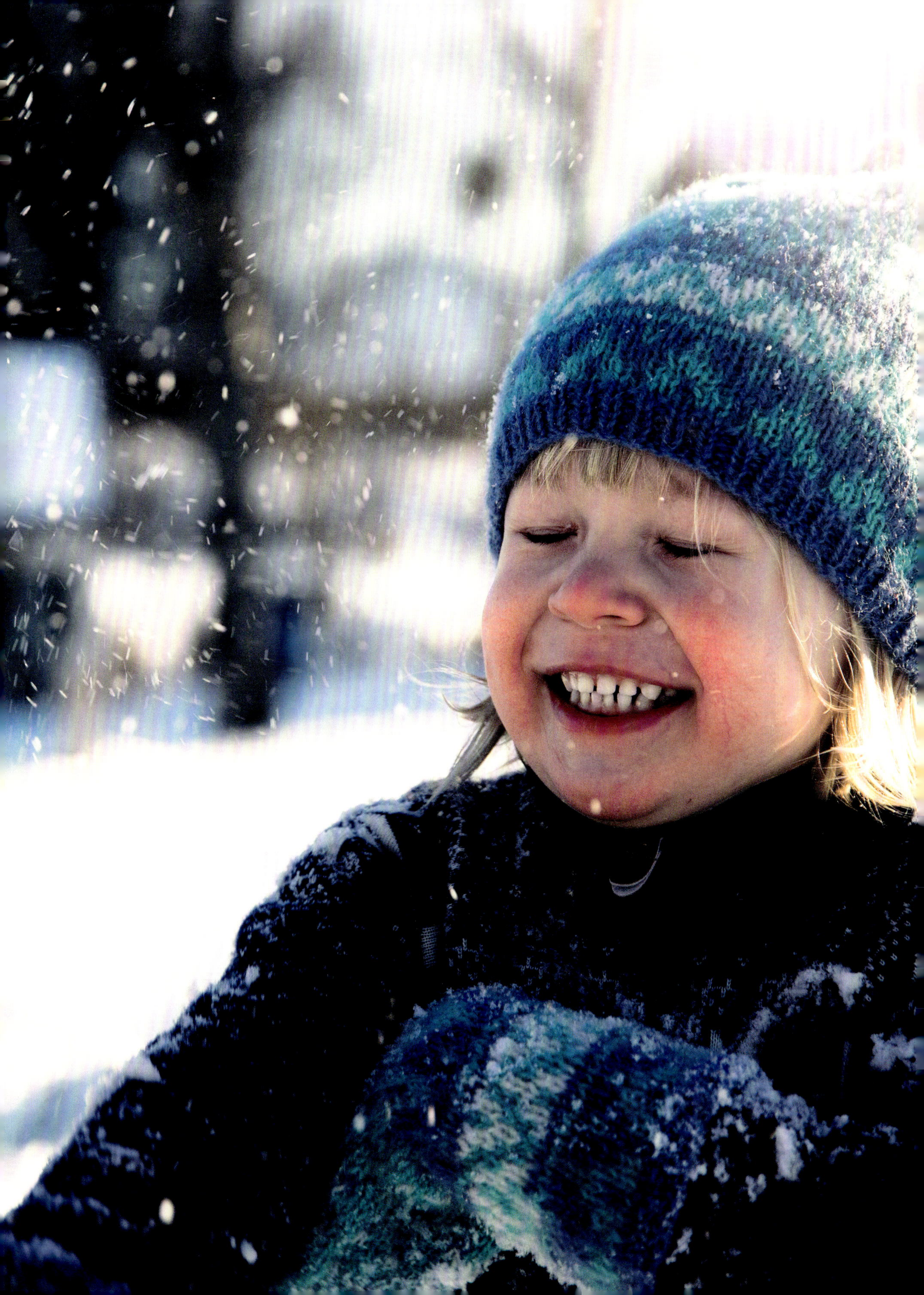

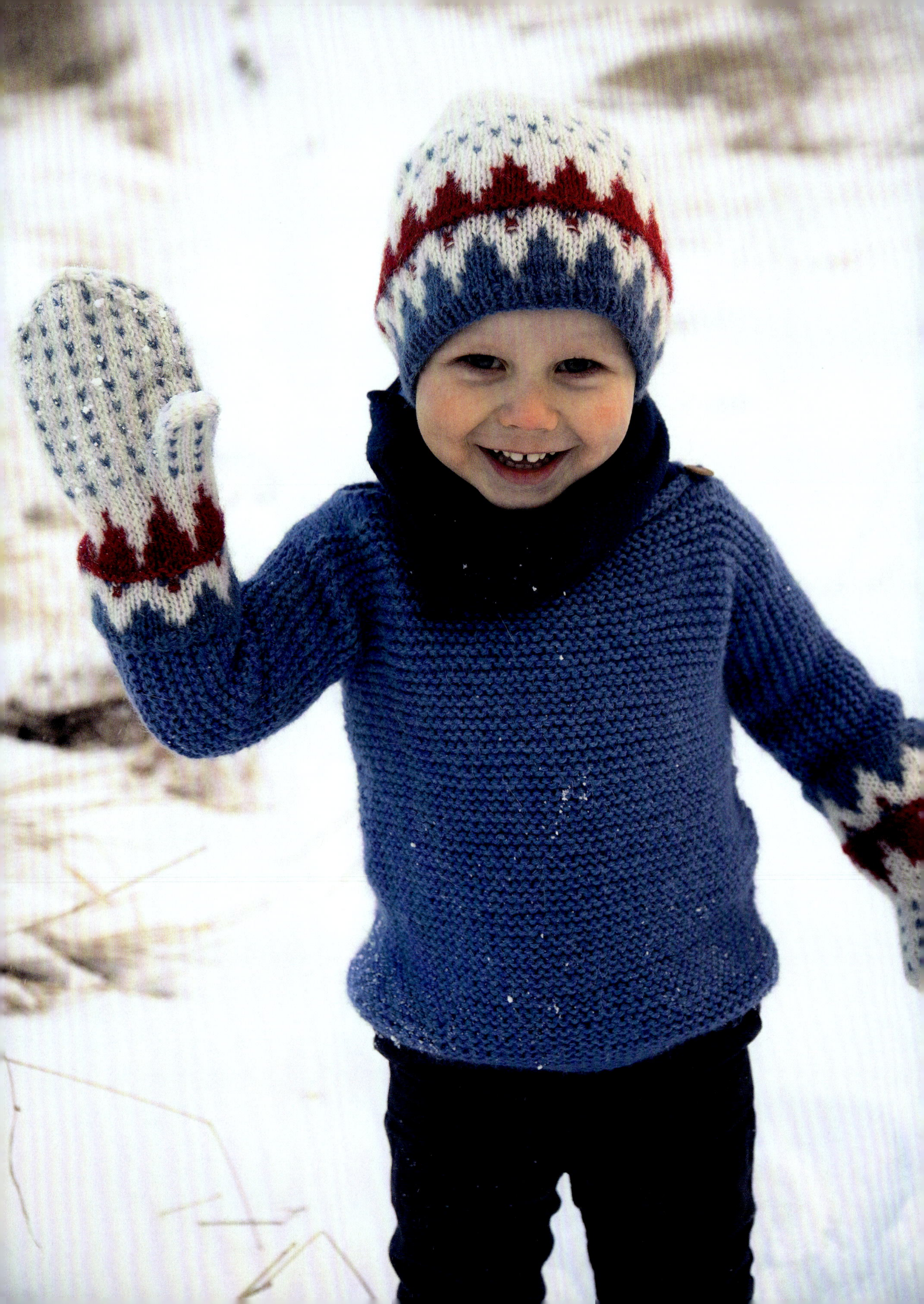

ZWERGE

Dies sind Kleidungsstücke für diejenigen, die die Weihnachtszeit und niedliche Weihnachtsgeschenke lieben. Die Zwerge sitzen in einer Reihe eng nebeneinander. Sie haben unterschiedliche Gesichter: Auf der Mütze sind die Zwerge richtig mürrisch, auf den Fäustlingen haben sie große rote Nasen und auf den Beinstulpen gibt es eine Runde mit fröhlichem und eine mit unzufriedenem Gesichtsausdruck. Der unterschiedliche Ausdruck wird durch linke Maschen über der Nasenpartie der Zwerge erreicht.

Das Oberteil der Beinstulpen ist in Blau gestrickt. Man kann natürlich auch ganz andere Farben für die Mütze und die Fäustlinge verwenden.

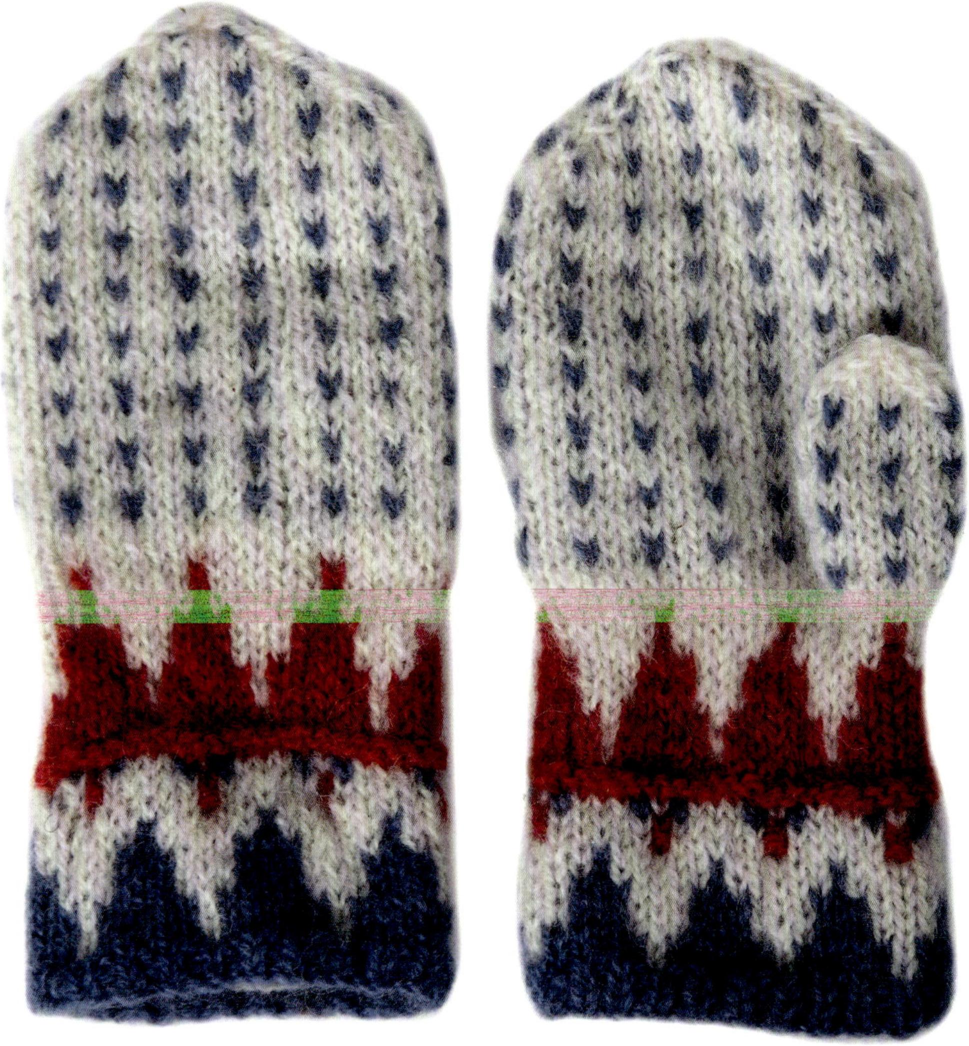

ZWERGEN-FÄUSTLINGE

Die Modelle sind mit Tove von Sandnes Garn in Weiß, Jeansblau und Rot gestrickt.

Anleitung

Der rechte und der linke Fäustling werden gleich gestrickt, nur die Stelle für den Daumen variiert. Einen Fäustling mit dem Daumen links und einen Fäustling mit dem Daumen rechts stricken.

44 Maschen in Blau anschlagen, die Maschen auf 4 Nadeln verteilen und zu einem Ring schließen.

① Nach Diagramm 1 stricken. Das Muster in der Runde fortlaufend wiederholen.

② Öffnung für den Daumen: einen losen Faden in einer anderen Farbe über die 7 markierten Maschen mitlaufen lassen. Die Maschen zurück auf die linke Nadel schieben und das Muster von der Markierung aus wiederholen.

③ Mit dem Abnehmen beginnen. An den Seiten nach Anleitung im Diagramm abnehmen.

④ Den Faden abschneiden und durch die letzten Maschen ziehen.

⑤ Daumen: den losen Faden herausziehen, die 7 Maschen auf die Nadeln aufnehmen und 7 Maschen auf der anderen Seite anschlagen. Nach Diagramm 2 (Daumen) stricken. Erste Runde: auf 16 Maschen zunehmen, indem auf jeder Seite 1 Masche zugenommen wird, vgl. Diagramm.

⑥ Mit dem Abnehmen beginnen.

⑦ Faden abschneiden und durch die letzten Maschen ziehen.

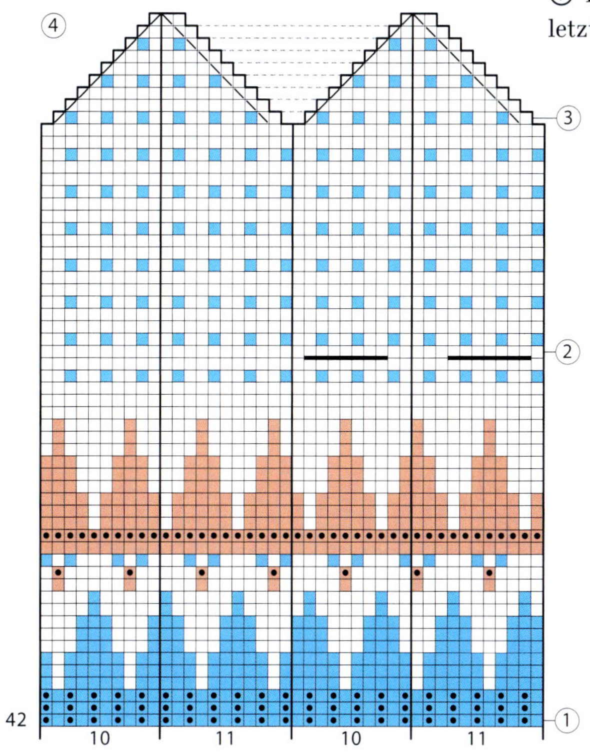

Diagramm 1
Rechter und linker Fäustling

- rechte Masche
- linke Masche
- V 1 Masche zunehmen
- nach rechts abnehmen
- nach links abnehmen

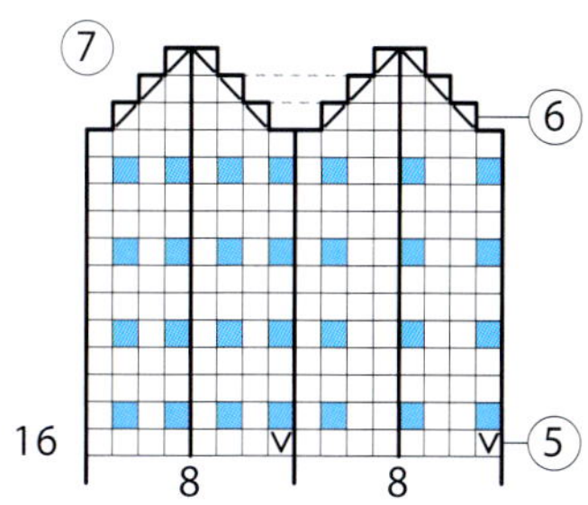

Diagramm 2
Daumen

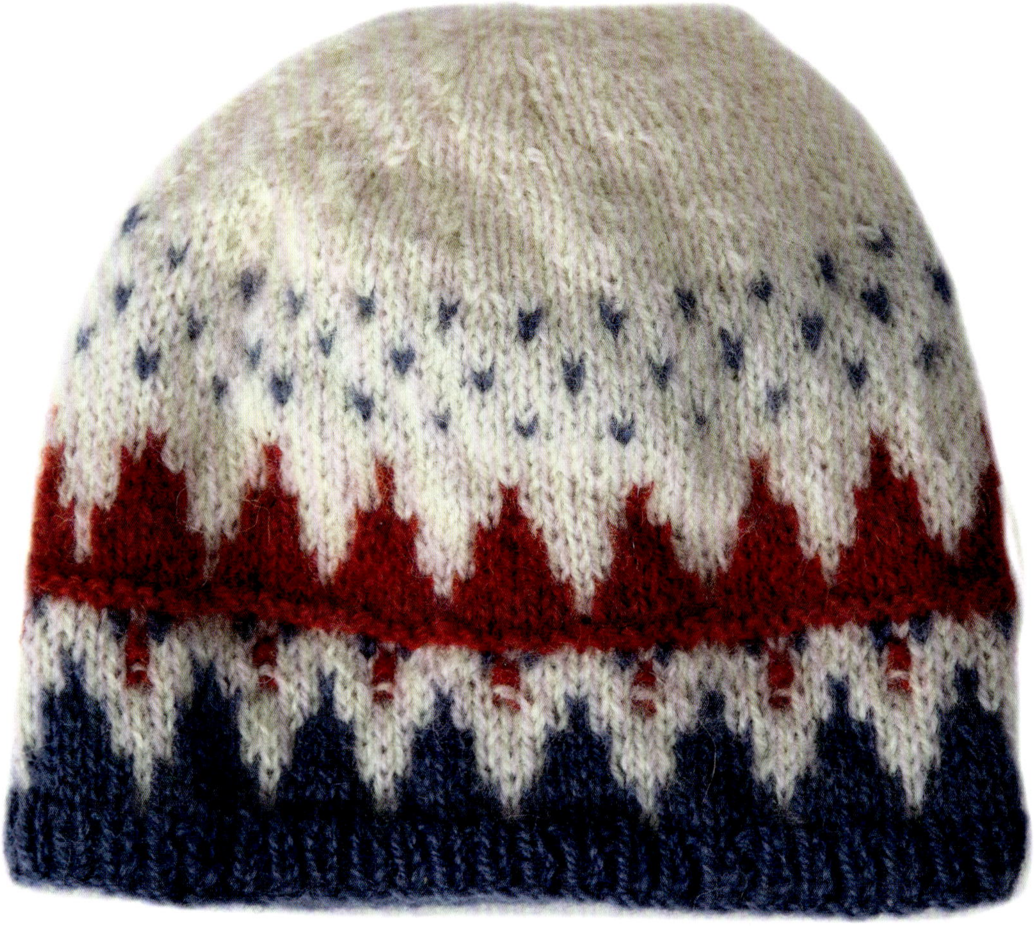

ZWERGEN-MÜTZE

Das Modell ist mit Tove von Sandnes Garn in Weiß, Jeansblau und Rot gestrickt.

Anleitung

Größe: Klein (Groß).

96 Maschen in Blau auf der Rundstricknadel anschlagen und zum Ring schließen.

① Nach Diagramm 1 stricken. Das Muster in der Runde fortlaufend wiederholen. Bis zur Markierung klein (groß) stricken.

② Nach Diagramm 2 stricken, abnehmen. Nach jeweils 16 Maschen einen Maschenmarkierer einhängen. Das Muster wiederholt sich in der Runde 6-mal. In jeder Runde abnehmen nach Diagramm. Zum Nadelspiel mit 5 Nadeln wechseln, wenn die Rundstricknadel zu lang ist.

Faden abschneiden und durch die letzten Maschen ziehen. Den Faden vorsichtig anziehen und gut vernähen.

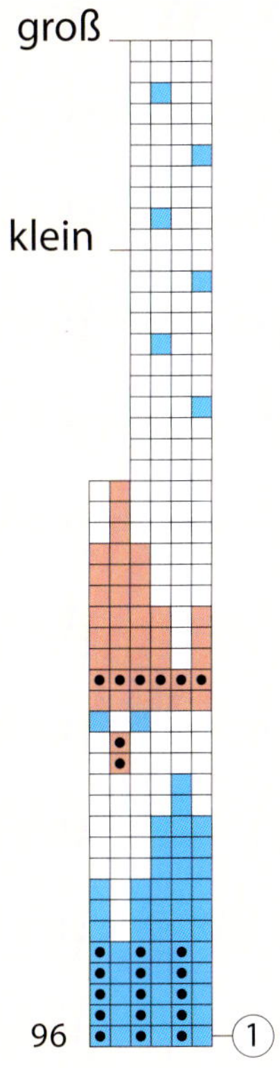

Diagramm 1
Mütze

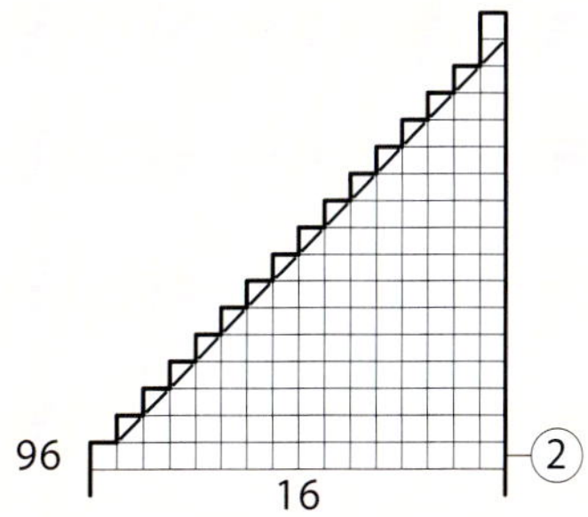

Diagramm 2
Abnehmen Mütze

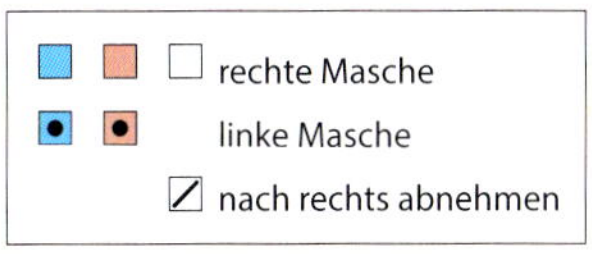

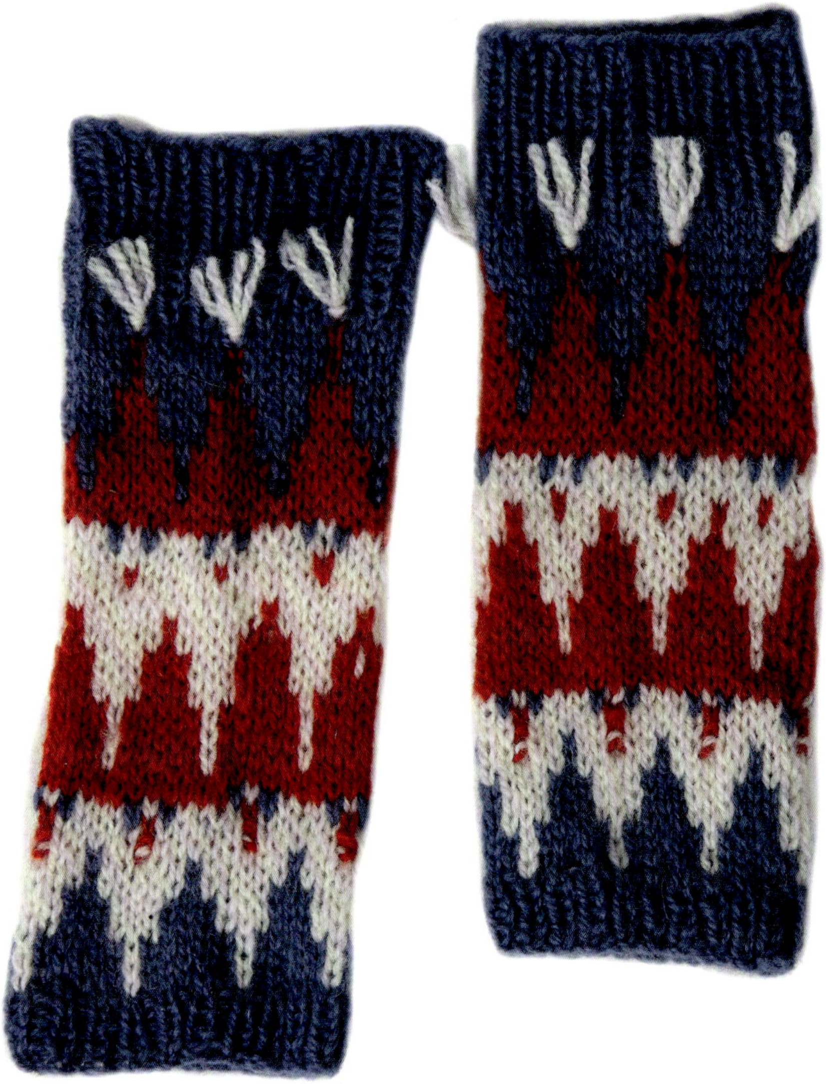

ZWERGEN-BEINSTULPEN

Das Modell ist mit Tove von Sandnes Garn in Weiß, Jeansblau und Rot gestrickt.

Anleitung

48 Maschen locker anschlagen, auf 4 Nadeln verteilen und zu einem Ring schließen.

① Nach Diagramm 1 stricken. Das Muster in der Runde fortlaufend wiederholen. Darauf achten, dass es eine Runde mit schlechtgelaunten Zwergen und eine mit fröhlichen Zwergen gibt. Die schlechtgelaunten Zwerge bekommen ihren Mund durch zwei rote linke Maschen. Das Diagramm bis zum Ende stricken und mit rechten und linken Maschen abnehmen.

Fransen für die Zwergenmütze herstellen. 10 cm lange weiße Fäden abschneiden. Immer zwei Fäden zwischen zwei Maschen oben auf der Zwergenmütze durchziehen. Auf der Vorderseite mit einem Knoten befestigen. Die Fadenenden mit einer Bürste leicht auseinanderbürsten und in der gewünschten Länge abschneiden.

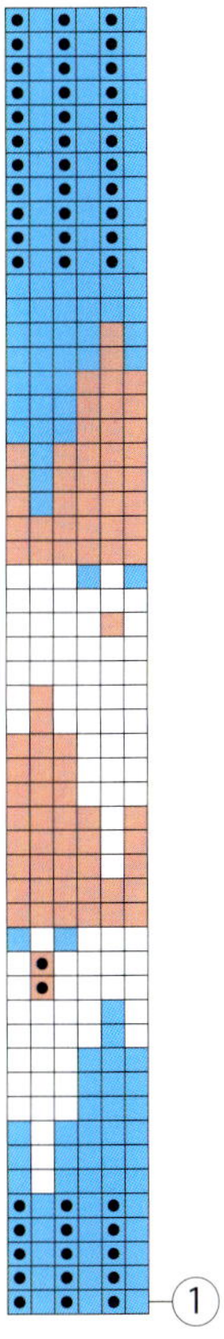

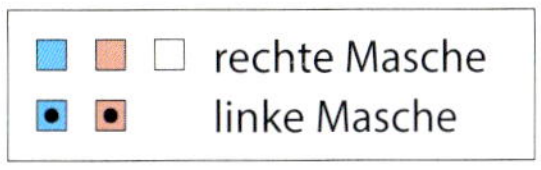

Diagramm 1
Beinstulpen

ZICKZACK

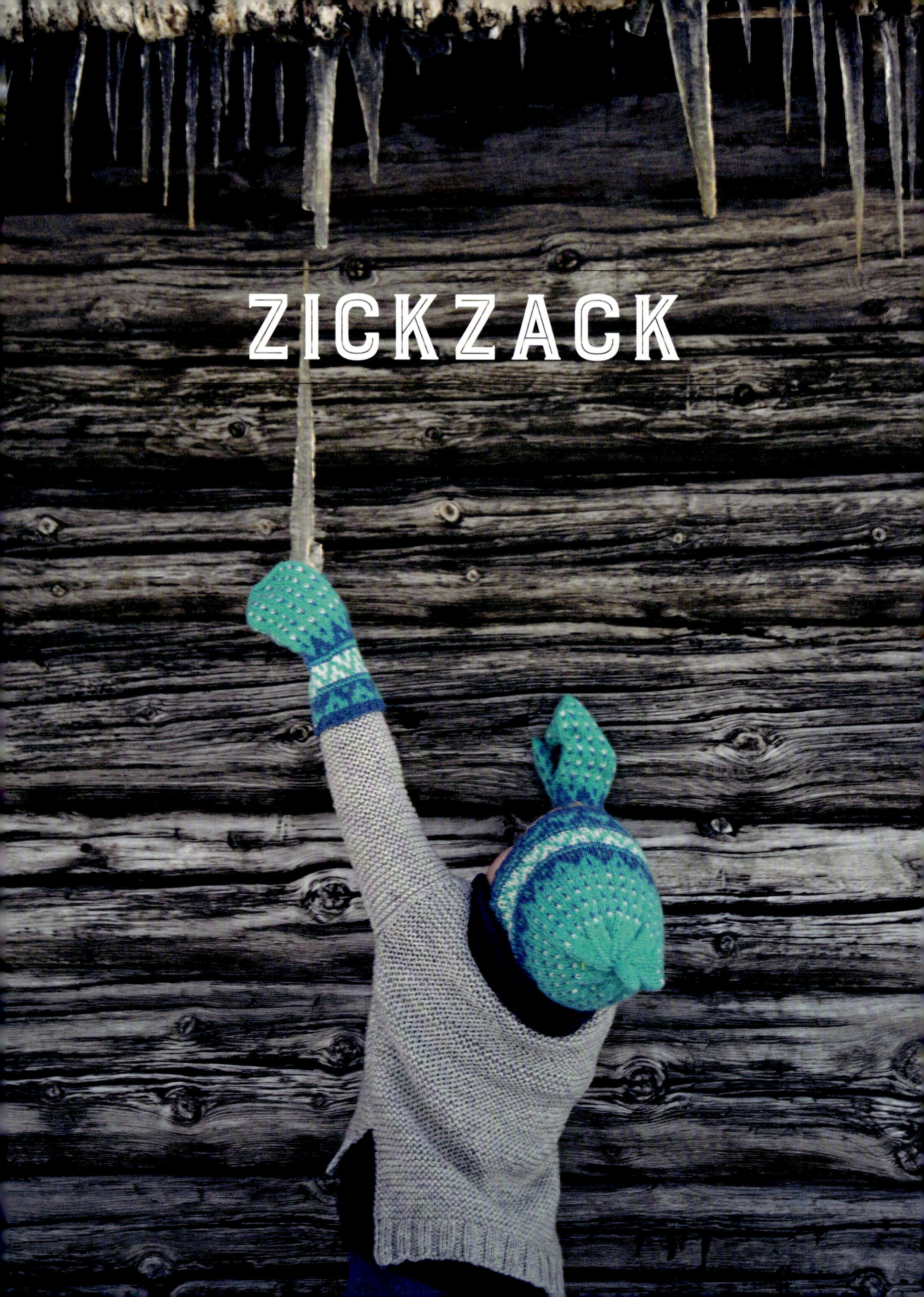

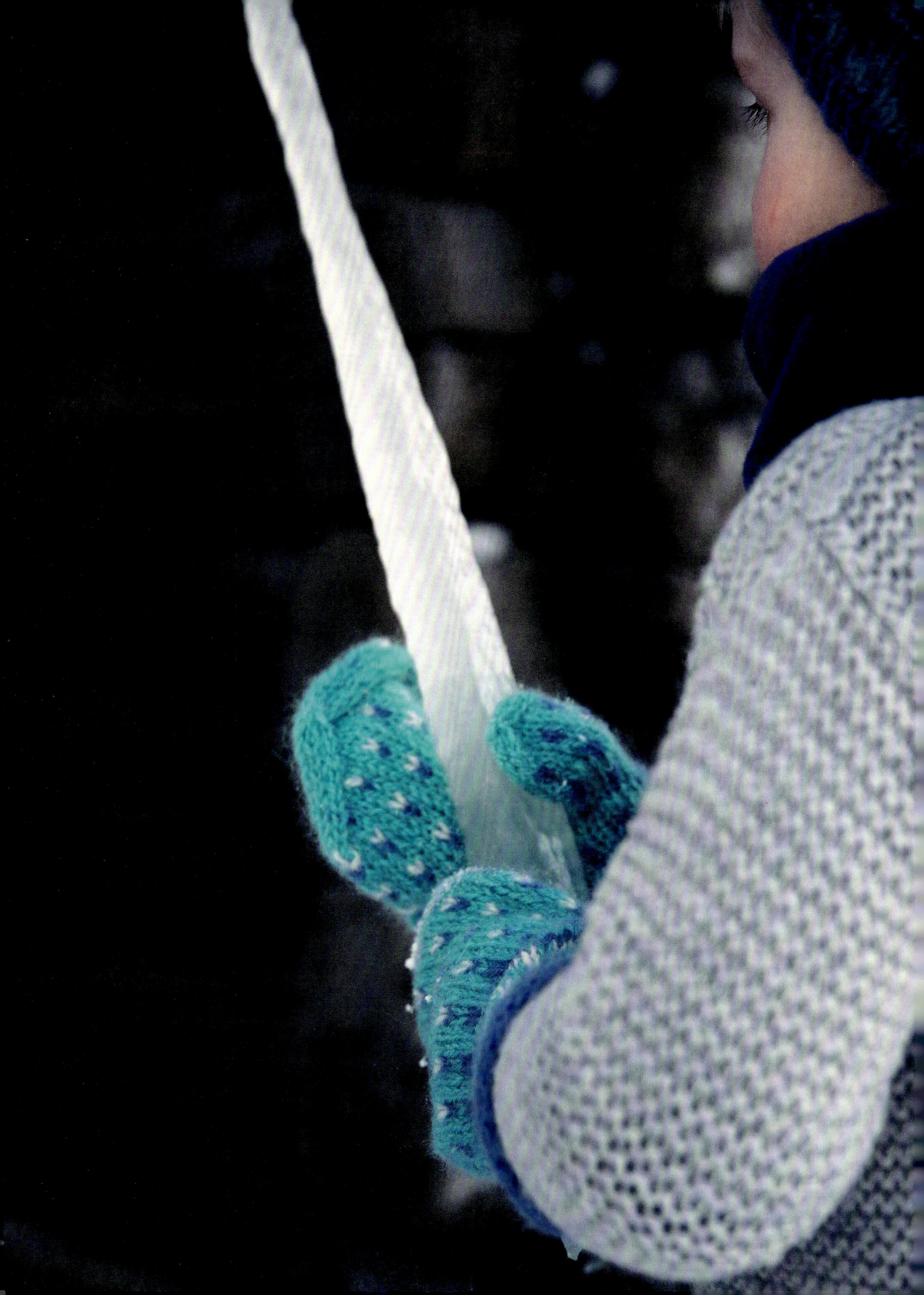

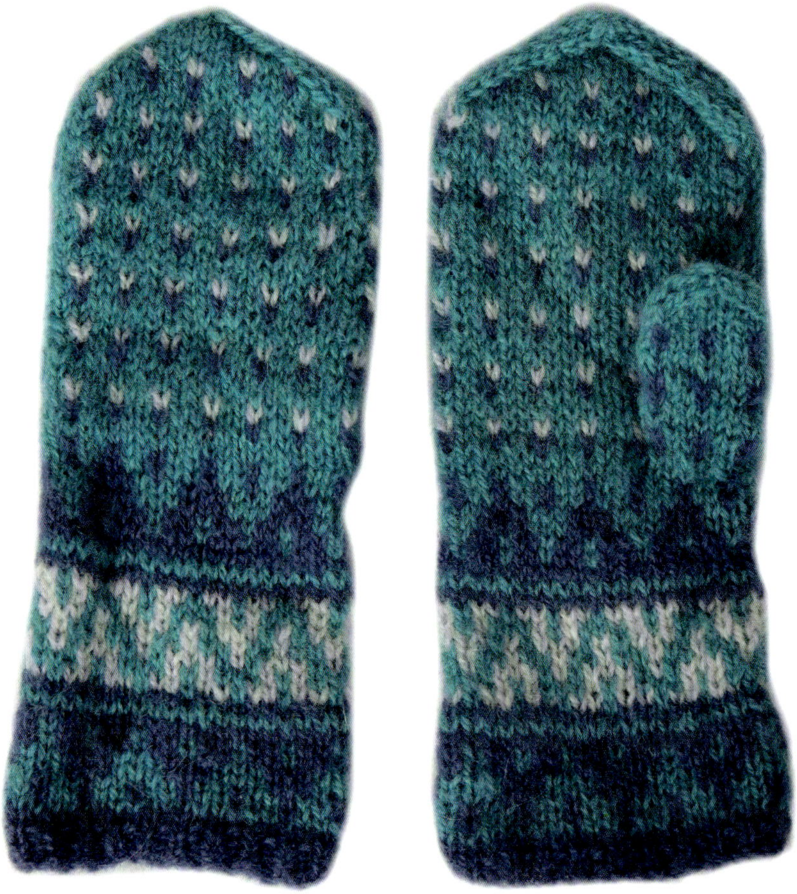

ZICKZACK-FÄUSTLINGE

Die Modelle sind mit Tove von Sandnes Garn in Naturweiß, Seegrün und Jeansblau gestrickt.

Anleitung

Der rechte und der linke Fäustling werden gleich gestrickt, nur die Stelle für den Daumen variiert. Einen Fäustling mit dem Daumen links und einen Fäustling mit dem Daumen rechts stricken.

42 Maschen in Blau anschlagen, die Maschen auf 4 Nadeln verteilen und zu einem Ring schließen.

① Nach Diagramm 1 stricken. Das Muster in der Runde fortlaufend wiederholen.

② Öffnung für den Daumen: einen losen Faden in einer anderen Farbe über die 7 markierten Maschen mitlaufen lassen. Die Maschen zurück auf die linke Nadel schieben und das Muster von der Markierung aus wiederholen.

③ Mit dem Abnehmen beginnen. An den Seiten nach Anleitung im Diagramm abnehmen.

④ Den Faden abschneiden und durch die letzten Maschen ziehen.

⑤ Daumen: den losen Faden herausziehen, die 7 Maschen auf die Nadeln aufnehmen und 7 Maschen auf der anderen Seite anschlagen. Nach Diagramm 2 (Daumen) stricken. Erste Runde: auf 16 Maschen zunehmen, indem auf jeder Seite 1 Masche zugenommen wird, vgl. Diagramm.

⑥ Mit dem Abnehmen beginnen.

⑦ Faden abschneiden und durch die letzten Maschen ziehen.

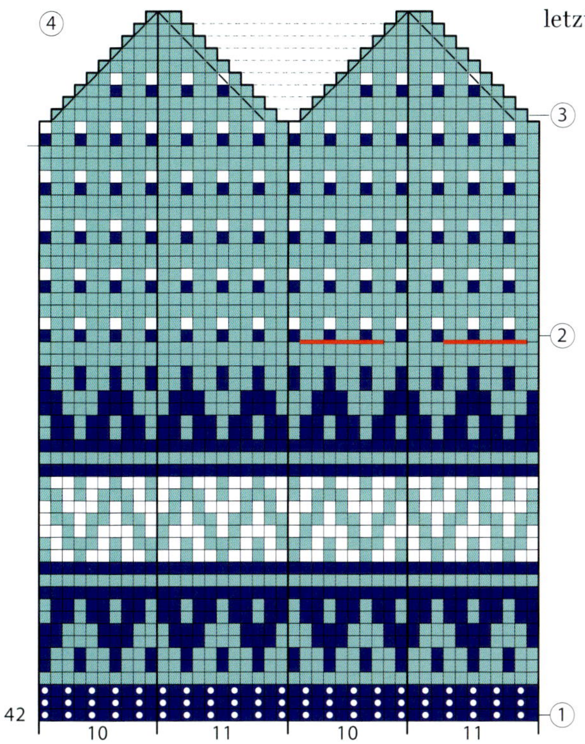

Diagramm 1
Rechter und linker Fäustling

- rechte Masche
- linke Masche
- 1 Masche zunehmen
- nach rechts abnehmen
- nach links abnehmen

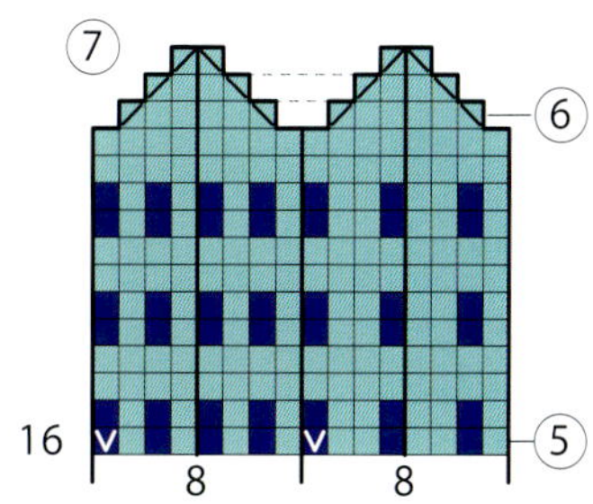

Diagramm 2
Daumen

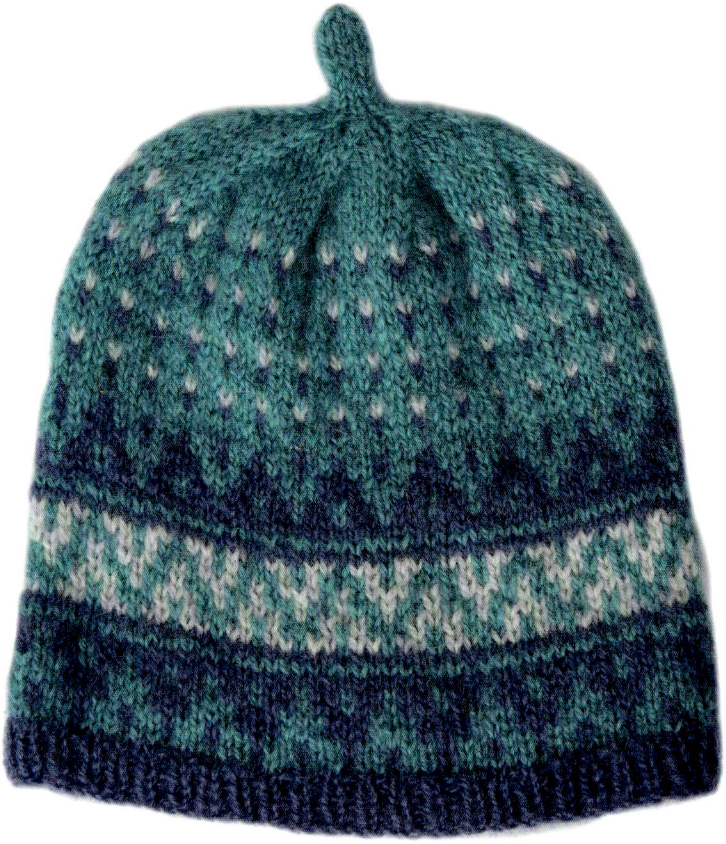

ZICKZACK-MÜTZE

Das Modell ist mit Tove von Sandnes Garn in Naturweiß, Seegrün und Jeansblau gestrickt.

Anleitung

Größe: Klein (Groß).

96 Maschen in Blau auf der Rundstricknadel anschlagen und zum Ring schließen.

① Nach Diagramm 1 stricken. Das Muster in der Runde fortlaufend wiederholen. Bis zur Markierung klein (groß) stricken.

② Nach Diagramm 2 stricken, abnehmen. Nach jeweils 16 Maschen einen Maschenmarkierer einhängen. Das Muster wiederholt sich in der Runde 6-mal. In jeder Runde abnehmen nach Diagramm. Zum Nadelspiel mit 5 Nadeln wechseln, wenn die Rundstricknadel zu lang ist.

③ Rund weiterstricken mit den restlichen 6 Maschen, damit die Mütze in einer Spitze endet.

Faden abschneiden und durch die letzten Maschen ziehen. Den Faden vorsichtig anziehen und gut vernähen.

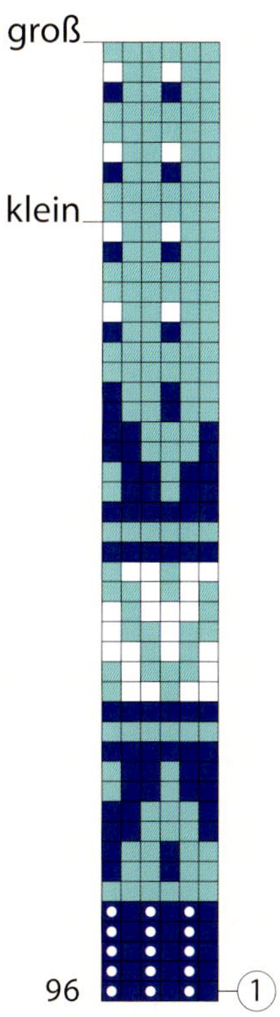

Diagramm 1
Mütze

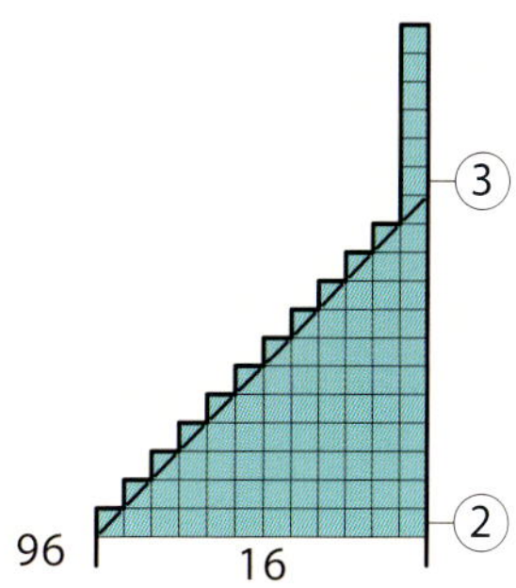

Diagramm 2
Abnehmen Mütze

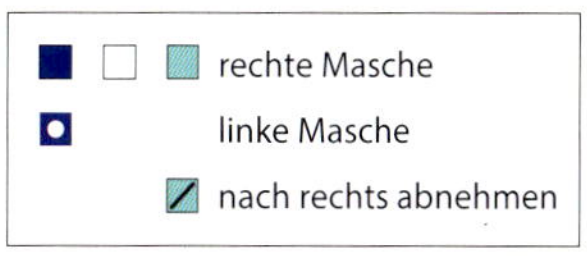

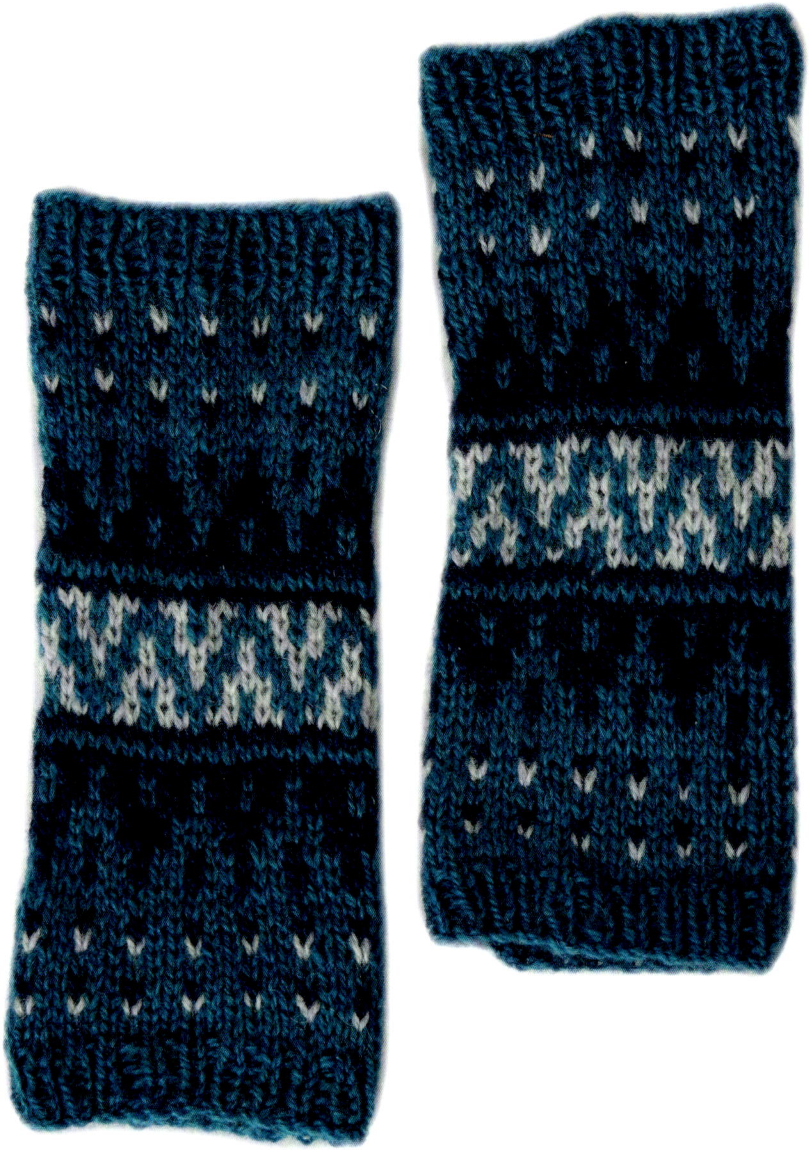

ZICKZACK-BEINSTULPEN

Die Modelle sind mit Tove von Sandnes Garn in Naturweiß, Seegrün und Jeansblau gestrickt.

Anleitung

48 Maschen locker anschlagen, auf 4 Nadeln verteilen und zu einem Ring schließen.

① Nach Diagramm 1 stricken. Das Muster in der Runde fortlaufend wiederholen. Das Diagramm bis zum Ende stricken und mit rechten und linken Maschen abnehmen.

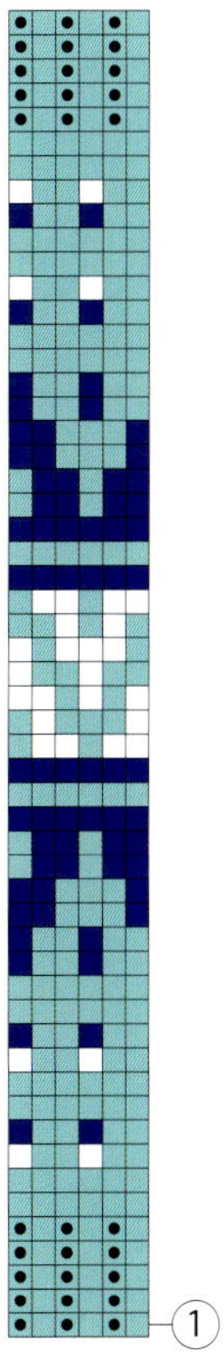

Diagramm 1
Beinstulpen

rechte Masche
linke Masche

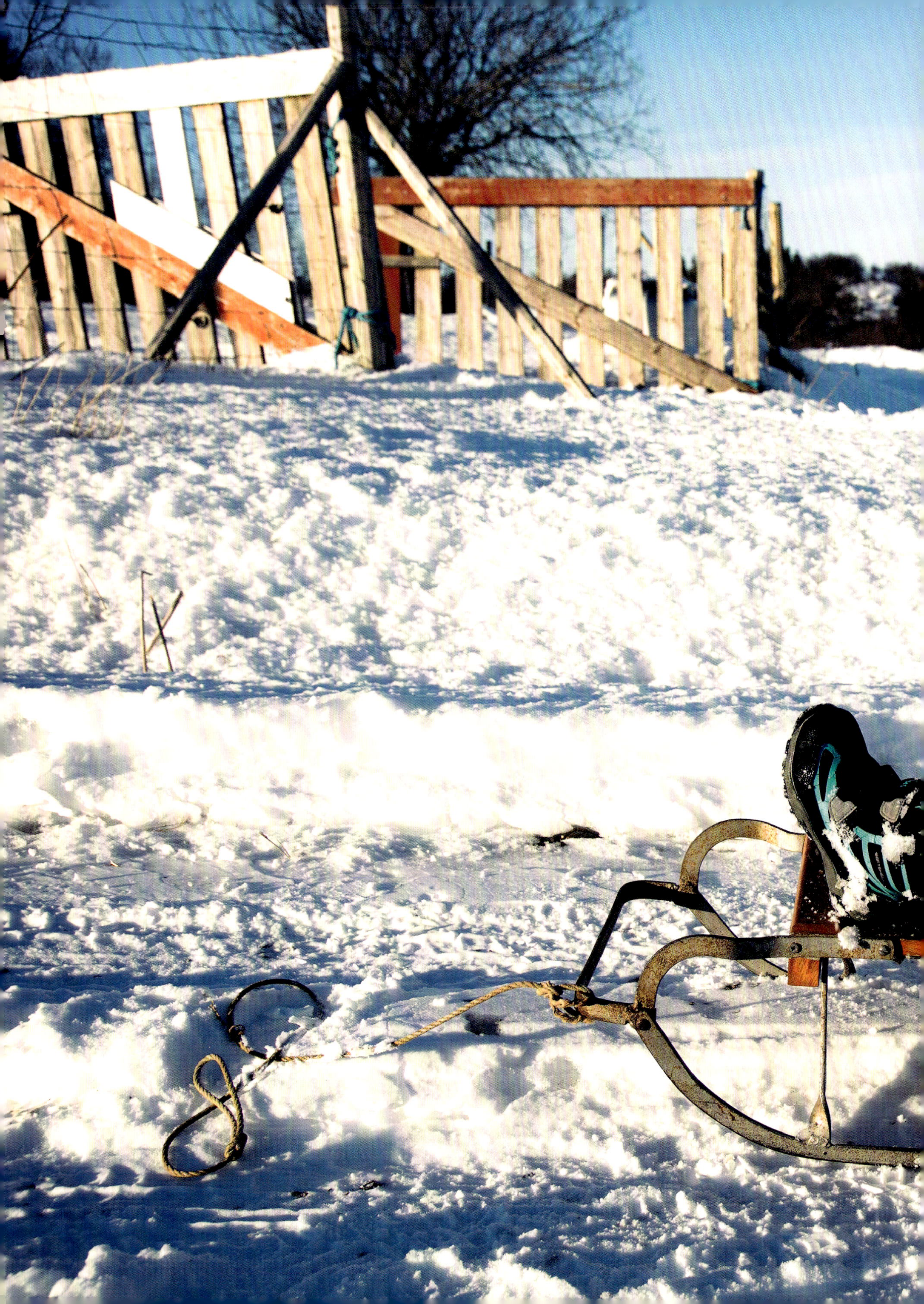

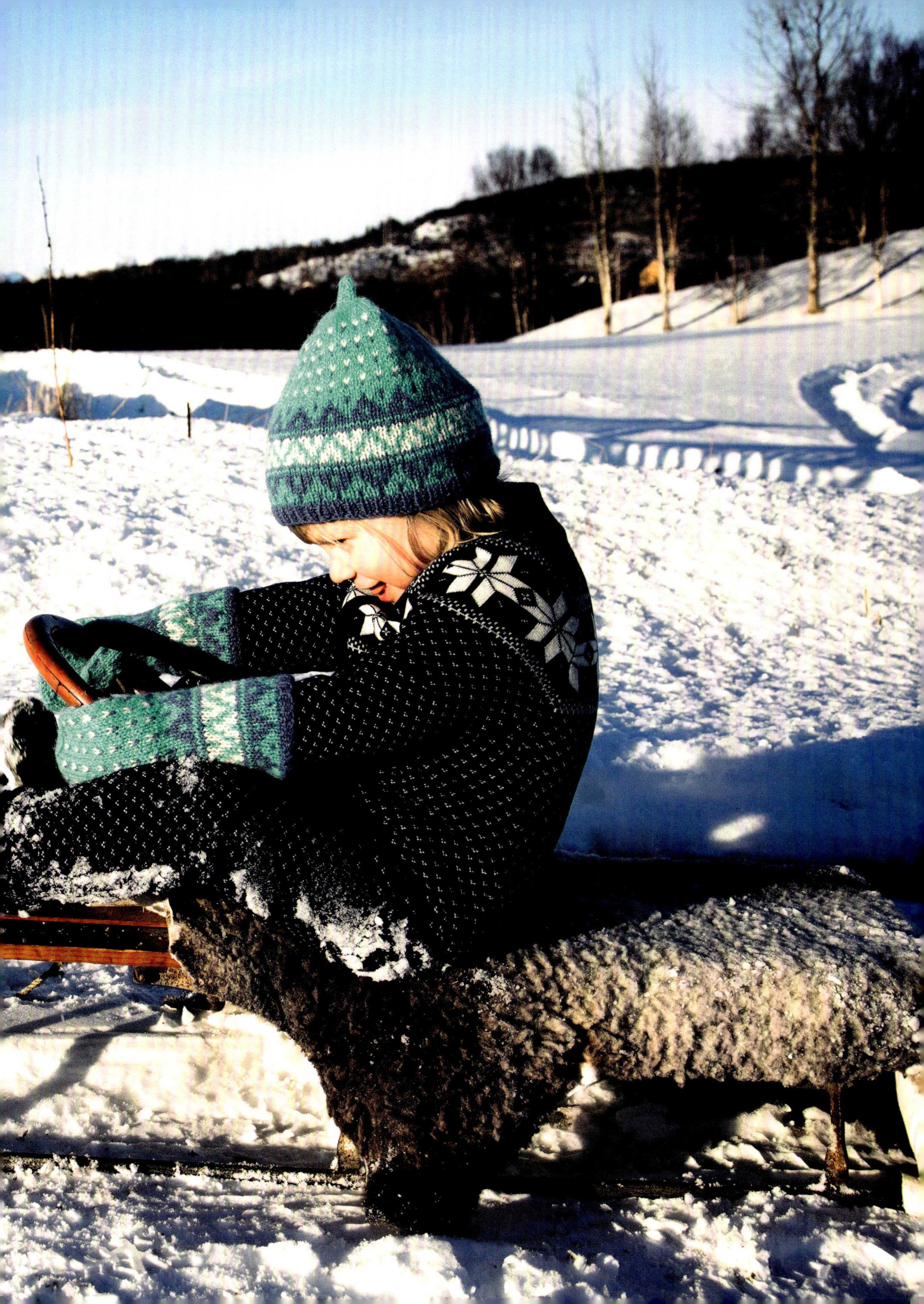

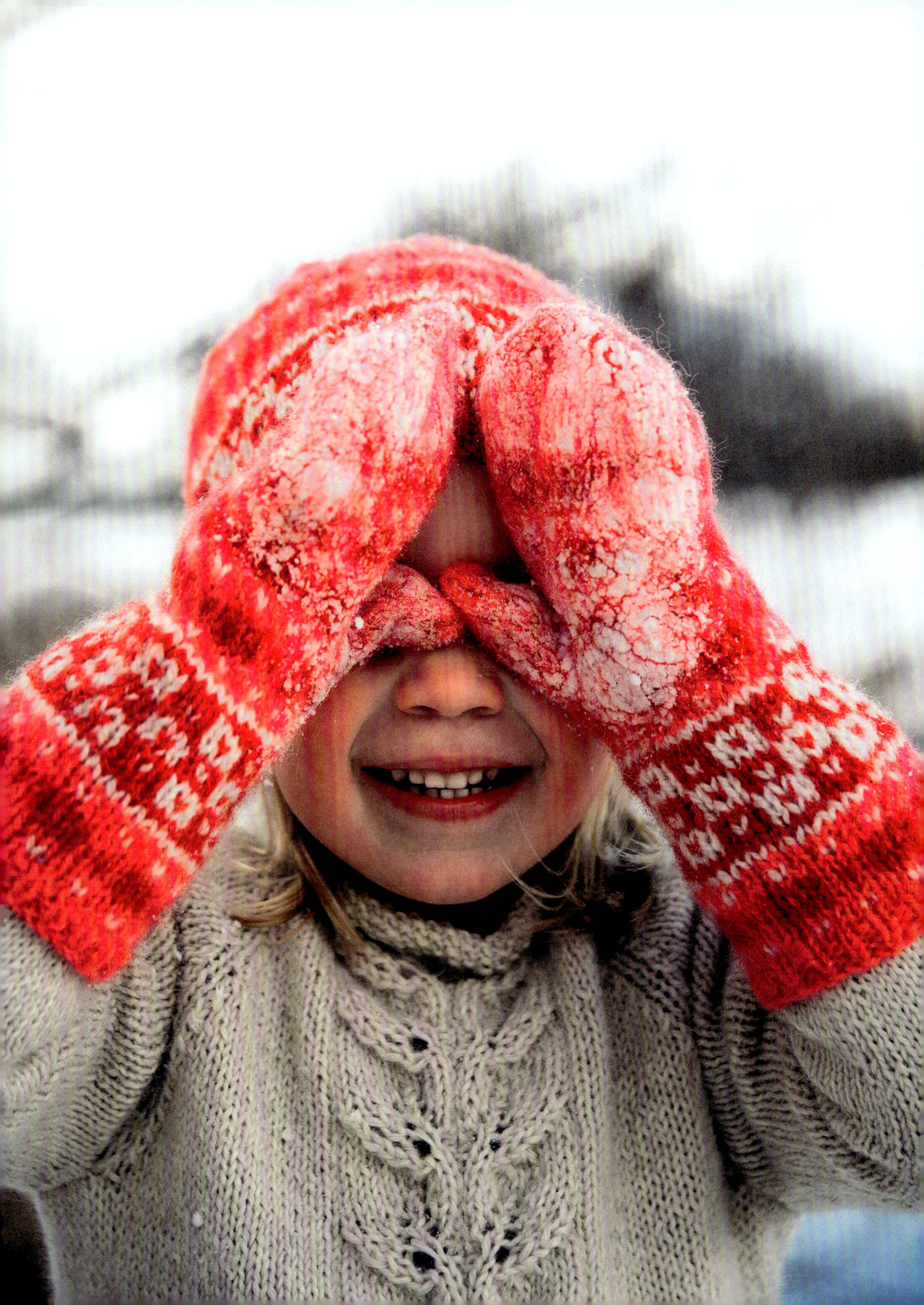

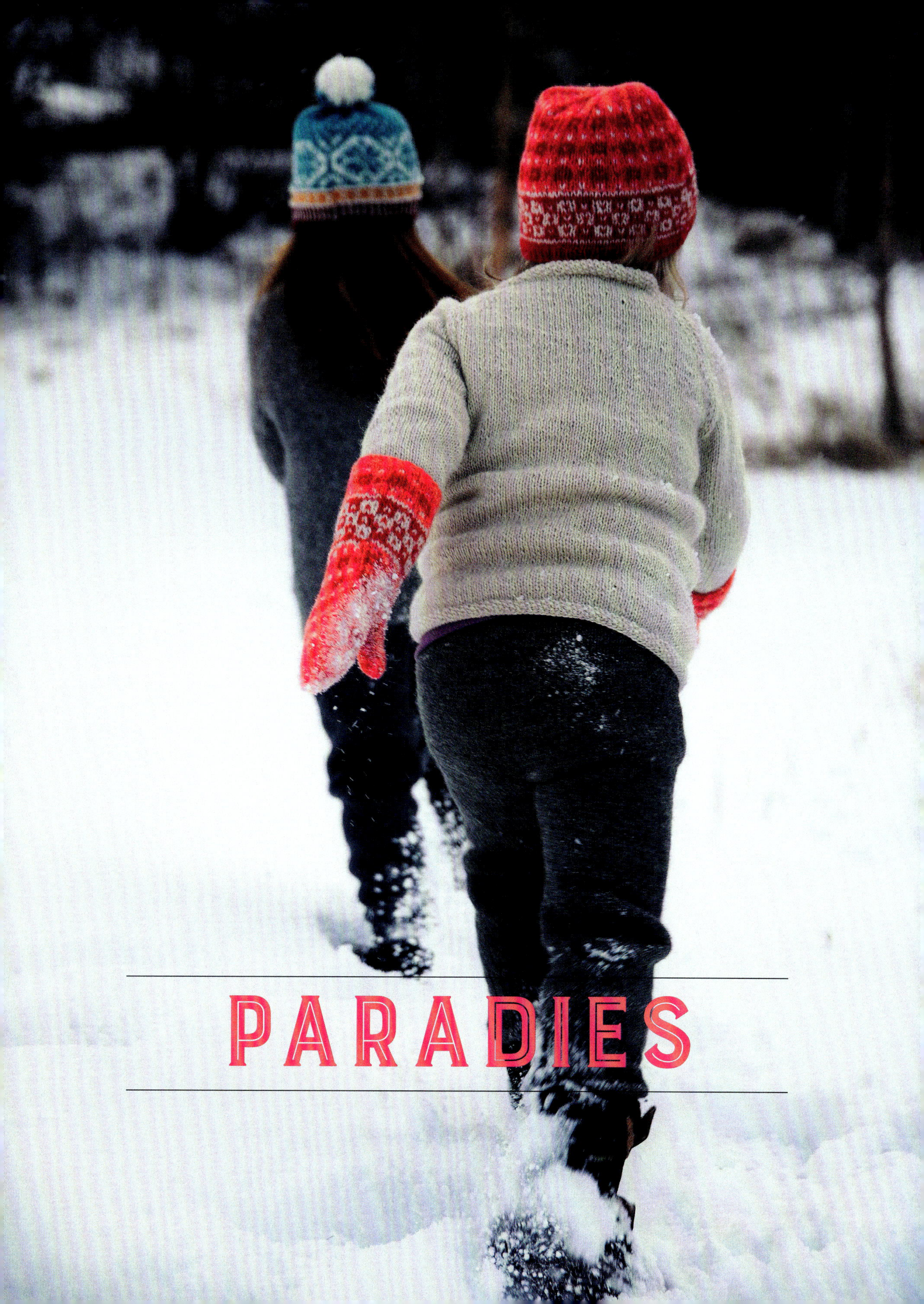

PARADIES

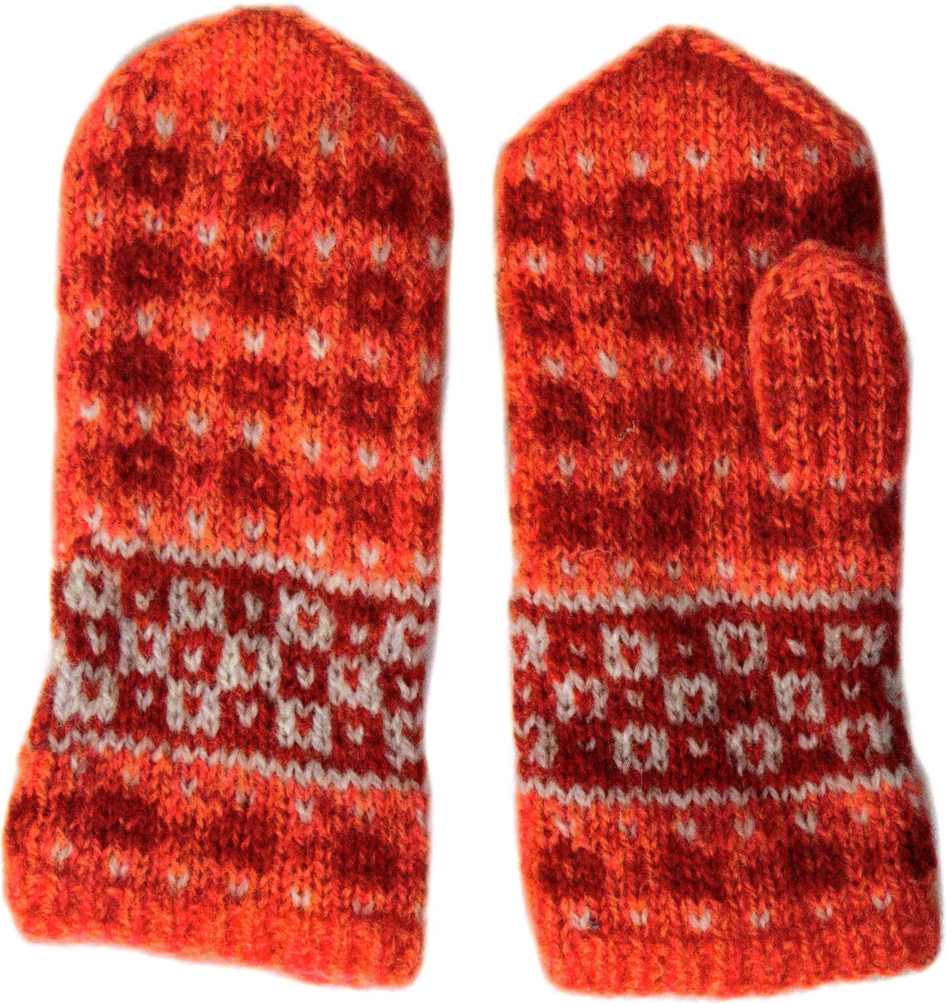

PARADIES-FÄUSTLINGE

Die Modelle sind mit Tove von Sandnes Garn in Rot, Weiß und Koralle gestrickt.

Anleitung

Der rechte und der linke Fäustling werden gleich gestrickt, nur die Stelle für den Daumen variiert. Einen Fäustling mit dem Daumen links und einen Fäustling mit dem Daumen rechts stricken.

42 Maschen in Koralle anschlagen, die Maschen auf 4 Nadeln verteilen und zu einem Ring schließen.

① Nach Diagramm 1 stricken. Das Muster in der Runde fortlaufend wiederholen.

② Öffnung für den Daumen: einen losen Faden in einer anderen Farbe über die 7 markierten Maschen mitlaufen lassen. Die Maschen zurück auf die linke Nadel schieben und das Muster von der Markierung aus wiederholen.

③ Mit dem Abnehmen beginnen. An den Seiten nach Anleitung im Diagramm abnehmen.

④ Den Faden abschneiden und durch die letzten Maschen ziehen.

⑤ Daumen: den losen Faden herausziehen, die 7 Maschen auf die Nadeln aufnehmen und 7 Maschen auf der anderen Seite anschlagen. Nach Diagramm 2 (Daumen) stricken. Erste Runde: auf 16 Maschen zunehmen, indem auf jeder Seite 1 Masche zugenommen wird, vgl. Diagramm.

⑥ Mit dem Abnehmen beginnen.

⑦ Faden abschneiden und durch die letzten Maschen ziehen.

- ☐ ■ ■ rechte Masche
- ● linke Masche
- V 1 Masche zunehmen
- / nach rechts abnehmen
- \ nach links abnehmen

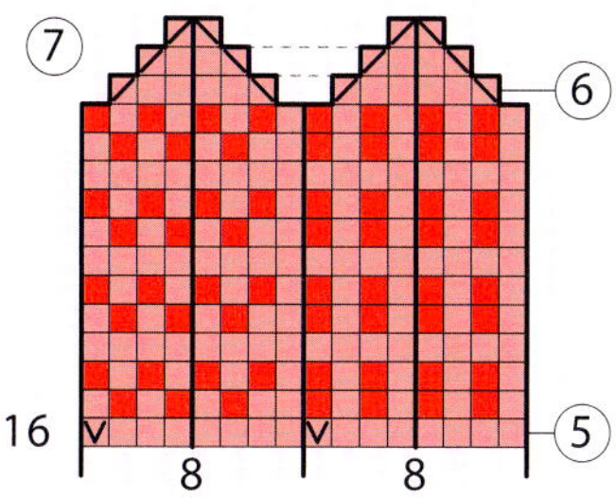

Diagramm 2
Daumen

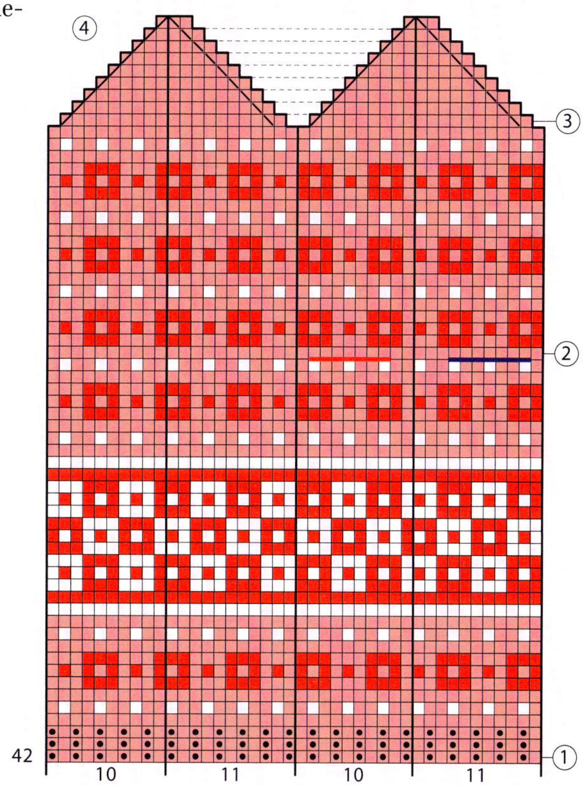

Diagramm 1
Rechter und linker Fäustling

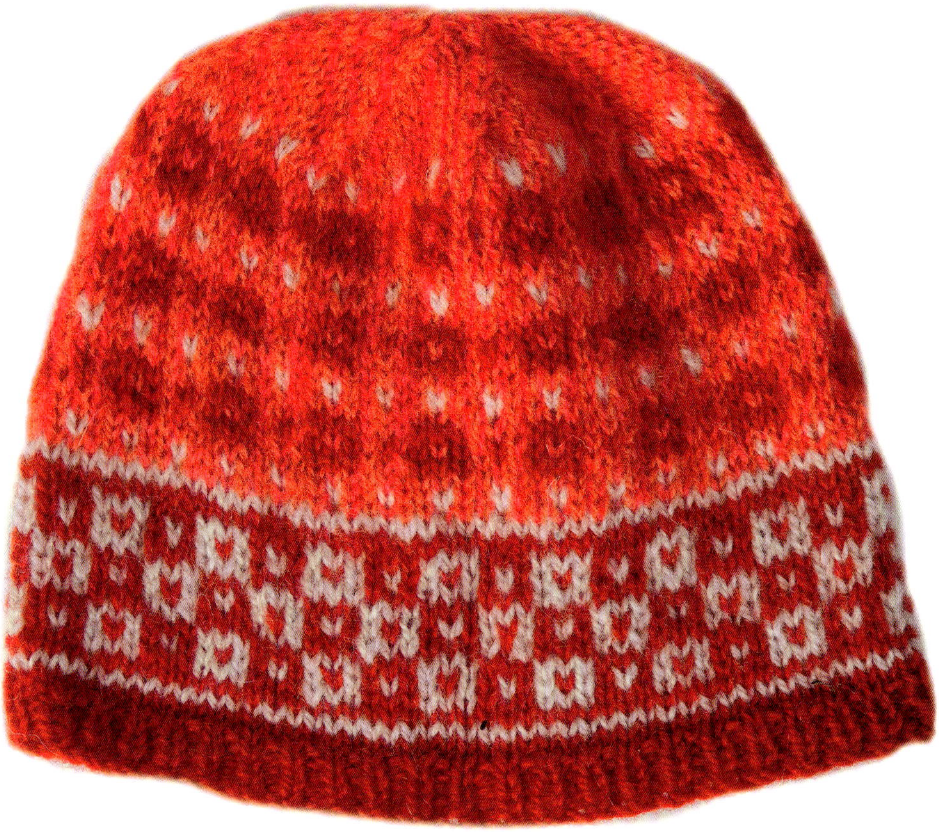

PARADIES-MÜTZE

Das Modell ist mit Tove von Sandnes Garn in Rot, Weiß und Koralle gestrickt.

Anleitung

Größe: Klein (Groß).

96 Maschen in Koralle auf der Rundstricknadel anschlagen und zum Ring schließen.

① Nach Diagramm 1 stricken. Das Muster in der Runde fortlaufend wiederholen. Bis zur Markierung klein (groß) stricken.

② Nach Diagramm 2 stricken, abnehmen. Nach jeweils 16 Maschen einen Maschenmarkierer einhängen. Das Muster wiederholt sich in der Runde 6-mal. In jeder Runde abnehmen nach Diagramm. Zum Nadelspiel mit 5 Nadeln wechseln, wenn die Rundstricknadel zu lang ist.

Faden abschneiden und durch die letzten Maschen ziehen. Den Faden vorsichtig anziehen und gut vernähen.

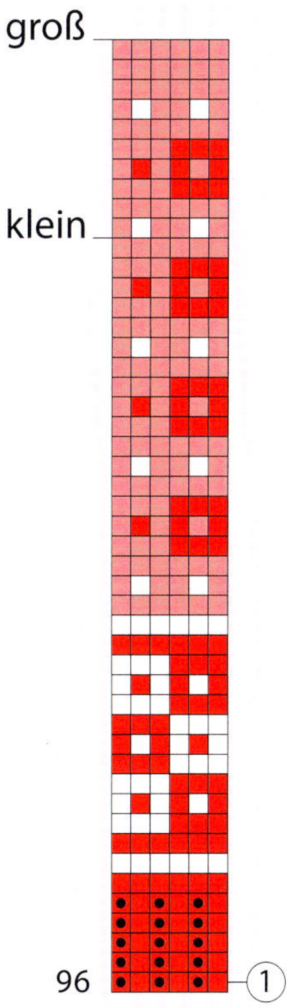

Diagramm 1
Mütze

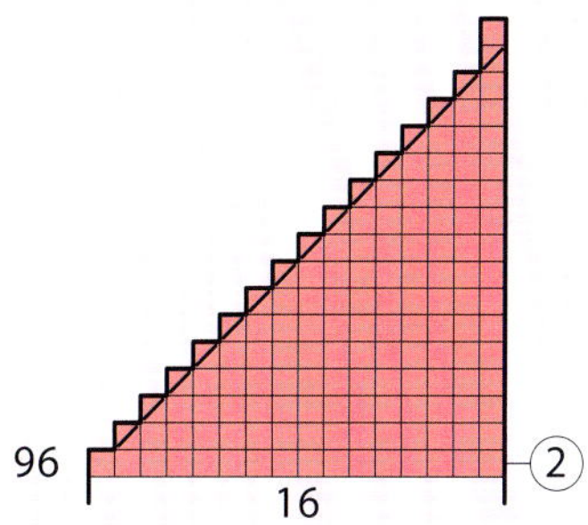

Diagramm 2
Abnehmen Mütze

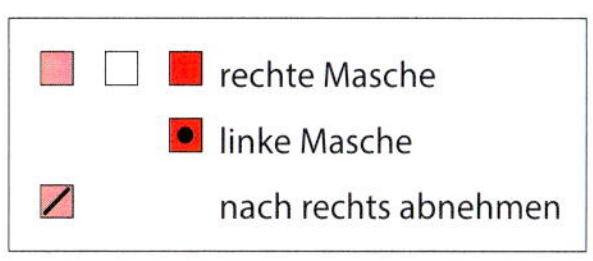

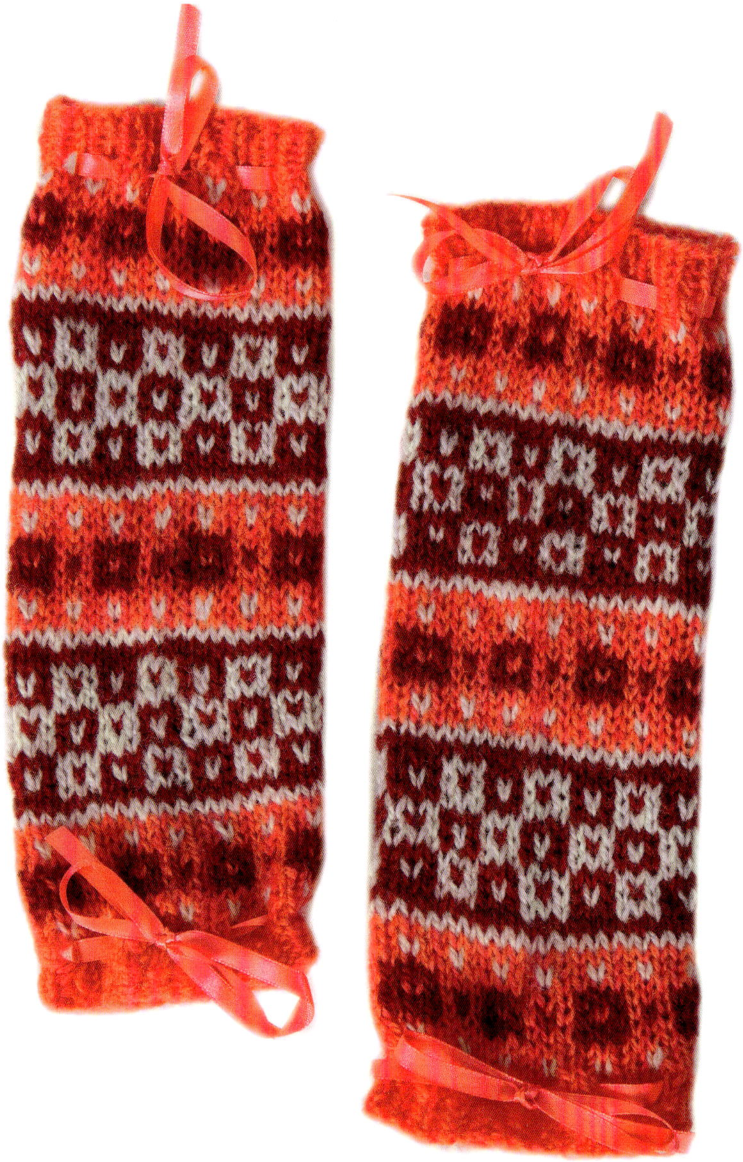

PARADIES-BEINSTULPEN

Die Modelle sind mit Tove von Sandnes Garn in Rot, Weiß und Koralle gestrickt.

Anleitung

48 Maschen locker anschlagen, auf 4 Nadeln verteilen und zu einem Ring schließen.

① Nach Diagramm 1 stricken. Das Muster in der Runde fortlaufend wiederholen.

② Lochrunde für Band.

Das Diagramm bis zum Ende stricken und mit rechten und linken Maschen abnehmen. 4 Bänder flechten oder 4 Kordeln drehen und in die Lochrunde einziehen. Oder ein hübsches Seidenband verwenden.

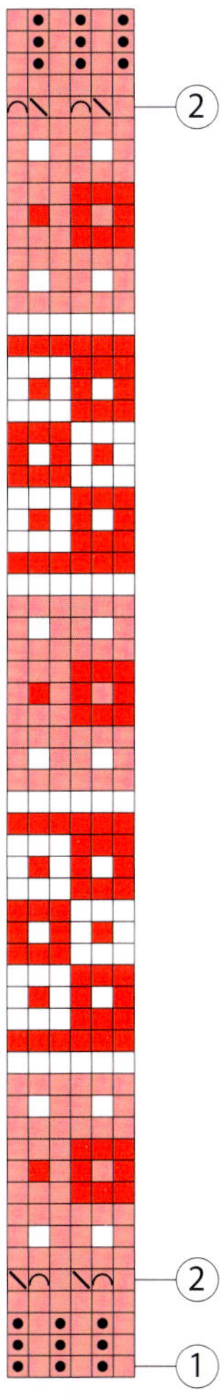

Diagramm 1
Beinstulpen

- rechte Masche
- linke Masche
- Umschlag
- nach links abnehmen

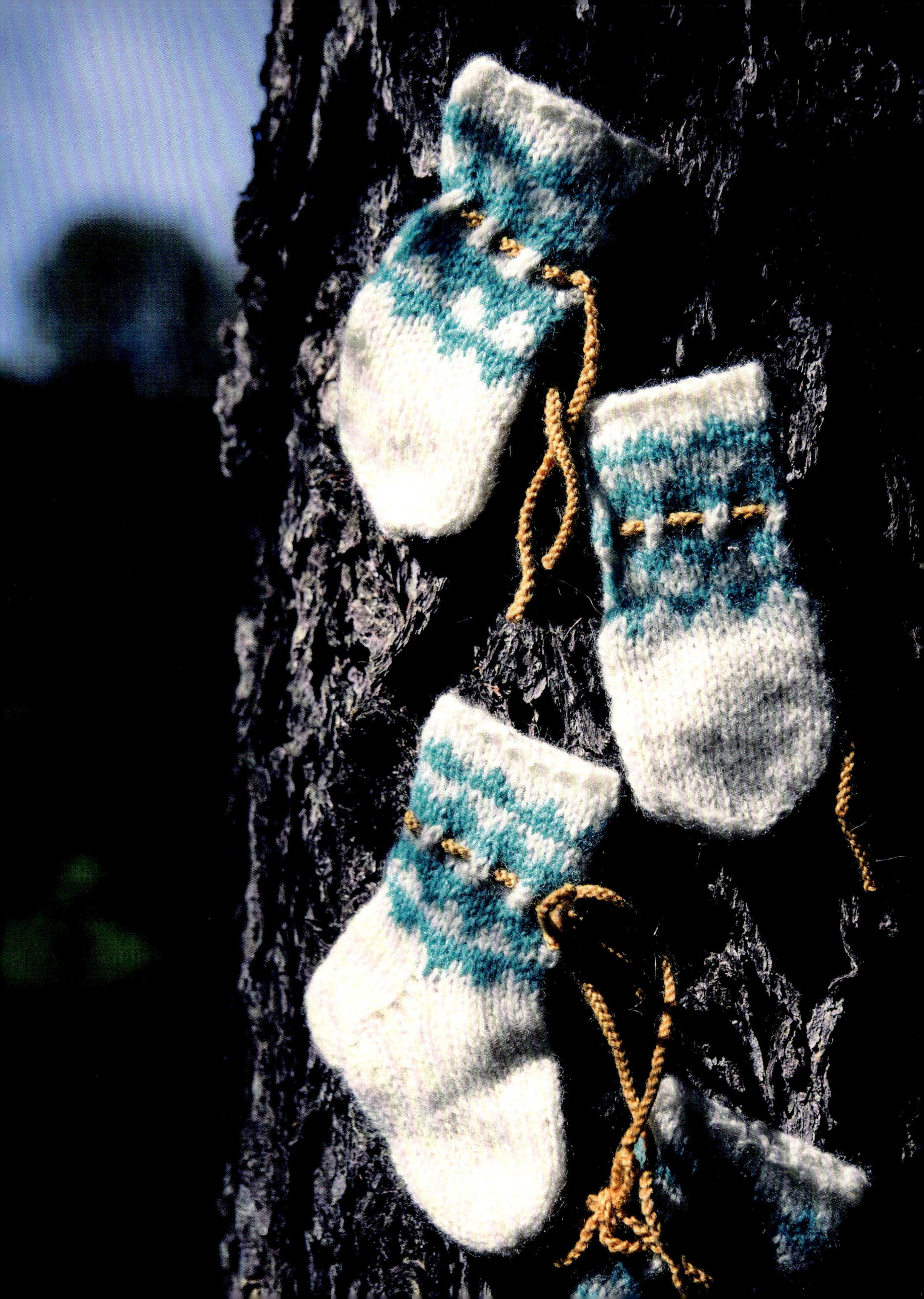

GEFILZTE FÄUSTLINGE UND SOCKEN FÜR BABYS

Hier gibt es süße Fäustlinge und Socken, die speziell für die Kleinsten berechnet sind. Diese kleinen Kleidungsstücke werden mit Wollgarn gestrickt und vorsichtig von Hand gefilzt. Die Fäustlinge haben keinen Daumen. Mit dem hier empfohlenen Garn passen die Kleidungsstücke Kindern im Alter von sechs Monaten bis zwei Jahren. Mit dickerem Garn und dickeren Nadeln werden es größere Kleidungsstücke.

Die kleinen Kleidungsstücke werden mit Nadeln 2½ oder 3 gestrickt und von Hand in die gewünschte Größe gefilzt.

Für die Modelle werden Reste der anderen gefilzten Kleidungsstücke aus diesem Buch verwendet. Die Fäustlinge und Socken mit Dreiecken werden mit Weiß und Türkis gestrickt, die mit Punkten und Streifen in Koralle, Rot und Weiß. Alle Garne sind Tove von Sandnes Garn. Eine gute Alternative ist Finullgarn von Rauma Garn.

Als Band für die Fäustlinge und Socken eignet sich Seidenband, auch für die Kleidungsstücke mit Punkten und Streifen. Man kann auch aus Garn ein Band flechten oder Kordeln drehen. Für die Kleidungsstücke mit Dreiecken wurde ein Garn in Ockergelb als geflochtenes Band verwendet. Diese Farbe ist ein starker Kontrast zu Türkis und Weiß.

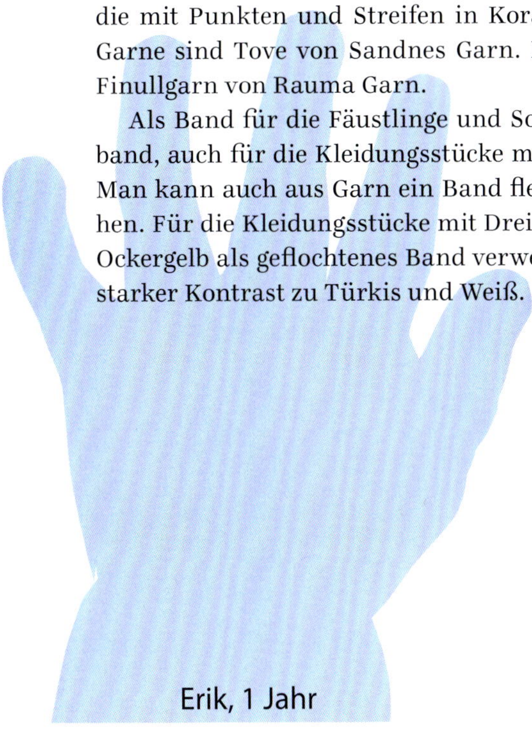

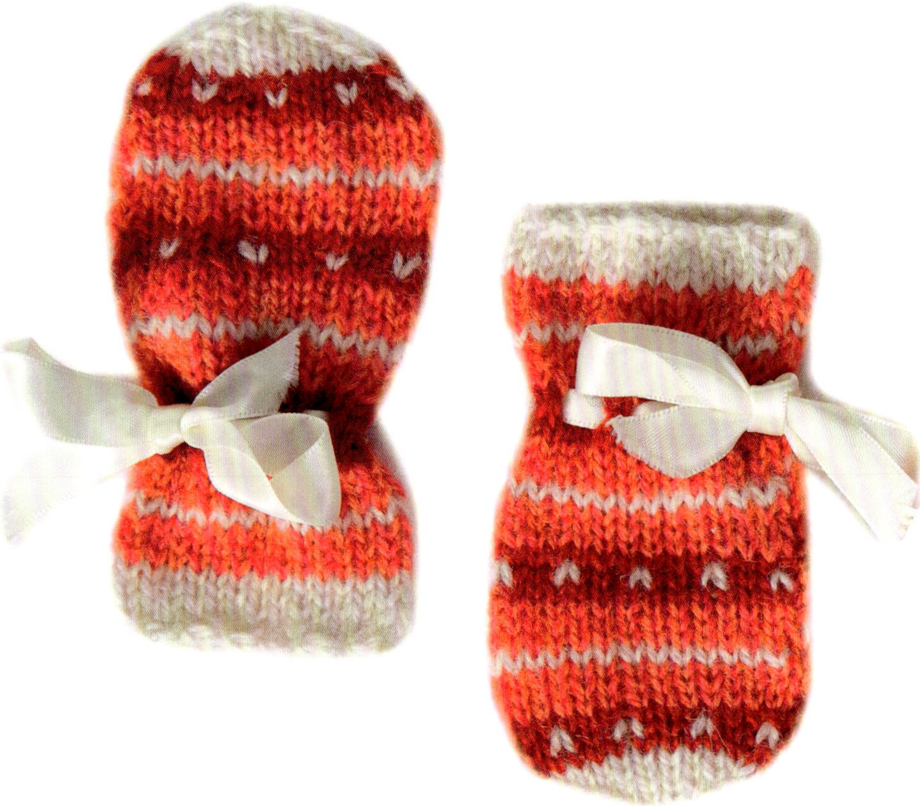

PUNKTE UND STREIFEN

FÄUSTLINGE

Anleitung

28 Maschen in Weiß auf einer Nadel anschlagen, die erste Nadel linke Maschen stricken. Damit sich der Rand nicht rollt, die nächste Reihe folgendermaßen stricken: die Arbeit wenden. 2 Maschen rechts, dann die linke Nadel einmal herumdrehen. Die gesamte Nadel so abstricken.

① Nach Diagramm 1 (Fäustling) stricken. Erste Runde: die Maschen auf 4 Nadeln verteilen und rund stricken.

② Lochrunde für Band.

③ Mit dem Abnehmen beginnen. An den Seiten nach Anleitung im Diagramm abnehmen.

④ Den Faden abschneiden und durch die letzten Maschen ziehen.

- rechte Masche
- Umschlag
- linke Masche
- Masche locker abheben
- 1 Masche zunehmen
- nach links abnehmen
- nach rechts abnehmen
- 1 Masche zunehmen

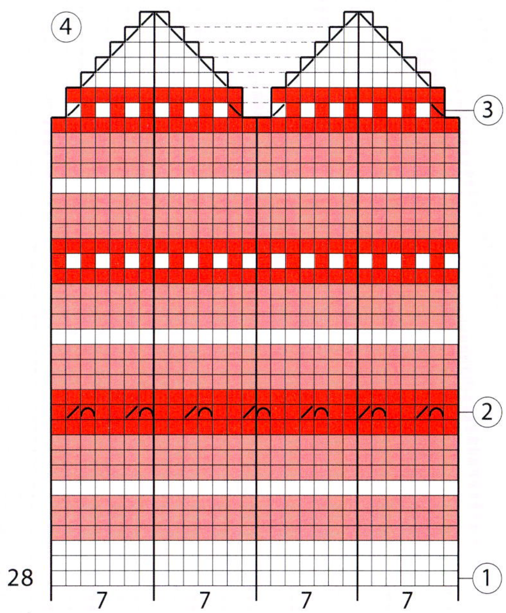

Diagramm 1
Fäustling

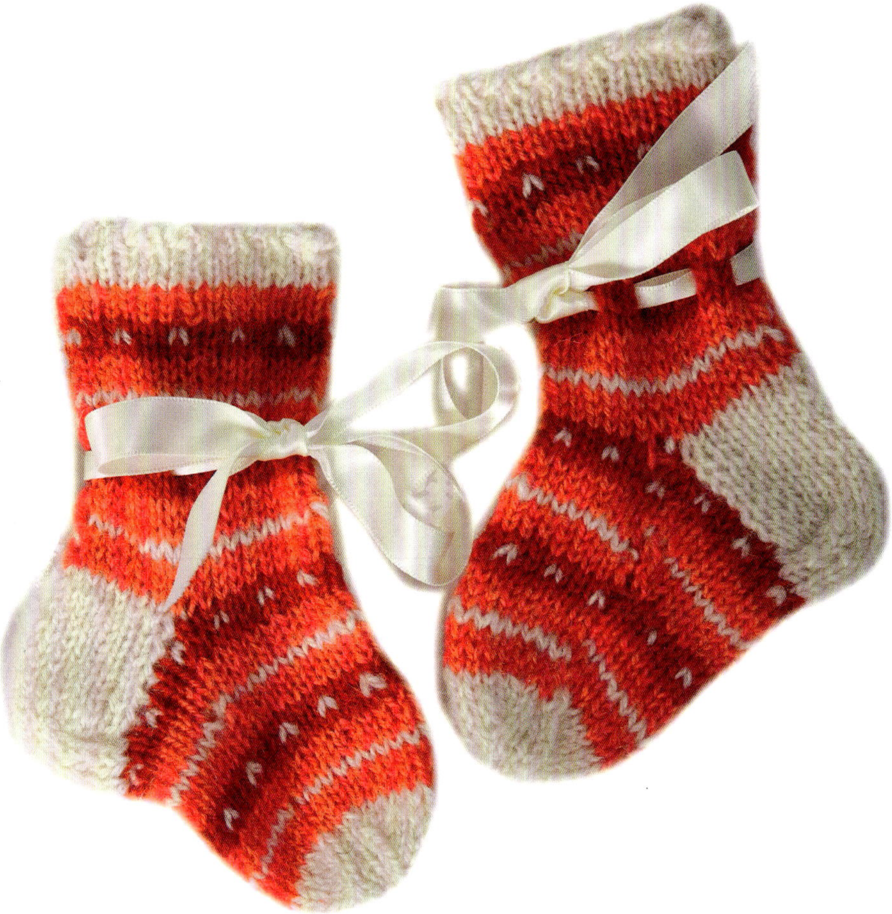

PUNKTE UND STREIFEN

SOCKEN

Anleitung

28 Maschen in Weiß auf einer Nadel anschlagen, die erste Nadel linke Maschen stricken. Damit sich der Rand nicht rollt, die nächste Reihe folgendermaßen stricken: die Arbeit wenden. 2 Maschen rechts stricken, dann die linke Nadel einmal herumdrehen. Die gesamte Nadel so abstricken.

① Nach Diagramm 2 (Sockenschaft) stricken. Erste Runde: die Maschen auf 4 Nadeln verteilen und rund stricken.

② Lochrunde für Band.

③ Ferse: Es wird über die ersten 14 Maschen hin- und zurück gestrickt. Nach den 14 Maschen 1 Masche zunehmen auf 15 Maschen.

④ Die Arbeit wenden und linke Maschen zurück stricken. Die restlichen Maschen werden stillgelegt, bis die Ferse fertig ist. Über die 15 Maschen hin und zurück stricken, bis die Ferse 14 Reihen hoch ist.

⑤ Abnehmen: 9 Maschen stricken, dann 2 Maschen rechts verschränkt zusammenstricken.

⑥ Weiterstricken, bis noch 5 Maschen auf der Nadel sind. 4 linke Maschen stricken, 2 links zusammen. Rechte Reihe: 4 rechte Maschen stricken, dann 2 rechts verschränkt zusammen.

⑦ Nach Diagramm 3 (Fuß) weiterarbeiten: 7 Maschen entlang der Seitenkante der Ferse aufnehmen und stricken, die 5 Maschen der Fersenmitte stricken und 8 Maschen an der anderen Fersenkante aufnehmen und stricken. Über die 13 Maschen, die stillgelegt sind, stricken und 1 Masche an der Fersenkante auf der anderen Seite aufnehmen. Weiter rund stricken.

⑧ 1 Masche an jeder Seite abnehmen nach Diagramm.

⑨ An den Seiten nach Diagramm abnehmen.

⑩ Faden abschneiden und durch die letzten Maschen ziehen.

- rechte Masche
- Umschlag
- linke Masche
- Masche locker abheben
- 1 Masche zunehmen
- nach rechts abnehmen
- nach links abnehmen
- 1 Masche zunehmen

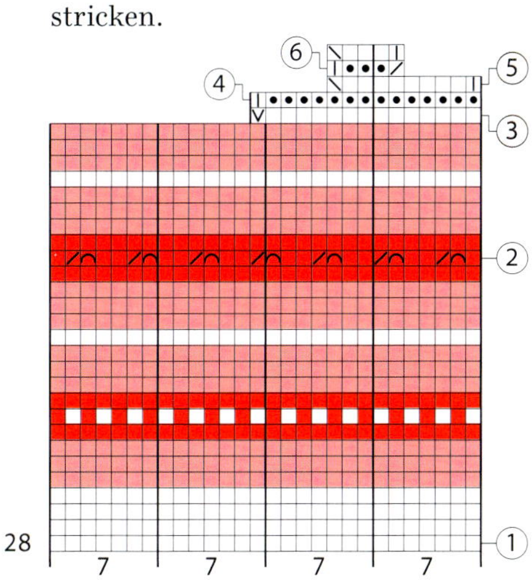

Diagramm 2
Sockenschaft

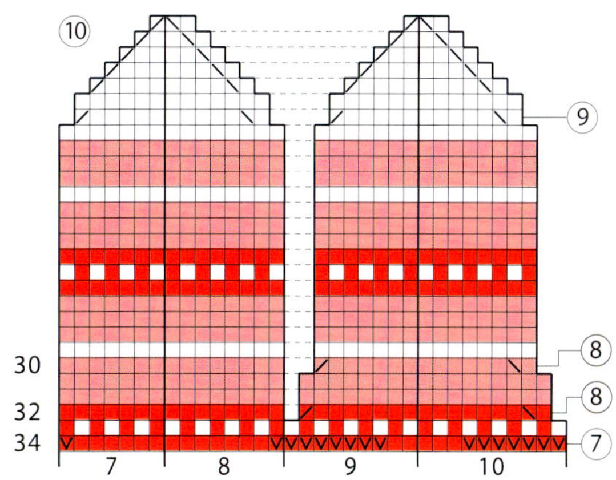

Diagramm 3
Fuß

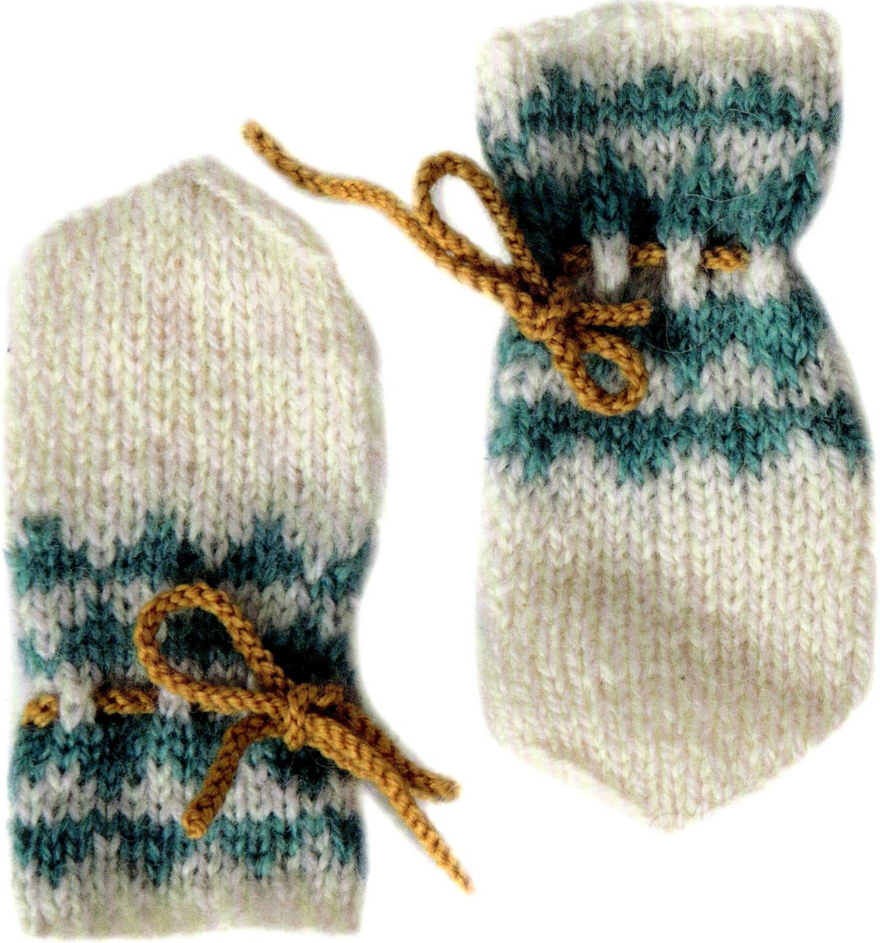

DREIECKE FÄUSTLINGE

Anleitung

28 Maschen in Weiß auf einer Nadel anschlagen, die erste Nadel linke Maschen stricken. Damit sich der Rand nicht rollt, die nächste Reihe folgendermaßen stricken: die Arbeit wenden. 2 Maschen rechts, dann die linke Nadel einmal herumdrehen. Die gesamte Nadel so abstricken.

① Nach Diagramm 1 (Fäustling) stricken. Erste Runde: die Maschen auf 4 Nadeln verteilen und rund stricken.

② Lochrunde für Band.

③ Mit dem Abnehmen beginnen. An den Seiten nach Anleitung im Diagramm abnehmen.

④ Den Faden abschneiden und durch die letzten Maschen ziehen.

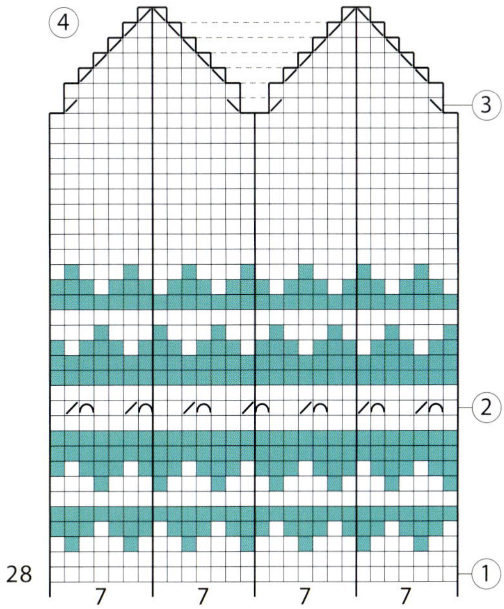

Diagramm 1
Fäustling

- ■ □ rechte Masche
- ⌒ Umschlag
- • linke Masche
- I Masche locker abheben
- V 1 Masche zunehmen
- \ nach rechts abnehmen
- / nach links abnehmen
- V 1 Masche zunehmen

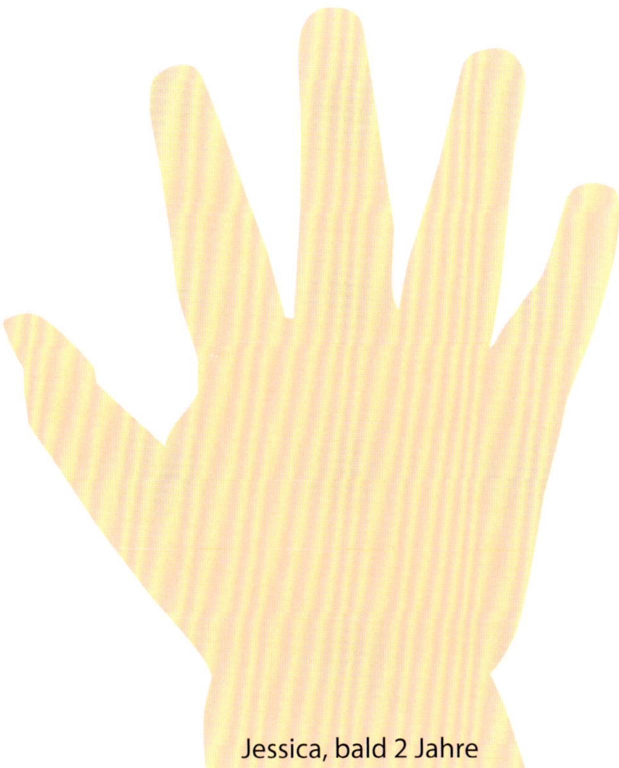

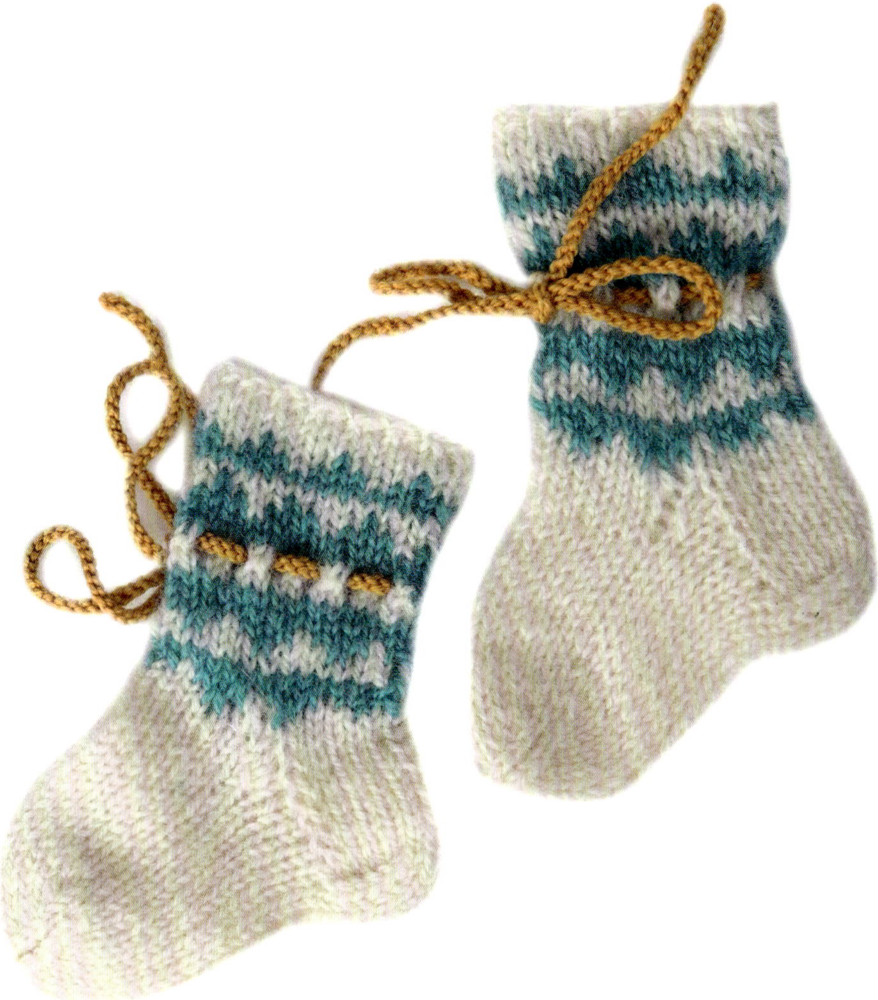

DREIECKE SOCKEN

Anleitung

28 Maschen in Weiß auf einer Nadel anschlagen, die erste Nadel linke Maschen stricken. Damit sich der Rand nicht rollt, die nächste Reihe folgendermaßen stricken: die Arbeit wenden. 2 Maschen rechts stricken, dann die linke Nadel einmal herumdrehen. Die gesamte Nadel so abstricken.

① Nach Diagramm 2 (Sockenschaft) stricken. Erste Runde: die Maschen auf 4 Nadeln verteilen und rund stricken.
② Lochrunde für Band.

③ Ferse: Es wird über die ersten 14 Maschen hin und zurück gestrickt. Nach den 14 Maschen 1 Masche zunehmen auf 15 Maschen.

④ Die Arbeit wenden und linke Maschen zurück stricken. Die restlichen Maschen werden stillgelegt, bis die Ferse fertig ist. Über die 15 Maschen hin und zurück stricken, bis die Ferse 14 Reihen hoch ist.

⑤ Abnehmen: 9 Maschen stricken, dann 2 Maschen rechts verschränkt zusammenstricken.

⑥ Weiterstricken, bis noch 5 Maschen auf der Nadel sind. 4 linke Maschen stricken, 2 links zusammen. Rechte Reihe: 4 rechte Maschen stricken, dann 2 rechts verschränkt zusammen.

⑦ Nach Diagramm 3 (Fuß) weiterarbeiten: 7 Maschen entlang der Seitenkante der Ferse aufnehmen und stricken, die 5 Maschen der Fersenmitte stricken und 8 Maschen an der anderen Fersenkante aufnehmen und stricken. Über die 13 Maschen, die stillgelegt sind, stricken und 1 Masche an der Fersenkante auf der anderen Seite aufnehmen. Weiter rund stricken.

⑧ 1 Masche an jeder Seite abnehmen nach Diagramm.

⑨ An den Seiten nach Diagramm abnehmen.

⑩ Faden abschneiden und durch die letzten Maschen ziehen.

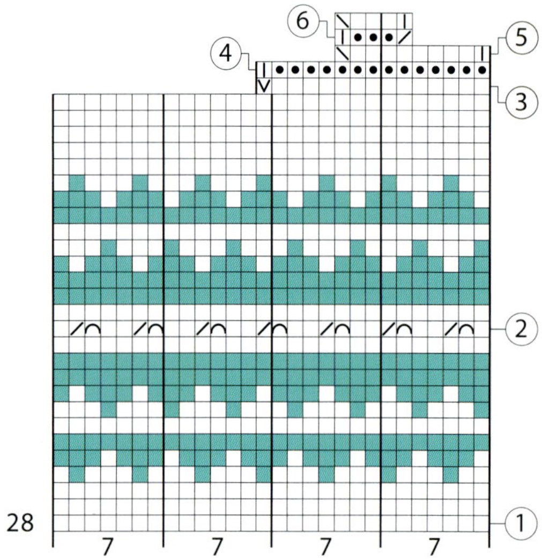

Diagramm 2
Sockenschaft

- rechte Masche
- Umschlag
- linke Masche
- Masche locker abheben
- 1 Masche zunehmen
- nach links abnehmen
- nach rechts abnehmen
- 1 Masche aufnehmen/ anschlagen

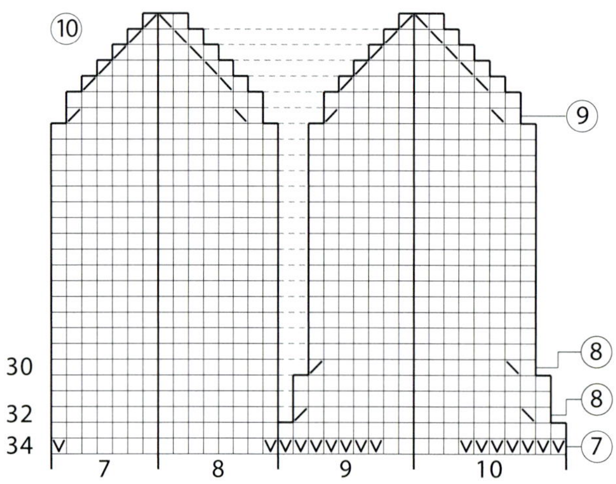

Diagramm 3
Fuß

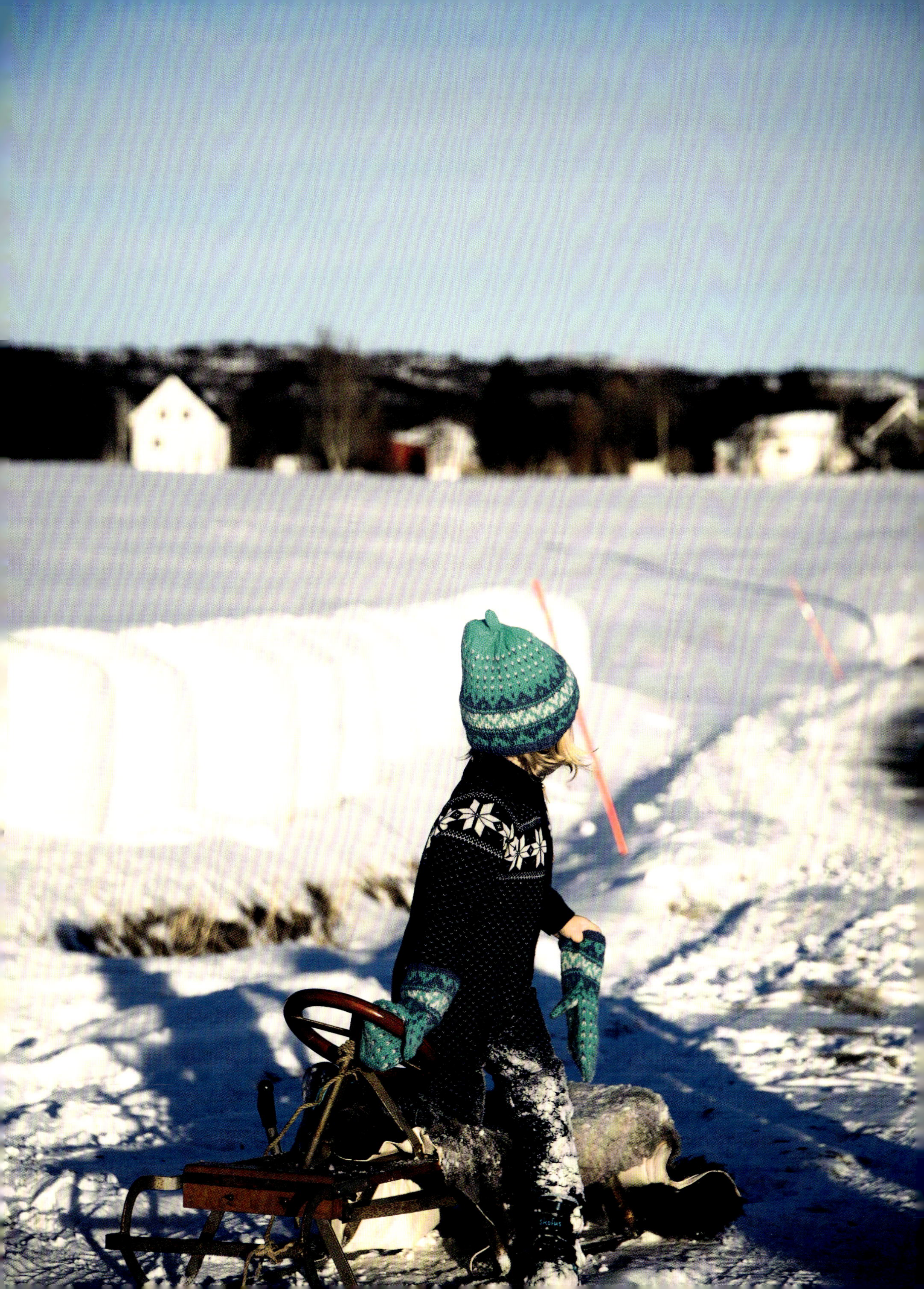

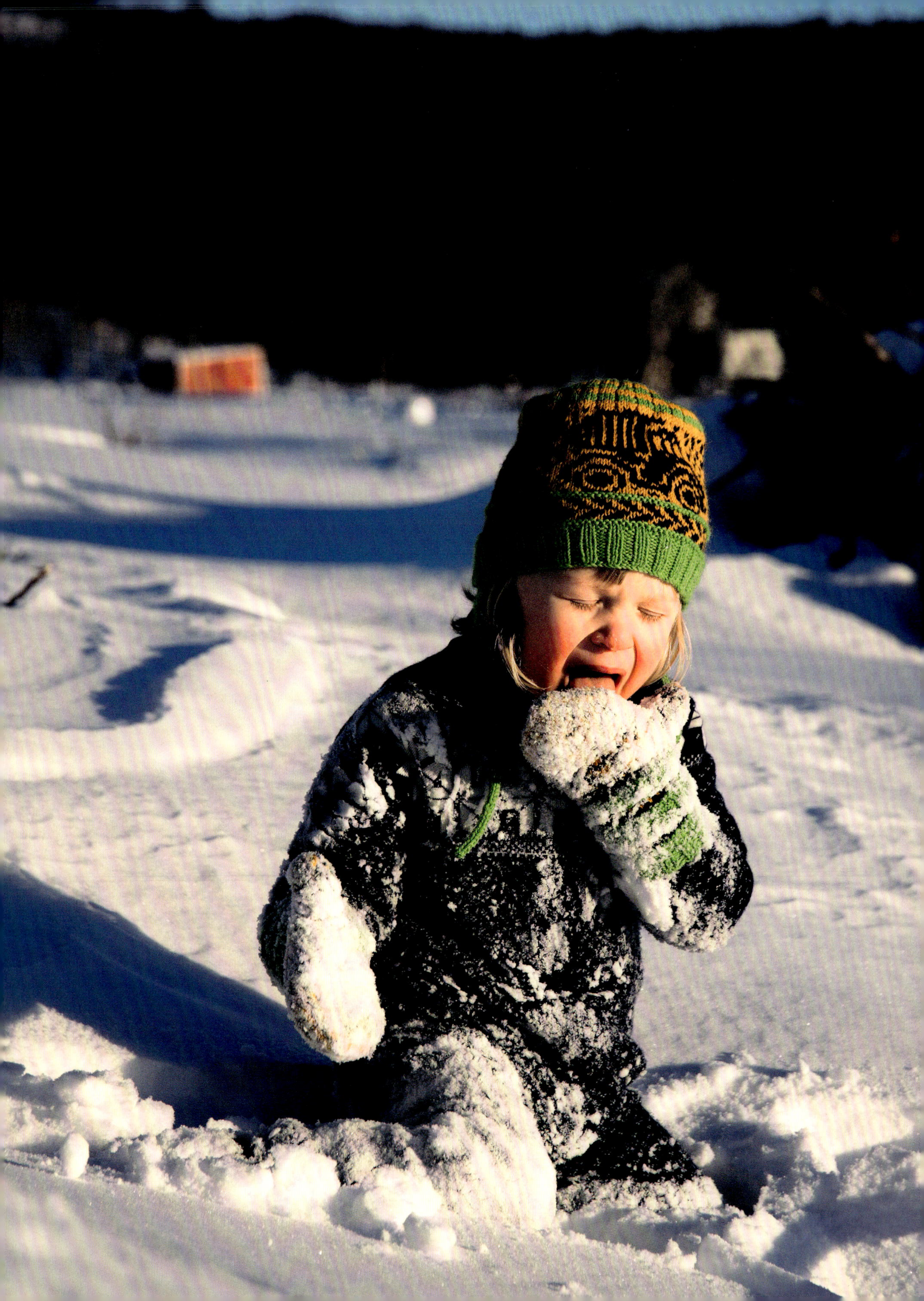

LEERE DIAGRAMME

FÜR EIGENES DESIGN

Wenn du in diesem Buch das gesuchte Muster nicht gefunden hast, kannst du die Sache jetzt in die eigene Hand nehmen. Hier kommen einige leere Diagramme, in denen du dich mit deinem eigenen Design austoben kannst.

KLEINE FÄUSTLINGE

Diagramm für kleine Fäustlinge. Dies ist das gleiche Diagramm wie bei den Fäustlingen mit Eulenkind. Auch die Anleitung ist gleich.

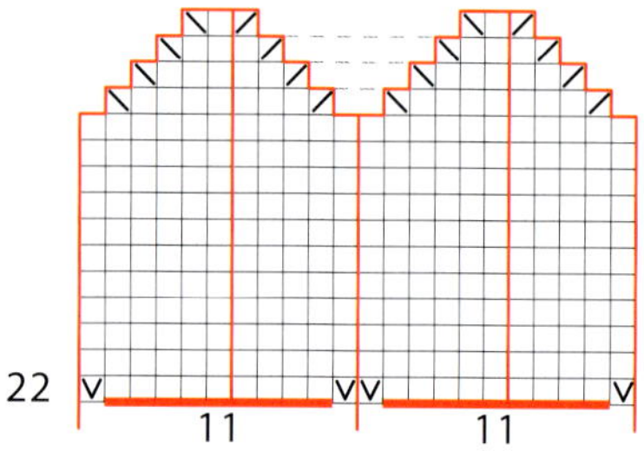

Daumen, kleiner Fäustling

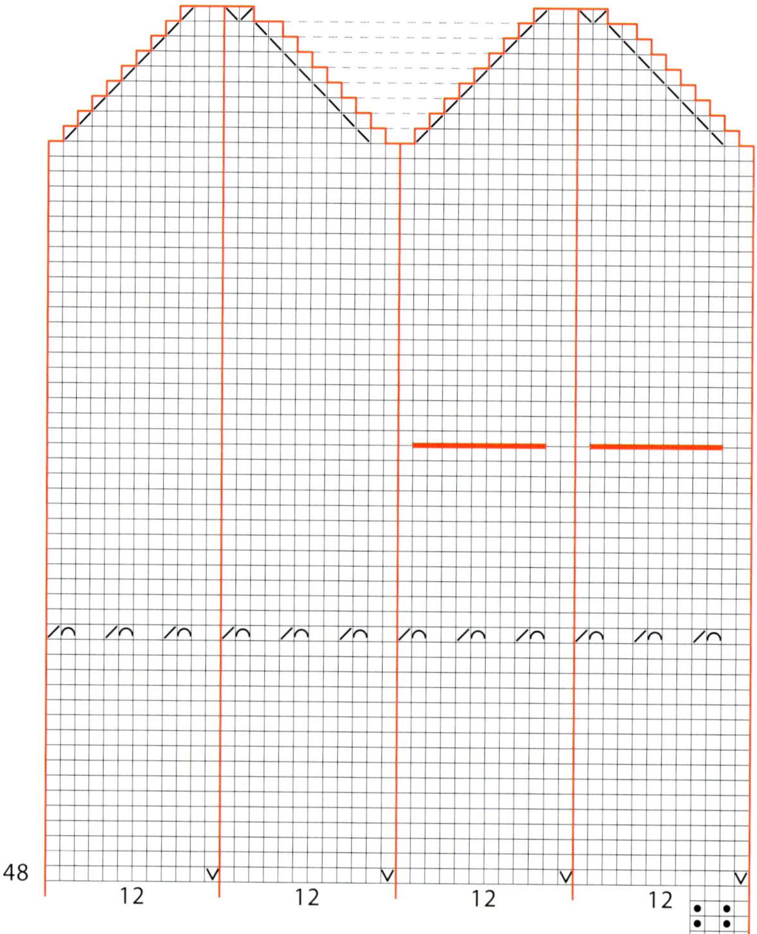

Kleiner Fäustling mit Lochrunde und Band

GROSSE FÄUSTLINGE

Diagramm für große Fäustlinge. Dies ist das gleiche Diagramm wie bei den Fäustlingen mit Ponys. Hier strickt man ein Bündchen (44 Maschen) oder eine Manschette, bevor der eigentliche Fäustling beginnt.

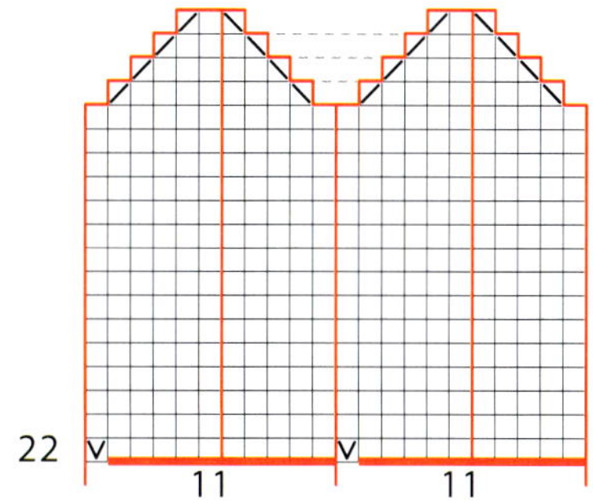

Daumen, großer Fäustling

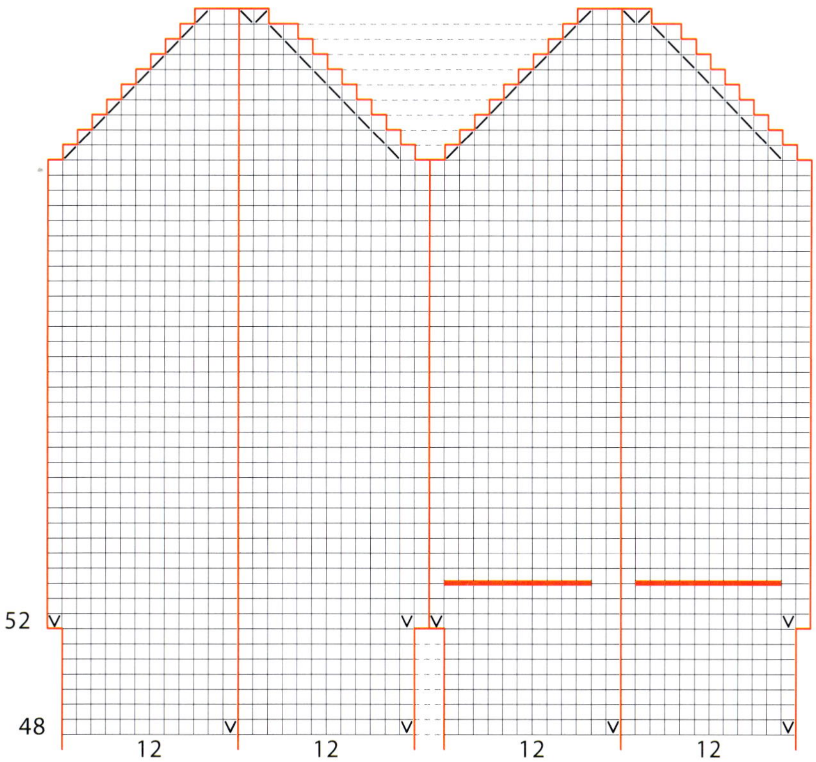

Kleiner Fäustling mit Bündchen

SOCKEN

Diagramm für große Socken. Dies ist das gleiche Diagramm wie für die meisten Socken mit Muster in diesem Buch. Die Ferse wird nach einer der Sockenanleitungen gestrickt.

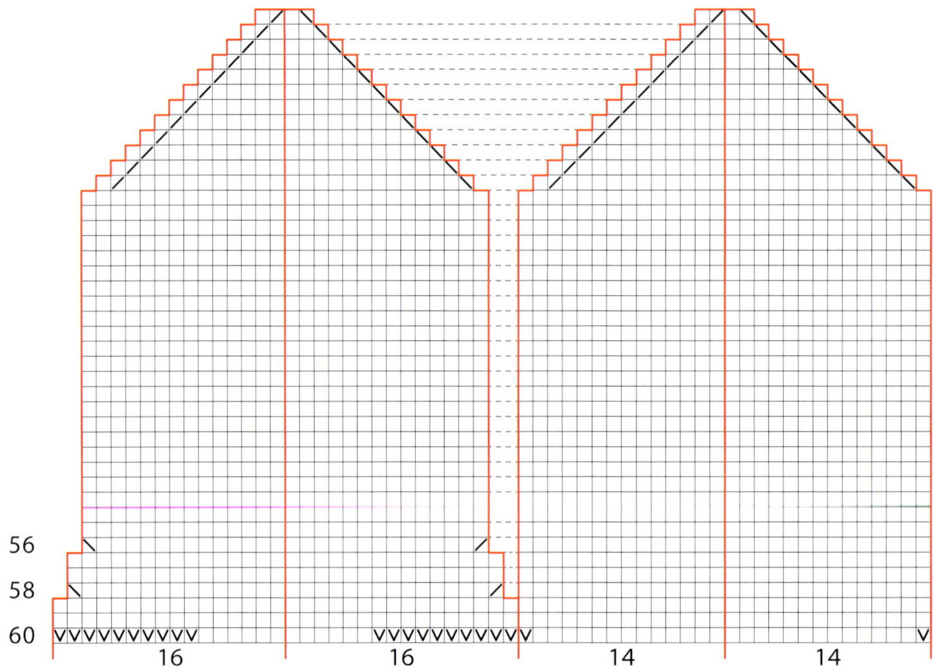

Fuß, Socke

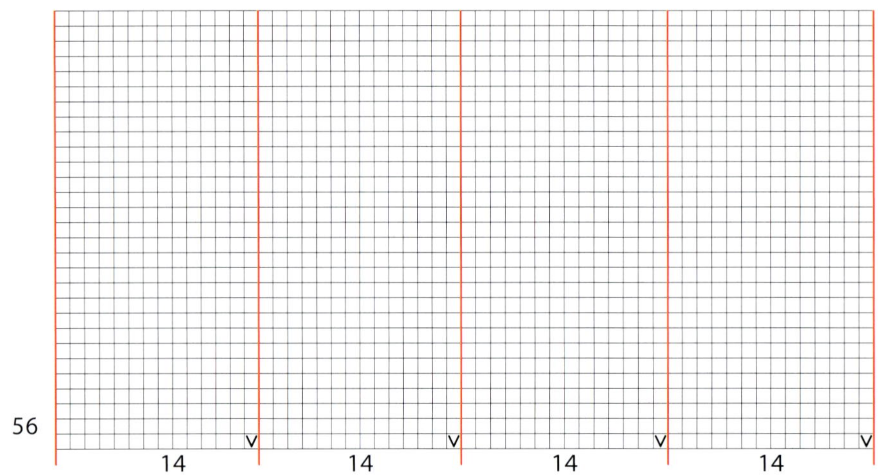

Sockenschaft

GROSSE UND KLEINE MÜTZE

Zum Schluss gibt es leere Diagramme für Mützen. Es sind die gleichen Diagramme wie für die Mützen mit Eulen. Das Muster wiederholt sich 5-mal in einer Reihe. Dazu die Anleitung der Mütze mit Eulenkind verwenden.

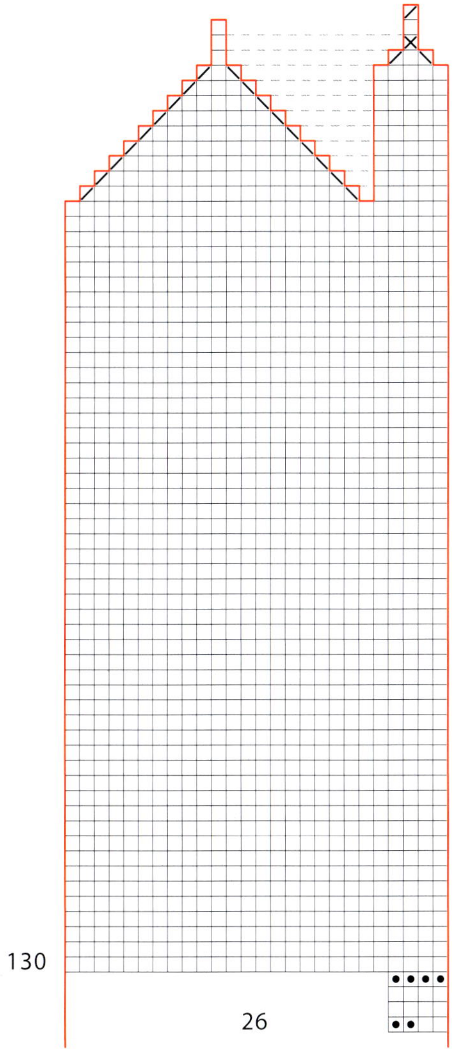

Große Mütze

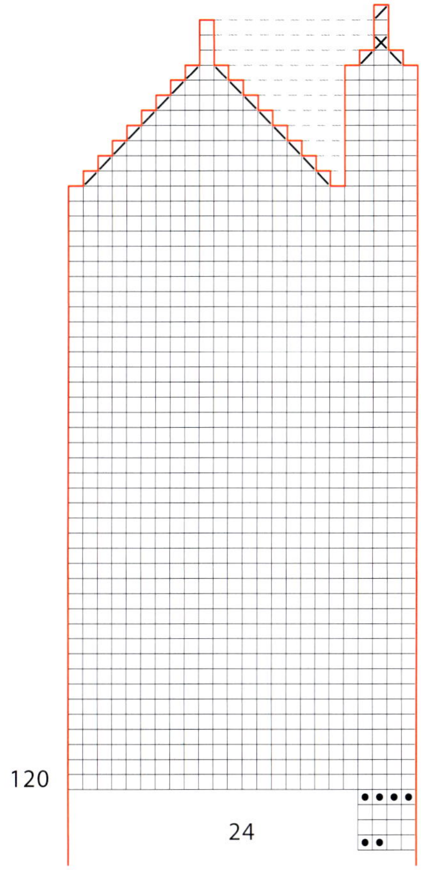

Kleine Mütze

HANDUMRISSE, VERSCHIEDENE GRÖSSEN

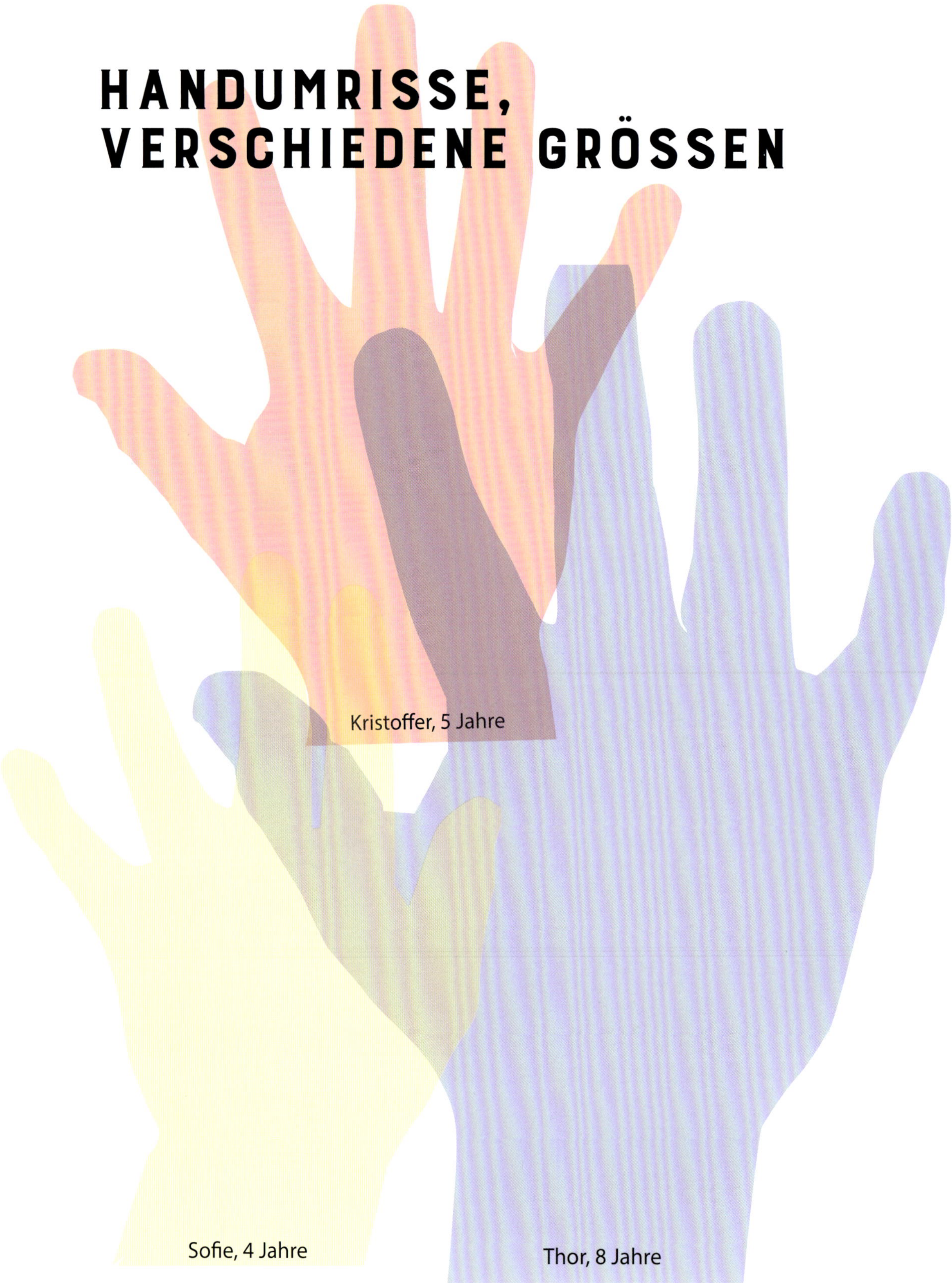

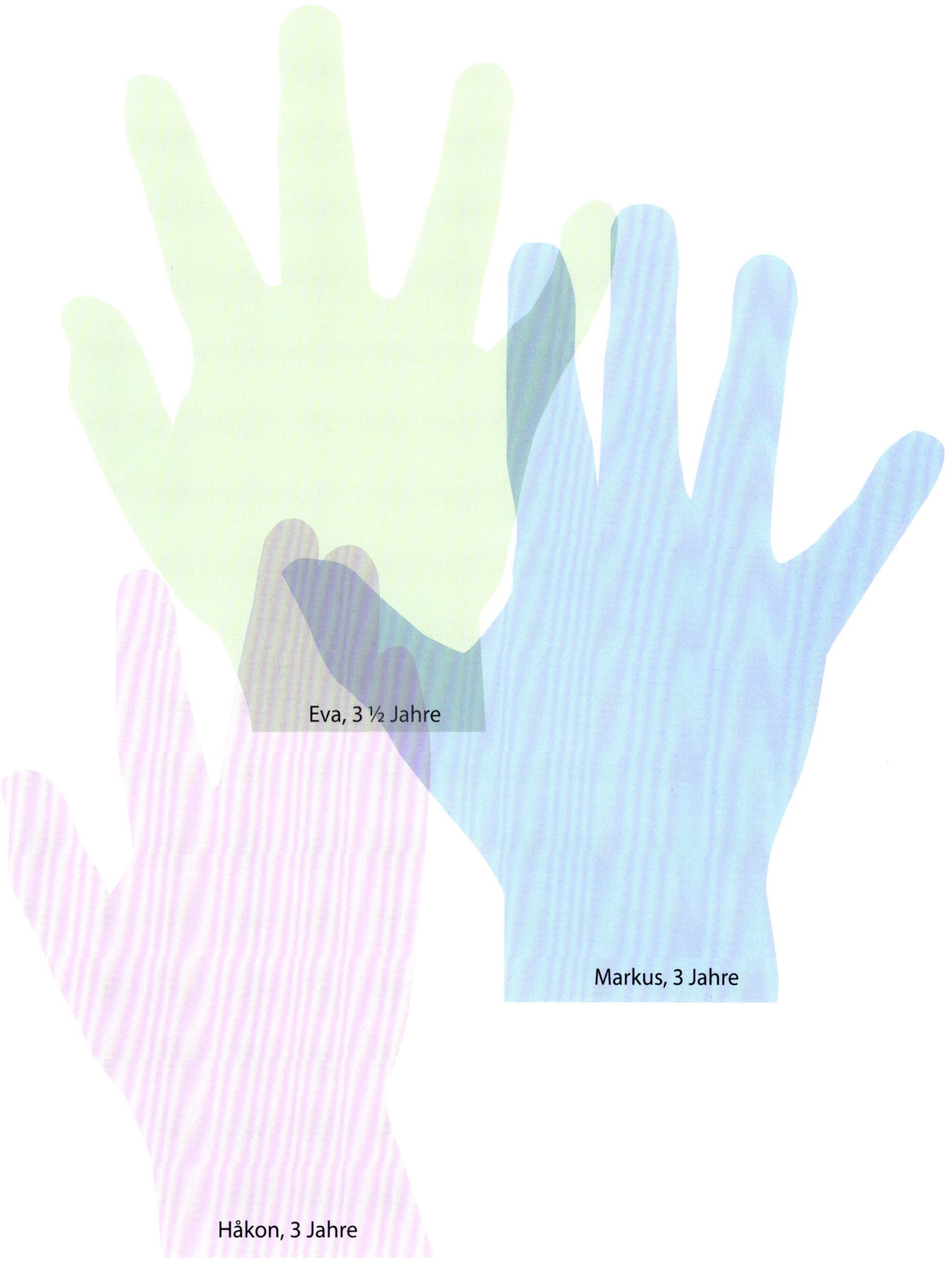
Eva, 3 ½ Jahre
Markus, 3 Jahre
Håkon, 3 Jahre

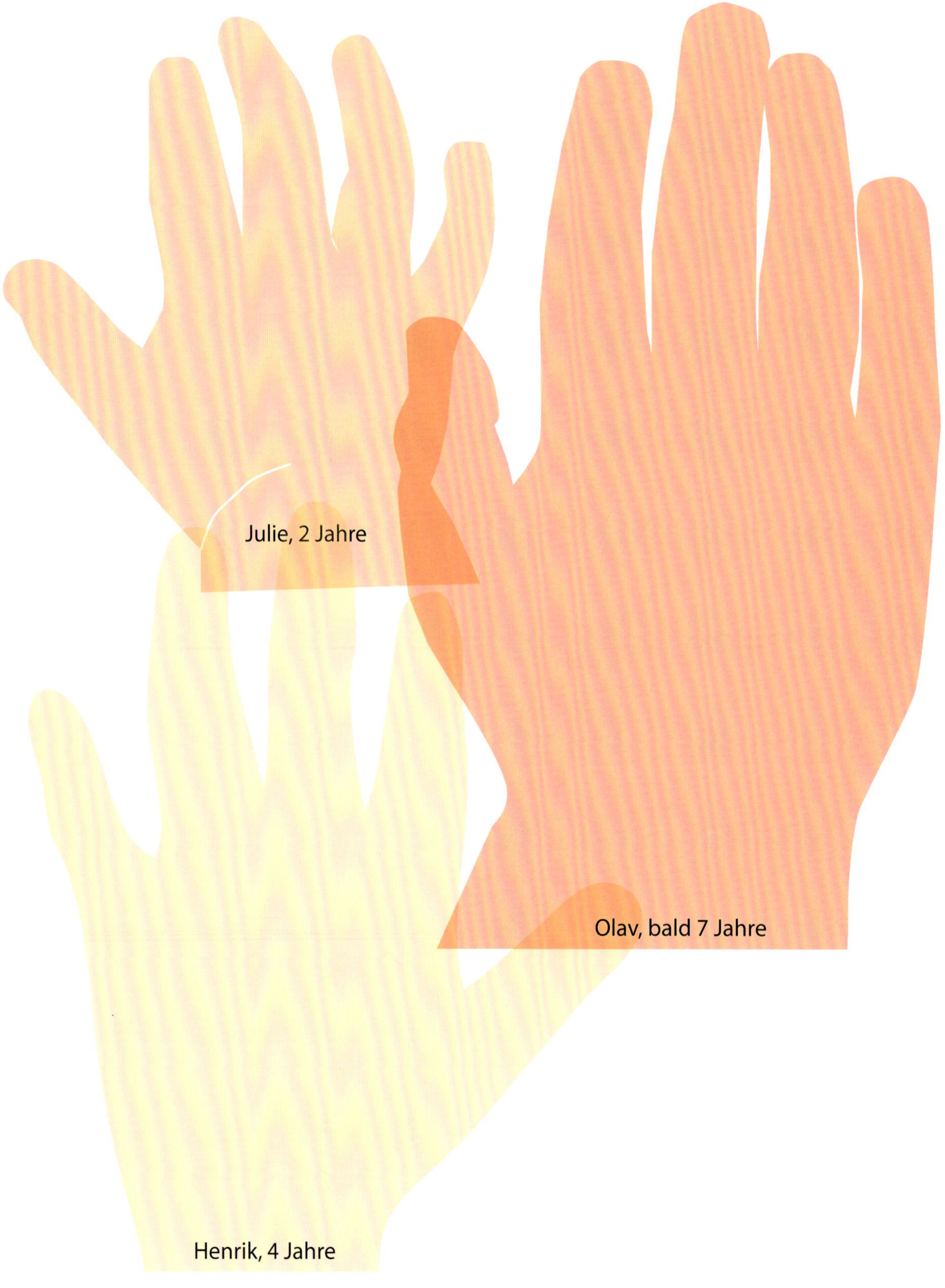
Julie, 2 Jahre
Olav, bald 7 Jahre
Henrik, 4 Jahre

Auf den vorherigen Seiten gibt es Handumrisse ganz verschiedener Kinder in natürlicher Größe. Hier oben ist Platz – so kannst du vielleicht die Umrisse von Händen verschiedener Kinder, die du kennst, einzeichnen? Notiere dazu auf jeden Fall die Namen und das Alter.

Impressum

Originalausgabe unter dem Titel *jorids småstrikk* (2017) erschienen bei: Vega Forlag AS, Pb. 8814 St. Olavs plass, 0028 Oslo

Design/Layout: Johanne Hjorthol
Alle Fotos: Marthe Mølstre

Für die deutsche Ausgabe:
Projektmanagement: Maria Möllenkamp
Übersetzung: Dr. Sabine Blocher
Lektorat: Anna Maier
Korrektorat: Mareike Weber
Satz: satz & repro Grieb, München
Umschlaggestaltung: Irina von Feury
Herstellung: Kathleen Baumann
Printed in Turkey by Elma Basim

★★★★★

Sind Sie mit diesem Titel zufrieden? Dann würden wir uns über Ihre Weiterempfehlung freuen. Erzählen Sie es im Freundeskreis, berichten Sie Ihrem Buchhändler oder bewerten Sie beim Onlinekauf. Und wenn Sie Kritik, Korrekturen, Aktualisierungen haben, freuen wir uns über Ihre Nachricht an: Christian Verlag, Postfach 40 02 09, 80702 München oder per E-Mail an lektorat@verlagshaus.de.

Unser komplettes Programm finden Sie unter

www.christophorus-verlag.de

In diesem Buch wird aus Gründen der besseren Lesbarkeit das generische Maskulinum verwendet. Weibliche und anderweitige Geschlechteridentitäten werden dabei ausdrücklich mitgemeint, soweit es für die Aussage erforderlich ist.

Die Deutsche Nationalbibliothek verzeichnet diese Publikation in der Deutschen Nationalbibliografie; detaillierte bibliografische Daten sind im Internet über http://dnb.de abrufbar.

Infanteriestraße 11a
80797 München

ISBN 978-3-8410-6717-3

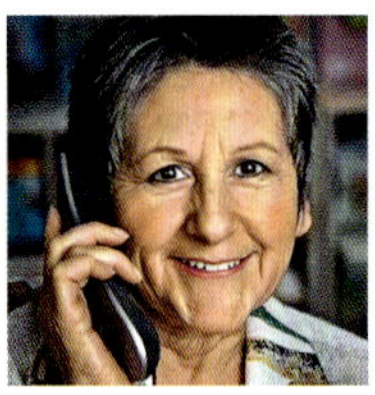

Kreativ-Service

Sie haben Fragen zu den Büchern und Materialien? Frau Erika Noll ist für Sie da und berät Sie rund um alle Kreativthemen. Rufen Sie an! Wir interessieren uns auch für Ihre eigenen Ideen und Anregungen. Sie erreichen Frau Noll per E-Mail: kreativ-service@c-verlag.de oder Tel.: +49 (0) 89. 13 06 99 - 577.

Besuchen Sie uns im Internet: www.christophorus-verlag.de & www.selbstgemacht.de